Buch

Sein Name steht für Poesie, Nachdenklichkeit, Scheitern und Weisheit: Konstantin Wecker. Dahinter steckt eine der aufregendsten Persönlichkeiten der deutschen Kulturszene. »Mönch und Krieger« ist ein Plädoyer für die Kraft der Utopie in einer Zeit, in der uninspirierte »Realpolitik« jeden Aufbruch und Ausbruch aus dem Gewohnten erstickt.

Autor

Konstantin Wecker, geboren 1947, Poet, Sänger und Komponist, engagiert sich seit Jahrzehnten für Zivilcourage, Pazifismus und Antifaschismus. Er wurde mit zahlreichen Preisen ausgezeichnet, u. a. mit dem Erich-Fromm-Preis (2007) und mit dem Ehrenpreis des Bayerischen Kabarettpreises (2013). Wenn er nicht gerade on tour ist, lebt er in München.

KONSTANTIN WECKER

MÖNCH UND KRIEGER

Auf der Suche nach einer Welt,
die es noch nicht gibt

GOLDMANN

Dieses Werk einschließlich aller seiner Teile ist urheberrechtlich geschützt. Jede Verwertung außerhalb der engen Grenzen des Urheberrechtsgesetzes ist ohne Zustimmung des Verlages unzulässig und strafbar. Das gilt insbesondere für Vervielfältigungen, Übersetzungen, Mikroverfilmungen und die Einspeicherung und Verarbeitung in elektronischen Systemen.

Das Kapitel »Aufruf zur Revolte« ist in Zusammenarbeit mit Prinz Chaos II. entstanden und ist im September 2013 als E-Book erschienen.

Verlagsgruppe Random House FSC® N001967

1. Auflage
Vollständige Taschenbuchausgabe Mai 2016
Wilhelm Goldmann Verlag, München,
in der Verlagsgruppe Random House GmbH
© 2014 der Originalausgabe:
Gütersloher Verlagshaus, Gütersloh,
in der Verlagsgruppe Random House GmbH, München
Umschlaggestaltung: UNO Werbeagentur, München
unter Verwendung eines Fotos von Annik Wecker
Druck und Bindung: GGP Media GmbH, Pößneck
JE · Herstellung: cb
Printed in Germany
ISBN 978-3-442-17598-7
www.goldmann-verlag.de

Besuchen Sie den Goldmann Verlag im Netz

INHALT

- 7 Einführung
- 14 Was mich am Mönchsein fasziniert
- 24 Trotz Religionsunterricht zum Göttlichen
- 37 Ich musste meinen Gott zertrümmern
- 48 Spirituelle Erfahrung im Gefängnis
- 58 Liebe und tu, was du willst
- 71 Inspiration: den Raum aufschließen
- 78 Die Stille inmitten des Klangs
- 87 Sucht ist gescheiterte spirituelle Suche
- 96 Ekstase und die Versuchung durch das Unbekannte
- 105 Nur Höllen formen einen so
- 118 Der Tod liest keine Statistik
- 128 Der Schatten des Kriegers
- 141 Nur die sich misstrauen, brauchen Normen zum Sein
- 149 Wer sich fügt, der lügt
- 167 Revolution beginnt innen
- 180 Utopien: unterwegs zum »Nicht-Ort«
- 191 Eine neue Politik braucht Spiritualität
- 208 Vorboten einer neuen Wirklichkeit
- 226 Jeder Augenblick ist ewig
- 231 Aufruf zur Revolte
- 279 Danksagung
- 280 Nachwort von Roland Rottenfußer

- 286 Literaturverzeichnis
- 287 Lieder und Gedichte von Konstantin Wecker – Nachweise

EINFÜHRUNG

Irgendwann mal muss es sein,
und dann pfeif ich auf daheim,
lass alles liegen, wie es ist,
Segel werden dann gehisst.

Und dann einfach übers Meer
und den Vögeln hinterher.
Ein paar Kilo Kokain,
und der schnöden Welt entfliehn.

Feiste Leiber im Visier,
Philosoph und geiles Tier,
Mönch und Krieger – nachts am Strand
mal ich Verse in den Sand.

In den letzten Paradiesen
einmal noch vor Glück zerfließen.
Schnell, bevor der Traum verfliegt,
denn die Dummheit hat gesiegt.

Mein Lied »Irgendwann« schrieb ich 1989. Es ist ein sehr heiteres, ein lebensfrohes Lied, wie viele meiner Arbeiten als Liedermacher in den 70ern und 80ern. Dieser Überschwang der Lebenslust, der Übermut der Selbstoffenbarung warfen aber schon damals einen beträchtlichen Schatten. Eine Reihe schmerzhafter Erfahrungen hatte deutlich gemacht, dass hinter dem extrovertierten Genussmenschen Wecker eine handfeste Depressionsneigung lauerte. Davon legt ein

Lied Zeugnis ab, das ich 2001 auf der CD »Vaterland« veröffentlicht habe.

> Du spürst, sie will, dass man sich stellt,
> vor allem dem, was nicht gefällt,
> und du erkennst bald, deine Seele ist nur Leergut.
>
> Wohin du flüchtest – du verbrennst,
> wenn du sie nicht beim Namen nennst,
> die Schwester deines Glücks – die Schwermut.

Eugen Drewermann nannte die Schwermut »die Schwester des Glücks« – eine Formulierung, die ich dann für mein Lied übernahm. Wieder einmal wurde mir erst durch das Nachdenken über spontan entstandene, eigene Texte ein bisher unbewusst gebliebener Seelenanteil deutlich. Bei »Mönch und Krieger« war es genauso. Erst nachdem ich die Formulierung aufgeschrieben hatte, wurde mir nach und nach klar, dass beide Begriffe sehr präzise ein Spannungsfeld innerhalb meines Charakters erfassen. Als »Dichotomie« bezeichnet man ja die Aufteilung eines Bereichs in zwei komplementäre Begriffe: Jeder Begriff hat seine eigene Bedeutung. Und sie bilden trotz der Gegensätzlichkeit eine Einheit.

Dichotomien ziehen sich – im Rückblick – durch fast alles hindurch, was ich geschrieben habe. »Sei ein Heiliger, ein Sünder, gib dir alles, werde ganz!«, heißt es in einem meiner neuen Lieder. Bezeichnenderweise steckt in dessen Titel wieder ein Gegensatzpaar: »Wut und Zärtlichkeit«. Die Betonung liegt dabei immer beim »und«, nicht beim »oder«.

Gegensätzliche Kräfte sind in uns wirksam. Es kommt nun nicht darauf an, sich für einen der beiden Pole zu entscheiden – auch nicht darauf, zur Mitte zu gelangen, also »durchschnittlich« zu werden –, vielmehr geht es darum, beide Seiten zuzulassen und zu leben. Mir scheint das im Rückblick ein zentrales Thema meiner Person zu sein. Bin ich also, wie der »Dumme Bub« in einem meiner älteren Lieder, schizophren? Oder besitze ich nur das, was gelehrte Psychologen einmal »Ambivalenztoleranz« genannt haben: die Fähigkeit, Widersprüche auszuhalten – auch bei sich selbst?

Um nun zum Mönch und zum Krieger zurückzukommen: Die eine Gestalt – der Krieger – scheint unangemessen für jemanden, der sich in der Öffentlichkeit oft als überzeugter Pazifist bezeichnet hat; die andere Gestalt – der Mönch – mag nicht wenigen als Selbstcharakterisierung meiner Person überraschend, ja absurd erscheinen. Trotzdem: Ich trage beide in mir. Und beide sind in jüngerer Zeit wieder stärker in mein Bewusstsein getreten. Ja, vielleicht ist jetzt die Zeit gekommen, in der ich diese Zweit- und Drittpersönlichkeiten noch intensiver ausleben muss.

Manche Menschen nehmen die verschiedenen Aspekte ihrer Persönlichkeit ja derart intensiv wahr, dass sie sich mehrere zusätzliche Namen geben. Etwa Fernando Pessoa, der Autor vom grandiosen »Buch der Unruhe«. Er veröffentlichte vornehmlich unter den Heteronymen Alberto Caeiro, Ricardo Reis, Álvaro de Campos. Oder Kurt Tucholsky, der als »Tiger, Panther & Co.« Zeitschriftenkolumnen mit unterschiedlichen Namen aus unterschiedlichen Perspektiven schrieb. Oder mein Freund und Koautor des »Aufrufs zur Revolte«, Prinz Chaos II., der über mindestens vier verschiedene Künstlernamen verfügt. Für mich selbst habe ich entschieden, zu meinem Namen zu stehen – ohne anderen natürlich das Recht abzusprechen, den ihren zu ändern. An dem Grundsatz »Sei ein Heiliger, ein Sünder, gib dir alles, werde ganz« ist mir besonders wichtig, dass ich in all diesen Extremen immer ich bleibe. Da gibt es keinen »Dr. Jekyll«, bei dem von Zeit zu Zeit »Mr. Hyde« durchbricht. Und obwohl ich diesen Mr. Hyde-Aspekt in mir natürlich kenne, habe ich in einem langen, teilweise schmerzhaften Erkenntnisprozess durchlaufen müssen: Das ist gar kein anderer, das bin auch ich. Ich bin kein Psychiater, aber ich kann mir vorstellen, dass bestimmte Neurosen auch daher rühren, dass man das Andere, Bedrohliche, das man an sich wahrnimmt, nicht als ein Eigenes akzeptieren will, dass man es abdrängen möchte, nach dem Motto: »Dieses Schreckliche, das kann ja nicht mehr ich sein, das muss ein anderer sein, dem ich einen anderen Namen gebe.«

Im Jahr 1989 also, als ich mit Wolfgang Dauner und dem Programm »Stilles Glück, trautes Heim« auf Tournee war, habe ich, zuerst eher unbewusst, begonnen, diese Zerrissenheit in mir, diese »Dichotomien«, zu erkennen. In der Formulierung »Mönch und Krieger« habe ich mit diesen Persönlichkeitsanteilen kokettiert, sie jedoch noch nicht vollständig akzeptiert.

Viel später, im Jahr 2011, wurde mir dann der Titel eines neuen Liedes, einer CD und einer Tournee praktisch in den Schoß gelegt: »Wut und Zärtlichkeit«. Ich sprach öffentlich über meine Zerrissenheit, über meine Sehnsucht nach einer liebevolleren, zärtlicheren Welt und über den wachsenden Zorn über die politischen Verhältnisse. Eine Hörerin schrieb mir damals auf Facebook: »Aber Konstantin, Wut und Zärtlichkeit, das gehört doch zusammen.« Heute glaube ich, dass ich mit »Wut und Zärtlichkeit« etwas ganz Ähnliches meinte wie mit »Mönch und Krieger«. Vielleicht sogar im Kern dasselbe. Der Unterschied ist nur: Jetzt konnte ich ganz bewusst beide Pole in mir zulassen.

Der Mönch und der Krieger, einträchtig in einer einzigen Person vereint – das erscheint wie eine Utopie. Ebenso utopisch mag es anmuten, sich eine Welt zu denken, in der spirituelle Versenkung ebenso ihren Platz hat wie der aktive Einsatz für eine gerechtere Welt. Vielleicht ist die Versöhnung von Gegensätzen ja das Utopische schlechthin, scheinbar am weitesten entfernt von jeglicher Realisierbarkeit im Jetzt. Warum, so werde ich oft gefragt, strecke ich mich so gern nach dem vermeintlich Unmöglichen aus, anstatt das Mögliche in kleinen Schritten zu tun? Nun, abgesehen davon, dass ich gegen Verbesserungen in kleinen Schritten absolut nichts einzuwenden habe, liegt die Antwort auf diese Frage sicher wieder im speziellen Zuschnitt meiner Persönlichkeit.

Das Herzstück dieses Buches, so glaube ich, ist mein lebenslanges Suchen nach dem Wunderbaren, die Sehnsucht nach der Rückkehr in meine geistige Heimat. Es fällt mir schwer, diese Heimat genau zu definieren, wohl aber habe ich sie in meinen Liedern immer wieder umkreist und – wie ich hoffe – erahnbar gemacht. Das meiste, was ich geschrieben habe, hat wenig mit der Rolle zu tun, die ich als Person in der Gesellschaft ausfülle, jedoch viel mit der eigentlichen Quelle, aus der ich schöpfe. Es ist diese Quelle, in der ich mich geborgen und mit der ich mich verbunden fühle. Sie ist es, die ich immer aufs Neue suche: in meinem Leben und in meinen Liedern.

Und um von vornherein wenigstens in einem Punkt keine Missverständnisse aufkeimen zu lassen: Ich bin kein studierter Philosoph, auch wenn ich es ein paar Semester lang mal versucht habe. Ich bin kein Wissenschaftler und schon gar kein in irgendeiner Weise Erleuchteter. Wenn ich in diesem Buch über Erkenntnisse und gewisse Lebensweisheiten, über Spiritualität, Politik und menschliche Abgründe sinniere, dann schreibe ich nur über Erfahrungen, die ich selbst gemacht habe. Sie sind nicht aus zweiter Hand und erheben keinen Anspruch auf allgemeine Gültigkeit. Etwas anderes würde ich mir gar nicht erlauben.

Manche Lehren konnte ich aus meinen Erfahrungen für mein Leben ziehen, andere Erkenntnisse hätte ich viel konsequenter in die Tat umsetzen müssen. In gewissen Bereichen meines Lebens war ich leider nie besonders willensstark und oft gefährdet. Daran hat sich bis heute nicht allzu viel geändert. Dennoch – oder vielleicht gerade deshalb – halte ich das Selbstreflektieren gemeinsam mit dem Zweifel für die vielleicht wichtigste menschliche Fähigkeit. Und wenn ich den einen oder anderen damit zum Nachdenken über sich selbst anregen kann, dann hat dieses Buch seinen Zweck erfüllt. Ich habe die Erfahrung gemacht, dass mein Unbewusstes oft genau das ausgeklammert hat, was ich mir unbedingt hätte bewusst machen sollen. Es bedurfte dann oft gewisser Einschläge des Schicksals zum richtigen Zeitpunkt, um mich dazu zu zwingen, genau an diesen Punkten deutlicher hinzusehen.

Vielleicht gelingt es diesem Text ja, für einige ein Ratgeber zu sein, so wie viele meiner Erlebnisse und Schicksalsschläge zum Ratgeber für mich selbst wurden. Und vielleicht ist es ja für manche, die meine Lieder kennen, interessant, einiges über die Hintergründe und Entstehungsgeschichten meiner Gedichte und Songs zu erfahren.

Ich möchte meinen Leserinnen und Lesern zum Schluss einen Satz von C. G. Jung mit auf den Weg geben, den er im Alter von 82 Jahren in sein Tagebuch schrieb. Er gilt ohne Einschränkungen auch für mich:

Im Grund genommen sind mir nur die Ereignisse meines Lebens erzählenswert, bei denen die unvergängliche Welt in die vergängliche einbrach. Neben den inneren Ereignissen verblassen die anderen Erinnerungen, Reisen, Menschen und Umgebung. Aber die Begegnungen mit der anderen Wirklichkeit, der Zusammenprall mit dem Unbewussten haben sich meinem Gedächtnis unverlierbar eingegraben. Da war immer Fülle und Reichtum, und alles andere trat dahinter zurück.

Konstantin Wecker

WAS MICH AM MÖNCHSEIN FASZINIERT

Da waren doch so viele Tage,
und sie verflogen im Nu.
Und bleibt die quälende Frage:
wozu?

Wozu nur dieses Gegockel
und all die Angeberein.
Am Ende fällst du vom Sockel –
allein.

Allein mit deinen Migränen,
trotz Rente und Zugewinn.
Es fehlte den Lebensplänen
der Sinn.

Askese und Ekstase,
du warst nie wesentlich.
Nur eine Seifenblase –
dein Ich.

Das meiste war unverständlich,
trotz Stunden des Lichts.
Wie alles zerfällst du letztendlich
in nichts.

Warum sich ans Leben krallen?
lass aus und lass dich ein!
Du findest nur im Zerfallen
dein Sein.

So unwahrscheinlich es klingt: Wenn einiges in meinem Leben anders gelaufen wäre, hätte die Existenzform eines Mönchs auf mich vielleicht eine Anziehungskraft ausgeübt. Ich hätte Mönch sein können, ebenso wie ich die »Laufbahn« eines gewalttätigen Verbrechers hätte einschlagen können. Das erscheint nicht nahe liegend bei jemandem, der in der Öffentlichkeit überwiegend als Genussmensch und Pazifist bekannt ist. Vielleicht ist es aber einfach so, dass ich das Mönchische in mir immer versteckt habe, so wie ich das Kriegerische verstecke. Um zunächst beim Mönch zu bleiben: Unser Schatten ist ja immer das, was wir gerade nicht sehen wollen, zumindest nicht ausleben. Wenn also der Lüstling der Schatten des sittenstrengen Asketen ist, so ist bei einem Genussmenschen wie mir vielleicht der Mönch in den Schatten getreten und wartet darauf, gesehen und erlöst zu werden.

Der Mönch ist eine Existenzform, die durch Subtraktion entsteht: indem man nach und nach alles wegnimmt, was ein Mensch zu brauchen und zu sein glaubt. Ist alles Überflüssige weggefallen, so sind wir endlich frei, zum Eigentlichen vorzudringen. Nach meiner Verhaftung wegen Drogenbesitzes im Jahr 1995 habe ich erfahren müssen, was es heißt, auf sehr Weniges reduziert zu werden. Ich hatte alle Ehre, alles Geld und Ansehen verloren. Täglich konnte ich am Zeitungsständer die neuesten Gräuelnachrichten über meinen Drogenabsturz und den anhängigen Strafprozess lesen. Damals, als ich aus dem Gefängnis freikam, ging ich viel allein spazieren und mied den Kontakt mit Menschen, von denen ich annahm, dass sie ohnehin eine schlechte Meinung von mir haben mussten.

Gerade diese Erfahrung, isoliert, ja ausgestoßen zu sein, erwies sich aber im Nachhinein als sehr wertvoll. Mir ist dadurch klar geworden, dass es in mir etwas Unzerstörbares gab. Etwas, das unabhängig ist von der »Persona«, also von der Kunstfigur, die man gerne sein und nach außen hin darstellen will. In diesem innersten Raum wohnt etwas, das unbeeinflussbar ist von fremden und eigenen Urteilen, jenseits von Kategorien wie Würde und Schande, Gelingen und Versagen. Dieses Innerste ist nicht zu beleidigen und auch nicht einzuschüchtern. Es ist etwas Wunderbares, diesen unveränderlichen Kern in sich zu spüren. Für mich war es ja kein freiwilliger Entschluss, mich in eine solche Situation zu begeben. Es könnte aber eine unbewusste Weisheit darin gelegen haben, sich dieser Erfahrung auszusetzen, dieser Zwangsreduktion der eigenen Person auf das Wesentliche.

Mönche gehen – jedenfalls im Idealfall – in die äußerste Reduktion, und deshalb hatte ich für die Sehnsucht nach einem mönchischen Leben schon immer großes Verständnis. Der Grund dafür liegt in der Ambivalenz jeden Genusses und jeglicher weltlicher »Bedeutung«. Ich habe zwar einmal gesungen: »Wer nicht genießt, ist ungenießbar«, aber in einem anderen Lied auch: »Genießen war noch nie ein leichtes Spiel.« Und tatsächlich hat mich meine Suche auch einmal in ein Kloster geführt. Ich mietete mich für eine Auszeit im Kloster Andechs ein. Dort gibt es bekanntlich ein hervorragendes Bier, und auch Schweinshaxen gehören zu den Spezialitäten, die den Ort – mehr noch als die Klosterkirche – zur Pilgerstätte für Tausende gemacht haben. Ich befand mich damals aber gerade in einer Phase, in der ich keinen Alkohol trinken, nicht rauchen und kein Fleisch essen wollte. Ich war in meiner Zelle allein, beteiligte mich lediglich an den rituellen Gebeten der Mönche. Wenn man dann zu den Vespermahlzeiten zusammensaß und die Mönche kräftig dem Bier und dem Schweinebraten zusprachen, schauten die mich mit meiner Enthaltsamkeit wie einen Geisteskranken an. Schließlich war keine Fastenzeit. Ich hatte mich also mönchischer verhalten als die Mönche.

Ich bin eigentlich ein sehr geselliger Mensch, der gerne offen auf andere zugeht. Das war immer schon so, trotzdem verlief meine Jugend anders, als man sich das vielleicht vorstellt. Ich war als Kind nicht unbedingt ein begehrter Spielkamerad. Ich übte sehr viel Klavier – das allein nahm pro Tag einige Stunden in Anspruch, in denen ich mich nicht an üblichen Jungenspielen beteiligen konnte. Mein Elternhaus war liberal, meine Mutter aber in mancher Hinsicht auch ziemlich streng. Ich durfte weniger als andere Kinder in meinem Alter. Hinzu kam, dass ich schon mit elf Jahren sehr viel gelesen habe – wie einige meiner damaligen Briefe dokumentieren. Es gab in den 50er-Jahren bei weitem nicht so viele Kinderbücher wie heute – höchstens mal eine gekürzte Ausgabe von »Robinson Crusoe«. Also benutzte ich einfach die Bibliothek meiner Eltern, deren Niveau mich vielleicht überforderte, jedoch auch anspornte. Ich kam sehr früh mit Gedichten in Berührung, die mich enorm faszinierten. Vor allem meine Mutter hat mich darin sehr gefördert, indem sie mir die Gedichte auswendig und sehr begabt rezitierte und mich so mit ihrer Begeisterung ansteckte.

Auch in dieser Hinsicht war ich also in der Schule ein Eigenbrötler. Ich fand unter meinen Klassenkameraden niemanden, der diese Liebe zu Gedichten mit mir teilte. Erst später, auf dem Gymnasium, gab es einzelne, mit denen ich über solche Themen reden konnte. In der Pubertät war ich also sehr zurückgezogen, meist allein. Ich riss öfters von zu Hause aus, obwohl gegen meine Eltern eigentlich nicht viel einzuwenden war. Nur einen einzigen Spezi hatte ich, der mich bei solchen Exkursionen begleitete. Ansonsten überstand ich meine Pubertät mehr mit der Lektüre von Trakl-Gedichten und eigenen Schreibversuchen, als mit Partys und Komasaufen. Als ich zwanzig war, gelangte ich einmal in den Besitz eines Stücks Haschisch. Ich übergab es damals ganz brav meiner Mutter und sagte: »Nimm du es lieber! Sonst rauch ich es bloß, und ich will mit Drogen nichts zu tun haben.«

Freilich gab es immer auch ein paar Gleichaltrige, die mich mochten und vielleicht sogar insgeheim bewunderten, weil ich Klavier spielen konnte und bereits als Knabe eine schöne Singstimme besaß. Mein Musiklehrer ermutigte mich immer wieder, vor der Klasse aufzutreten. Trotzdem kann man nicht sagen, dass ich übermäßig beliebt war. Schon sehr früh betrachtete ich mich als Anarchisten, ohne sehr viel Ahnung zu haben, was das eigentlich ist. Und was Mädchen und erste sexuelle Erfahrungen betraf, war ich eher ein Spätentwickler. Ich weiß noch, dass ich mit vierzehn von einer viel älteren Frau meinen ersten Zungenkuss bekam. Sie war damals achtzehn, aus meiner Perspektive also uralt. Danach lief ich lange Zeit peinlich berührt durch die Straßen und bildete mir ein, jeder müsse mir das wohl ansehen. Es war ein regelrechter Schock für mich. Solche Erfahrungen waren aber eher die Ausnahme. Typischer für mich war, dass ich zu Hause blieb und viel schrieb.

Man sieht also, dass mir Rückzug und geistige Versenkung – also Lebensweisen, die man eher Mönchen zuschreibt – in der Jugend durchaus vertraut waren. Was viele überraschen mag: Ich kann sogar das Zölibat verstehen. Nicht als verbindliche Pflicht natürlich. Wenn man Priestern, die dazu vielleicht gar nicht taugen, den Befehl gibt, enthaltsam zu sein, kann das viel seelisches Leid und grausame Verirrungen zur Folge haben. Wir haben das ja unter anderem bei den Missbrauchsfällen innerhalb der katholischen Kirche erleben müssen. Und es sollte einem auch bewusst sein, was ein wichtiger Grund des Zölibats für kirchliche Amtsträger war. Man wollte deren Erbe für die Kirche sichern. Aber wenn es jemand aus freiem Entschluss schafft, sexuell enthaltsam zu leben, dann kann ich das gut verstehen. Ich glaube, dass Mann oder Frau dadurch eine große Freiheit gewinnen kann.

Ich bin ja immer sehr für die Freiheit eingetreten, aber ich habe es kaum jemals geschafft, frei zu sein von meinen eigenen Trieben. Dazu bin ich wohl zu sehr Genussmensch. Mir würde es enorm fehlen, wenn ich die Schönheiten des Daseins nicht mehr genießen könnte. Zum Beispiel liebe ich das gemeinsame Essen mit anderen Menschen. Umso mehr verspüre ich aber auch die Sehnsucht, dass jeder Hunger aufhören, dass dieses Getriebenwerden durch die Gier nach Bedürfnisbefriedigung ein Ende haben möge. Ich stecke also in einem Dilemma. Langfristig eignet sich für mich wohl nur ein spiritueller Weg, der sich nicht zu sehr auf Askese und Sinnenfeindlichkeit versteift. Jesus könnte in dieser Hinsicht ein Vorbild gewesen sein. Er liebte den Wein und das gemeinsame Essen – vermutlich auch den Sex. Vor Jahren habe ich das in einem Gedicht einmal sehr drastisch ausgedrückt:

> Hätten sie nur diesem christlichen Gott
> das Fleisch gelassen.
> Hätten sie uns nur einmal erzählt,
> wie Jesus gierig in den Schoß der Magdalena getaucht ist.
> Hätten sie doch die Götter weiterhin vögeln lassen.
> Ließen sie nur die Liebenden
> auf ihren Altären zeugen und gebären –
> Man muss die Wollust zum Sakrament machen
> anstatt sie aus den Kirchen zu verbannen.

Wie immer man dazu steht, ich bin sicher, dass Jesus nicht annähernd so genussfeindlich war, wie es uns die Kirche weiszumachen versucht. Auch Päpste lebten früher in Saus und Braus, liebten die Völlerei, den Wein und die Fleischeslust – und standen darin vielleicht durchaus in der Tradition ihres Religionsstifters. Der Unterschied ist nur: Sie predigten öffentlich Wasser und wollten den Gläubigen den Wein verbieten, den sie sich selbst hinter verschlossenen Türen genehmigten.

Auch die Demut ist eine traditionell mönchische Eigenschaft, die ich sehr schätze. Grotesk wird es nur, wenn jemand mit seiner eigenen Bescheidenheit prahlt. Vor zwanzig Jahren war einmal der Kabarettist Werner Schneyder bei mir zu Gast. Wir hatten kräftig dem Wein zugesprochen und kamen ein wenig ins Streiten. Ich sagte zu ihm: »Du hast keine Ahnung von Demut!« Darauf Werner: »Wenn einer demütig ist, dann bin ich es und nicht du!« Das schaukelte sich so lange hoch, bis wir uns gegenseitig anschrien: »Ich bin demütiger!« – »Nein ich!« Das war natürlich nicht ganz ernst gemeint, wir haben uns kurz danach totgelacht.

Aber es war auch ein Funken grotesker Wahrheit darin verborgen. Zwei Männer, nicht unbedingt berühmt für ihre Uneitelkeit, versuchen sich im lautstarken Wettbewerb an Bescheidenheit zu überbieten.

Ein Künstler ist demütig, wenn er weiß, dass er eine Begabung hat, nicht jedoch, woher sie kommt. Die Befähigung als Komponist und Poet ist sicher ein Geschenk. Man kann sich das nur sehr bedingt erarbeiten. Durch Übung kann jemand wohl ein passabler Komponist werden, aber nicht Mozart – was nicht bedeuten soll, dass ich jemals so vermessen wäre, mich mit Mozart gleichzusetzen. Wenn ich mich ans Klavier setze und mir eine Melodie nach der anderen einfällt, werde ich unweigerlich demütig, weil ich weiß, dass gerade dieses »Hineinfallen« von Musik in meinen Geist nicht mein Verdienst ist. Man kann vielleicht auf einen Roman stolz sein, den man erarbeitet hat. Aber eben nicht darauf, dass man das Talent dazu hat. Stolz bin ich, wenn ich es einmal geschafft habe, fünf Kilo abzunehmen, denn das ist harte Arbeit.

Allerdings hilft einem das schönste Talent nichts, wenn es keine Basis hat, sich auszuleben.
Wer nie ein Instrument erlernt hat, dem fällt es auch sehr viel schwerer, in ihm schlummernde Melodien zum Klingen zu bringen. Wer nie gelesen hat, wird sich schwertun, seine Ideen in Worte zu fassen. Mir erzählte einmal eine Schülerin, dass sie, gerade 19-jährig, an ihrer Biografie arbeite. »Toll«, sagte ich, »da musst du viel erlebt haben. Was liest du denn?«, fragte ich sie, weil ich wissen wollte, an welche literarische Vorlage sie sich anlehnen wollte.
»Nichts«, sagte sie. »Ich lass mir doch nicht meinen Stil

verderben.« Nun, mutig war sie jedenfalls. Bis jetzt ist ihre Biografie allerdings auch nicht erschienen.

Demut sollte man aber nicht nur gegenüber der Inspiration und den freudigen Ereignissen des Lebens walten lassen. Bernard Glassman, ein Zen-Meister aus den USA, mit dem ich eng befreundet bin, sagte mir, dass man alles, was einem im Leben geschieht, als ein Geschenk auffassen solle – auch das Leidvolle. Ich halte das für richtig. Freilich darf man eine derartige Lebenseinstellung nur bedingt auf die gesellschaftliche Ebene übertragen. Es ist gefährlich, wenn man gegenüber Mächtigen oder gegenüber der Deutschen Bank demütig ist. Da braucht man eher ein gesundes Selbstbewusstsein. Im Mittelalter verlangten Bischöfe, dass man sich ihnen gegenüber demütig verhalten solle. Heute wissen wir: Es war nur ein Trick der Institution Kirche, der ihrer Machterhaltung dienen sollte.

Ich bin und bleibe Rebell, aber ich meine, auch in dieser Funktion sollte man wissen, dass in vielen Bereichen des Lebens Demut am Platz ist. Man kann gegenüber dem Leben demütig sein, dabei aber keineswegs passiv und duldsam. Richtig verstanden, kann Demut sogar dazu anspornen, sich für Gerechtigkeit einzusetzen. Eine objektive Auseinandersetzung mit diesem schönen Begriff wird gerade in der politischen Szene dadurch erschwert, dass man ihn, nicht unberechtigt, mit Spießertum und Duckmäusertum gleichsetzt. Mittlerweile glaube ich, Demut ist, wie so vieles andere, ein Begriff, den man sich selbst erarbeiten muss, um ihn dann eigenständig für sich zu verwenden. »Sei demütig!« ist als Vorgabe von außen immer ein Versuch, jemanden zu unterdrücken. Erst wer die Bedeutung eines Wortes in sich selbst entdeckt, kann ihm vertrauen.

Gottfried Benn hat einmal geschrieben: »Dumm sein und Arbeit haben, das ist Glück.« Dieser Satz hat mich lange beschäftigt, denn er ist nicht zynisch gemeint. Wahrscheinlich sprach da eine große Sehnsucht aus Benn: die Sehnsucht vieler Intellektueller, sich nicht ständig mit Denken quälen zu müssen, einfach da zu sein, unverschnörkelt, bedingungslos. Die Sehnsucht eines Lyrikers, der auch so atemberaubend poetische Sätze schrieb wie: »Du, ich lebe immer am Strand, und unter dem Blütenfall des Meeres ...« Diese Zeile hat mich übrigens vor vier Jahrzehnten zu einem Lied inspiriert. Und wie so oft, wenn ich den großen Meister beklaut habe, hab ich ihm zum Dank dafür das Lied gewidmet.

TROTZ RELIGIONSUNTERRICHT ZUM GÖTTLICHEN

Man müsste noch mal fünf, sechs Jahre alt sein
und das vergessen, was danach geschehn.
Gleich hinterm Haus würde ein Zauberwald sein
mit bösen Hexen, Rittern und mit Feen.

Man würd' um Gutenachtgeschichten betteln
und könnt' nicht wirklich lange ruhig sein.
Man könnte sich minütlich neu verzetteln
und plötzlich sinnlos durch die Gegend schrein.

Der Vater wär' der stärkste Mann der Welt,
die Mutter schöner als der schönste Morgen.
Und jeden Tag erwachte man als Held,
und jede Nacht wär' man im Lieben Gott geborgen.

Und wenn man fällt, kann man sich fallen lassen.
Du weißt ja, dass dich immer einer fängt.
Kein Sommersonntag würde je verblassen.
Das Leben wär' von sanfter Hand gelenkt.

Vor lauter Lebenwollen könnte man nicht schlafen.
Man würde immer viel zu früh ins Bett gebracht.
Gesetze, Konten und auch Paragraphen
würden ganz einfach ausgelacht.

Man sähe Riesen mit den Wolken ziehen,
und hinterm Stadtpark parkte schon das Meer.

Und wenn es dunkel wird, muss man vor Monstern fliehen,
und alles Schöne endete nie mehr.

Man würd' auch schreien, strampeln, toben, weinen.
Das Leben wäre auch sehr ungerecht.
Doch kurz darauf würde die Sonne wieder scheinen.
Am nächsten Morgen wär' der Tisch gedeckt.

Noch einmal sich vorm Nikolaus erschrecken,
auch wenn er eigentlich wie Papa spricht,
dem Christkind Hand und Herz entgegenstrecken,
auch wenn es sich verbirgt im Kerzenlicht.

Und all die Streitigkeiten und die Tränen?
Und das was man so schmerzlich doch vermisst?
Man wär' verzweifelt. Doch man würde sich nicht schämen,
nur weil die Welt noch nicht entzaubert ist.

Willst du das wirklich? – höre ich mich fragen.
Noch einmal neu erleben, was danach geschah?
Das ganze Abenteuer noch mal wagen?
Das ganze schrecklich schöne Leben? – Ja!

MEINE OMA MÜTTERLICHERSEITS war ein sehr strenggläubiger Mensch. Sie ging jeden Morgen und jeden Abend zur Messe. Als Kind dachte ich, sie käme ohnehin in den Himmel und müsse somit keinerlei Angst vor dem Tod haben. Wer so gläubig ist, müsse sich doch geradezu auf den Tod und auf Gott freuen. Als es dann so weit war, erzählten mir meine Eltern aber, dass die Oma in den letzten Tagen vor ihrem Tod gejammert und gezetert habe, dass sie von Angst und Zweifeln geplagt worden sei, von dem Gefühl, eine große Sünderin zu sein. Das hat mich damals wirklich umgehauen. Mittlerweile wundert es mich nicht mehr so sehr. Ich vermute, dass gerade solche Menschen am schwersten sterben, die sich einem künstlich erzeugten Glaubenssystem hingaben und alles, was davon abweichen könnte, verdrängen mussten. Kurz vor dem Tod kommen dann doch noch all die Zweifel hoch, die sie ihr Leben lang nie zulassen konnten. Ein guter Freund, Sterbebegleiter aus der Schweiz, der über zweitausend Menschen in den Tod begleitet hatte, sagte mir, dass Priester am allerschwersten sterben. Die Angst, vielleicht sein ganzes Leben lang an etwas geglaubt zu haben, das es gar nicht gibt, muss fürchterlich sein.

Derselbe Sterbehelfer vertraute mir aber auch an, dass ausgerechnet Agnostiker am leichtesten gehen. Vielleicht weil sie darin geübt sind, mit Unsicherheit und Zweifeln umzugehen. Für Atheisten gilt das übrigens nicht, auch die haben sich ja ein sehr strenges Glaubenssystem geschaffen, und auch der Glaube an den Unglauben kann zum Dogma werden. Mein Vater war Agnostiker, auch wenn er sich selbst eher als Atheist bezeichnet hätte. Im Alter von zwanzig Jahren schrieb er eine philosophische Komödie, die sehr weise war und deren Grundeinstellung man sicher als atheistisch bezeichnen könnte. Aber mein Vater ließ stets die Möglichkeit zu, dass es etwas Göttliches geben könnte. Er war wohl zu sehr Künstler, um das gänzlich auszuschließen, begnadet mit einer wunderschönen Stimme und mit einem Riesentalent zum Malen.

Ich bin in Bayern zur Schule gegangen, dort war man katholisch. Wir mussten vor dem Unterricht beten, und meine Lehrer waren streng und autoritär. Bis auf einen einzigen, betrachtete jeder von ihnen die Allmacht der Kirche als eine unumstößliche Tatsache. Besonders mein Religionslehrer machte mir Angst. Nicht, dass er selber so Furcht einflößend gewesen wäre. Aber der liebe Gott, von dem er mir erzählte und von dem ich doch so viel wissen wollte, war alles andere als lieb. Er schaute kontrollierend und mahnend unter meine Bettdecke, und sein irdischer Stellvertreter, der Religionslehrer, drohte bei jeder Gelegenheit mit dem Jüngsten Gericht und den Qualen der Hölle. Als ich ein Kind war, stellte ich mir Gott immer als einen sehr traurigen Mann vor, denn wer so streng ist, der musste doch sicher immer ganz allein sein. Heute ist mir klar, dass es kein bequemeres Erziehungsmittel für aufsässige kleine Jungen und Mädchen gibt, als diesen unsichtbaren, bösen, alten Mann aus der Trickkiste zu holen, der einen auch da noch beobachtet, wo die Eltern oder die Lehrer nicht hinsehen können.

Und was hatte ich für eine Sehnsucht nach dem lieben Gott! Immer ließ ich mir die Geschichten aus der Bibel erzählen, und wären nicht meine liebevollen und liberalen Eltern gewesen – Schule und Kirche hätten es ganz sicher geschafft, mir jede Sehnsucht nach dem lieben Gott auszutreiben. Es wollte mir einfach nicht in den Kopf gehen, dass mein Vater so viel lieber und verständnisvoller war als Er, der doch angeblich der alles verzeihende, allwissende Gott war. Vor Gott fürchtete ich mich, und meinem Vater konnte ich mich anvertrauen. Gott machte mir unablässig ein schlechtes Gewissen, Mutter hingegen verzieh mir immer – spätestens nach ein paar Stunden. Was ist das auch für ein seltsamer »lieber Gott«, der straft und wütet und den man permanent um Vergebung anflehen muss. Vergebliche Liebesmühe! Gott vergibt uns nicht, weil er uns erst gar nicht verurteilt.

Mein Vater war ein extrem sanfter, nichtautoritärer Mann. Ein Wunder eigentlich, wenn man bedenkt, aus welcher Generation er kommt. Wenn ich mich heute als Pazifisten verstehe, hat das sicher auch mit seinem Einfluss zu tun. Damals waren Schläge als Erziehungsmittel gang und gäbe. Mein Vater aber hat mich nie geschlagen. Ich erinnere mich noch gut an eine Szene, in der meine Mutter unbedingt wollte, dass er mich schlägt, als er abends nach Hause kam. Ich war wohl extrem frech gewesen, das hatte meine Mutter aufgebracht. Mein Vater sagte nur mit ruhiger Stimme zu mir: »Komm mit ins Zimmer.« Dann ging er mit mir in mein Schlafzimmer und sagte zu mir, ich solle heulen und schreien. Dabei hat er auf die Bettdecke geschlagen. Und dann sagte er zu mir den schönen Satz: »Ich kann niemanden schlagen, und schon gar nicht meinen eigenen Sohn.« So war mein Vater. Und mittlerweile bin ich mir sicher, dass meine Mutter davon wusste und insgeheim und leise lächelnd an diesem Komplott beteiligt war.

Mit diesem berühmten »Gott sieht alles« haben die Pfarrer und Religionslehrer eine lückenlose Kontrolle ausgeübt. Wahrscheinlich wollten sie uns zu Menschen erziehen, die der Obrigkeit gegenüber gehorsam waren. Vordergründig war diese Obrigkeit zwar die Kirche; Kinder, die dermaßen eingeschüchtert waren, kamen aber auch den weltlichen Machthabern ganz gelegen. Ich glaube, dass der Zweifel in jedem existiert, der für und von der Kirche lebt. Ein Mensch, der niemals zweifelt, muss nach meiner Ansicht eigentlich ein Roboter sein. Der Zweifel gehört sicher zu den herausragenden Eigenschaften der menschlichen Spezies. Er ist der Grundstock für ein freies und selbstbestimmtes Leben. Deshalb muss er von den Herrschern schon seit alters her ausgerottet werden.

Und auch sich selbst gesteht man ihn nur ungern zu, ist es doch so viel bequemer, einem standardisierten Weltbild zu vertrauen, sich an ein für ewig gültiges genormtes Leben zu halten. Am besten treibt man sich den Zweifel offenbar aus, indem man ihn bei anderen bekämpft. So prügeln manche Herrscher den ihnen unterworfenen Menschen eine bestimmte Ideologie umso aggressiver ein, je weniger sie selber noch daran glauben können. Vielleicht war es sogar bei Hitler so. Er wollte ein ganzes Volk dazu zwingen, einer Idee zu folgen, von der er selbst im tiefsten Innern nie überzeugt war. Diesem Wahn sind über sechzig Millionen Menschen zum Opfer gefallen.

Ich kann im Nachhinein ganz schön wütend werden, wenn ich über diese seelischen Körperverletzungen durch viele »Geistliche« damals nachdenke. Sie züchtigten uns ja nicht nur körperlich, sondern ließen vor allem nichts unversucht, uns einzureden, dass wir abgrundtief schlechte und verdorbene Menschen seien. Mein Gott, wir waren doch Kinder! Was bitte kann je an einem Kind schlecht sein, was verdorben, was unmoralisch? Kinder sind unsere Spiegelbilder, und was wir in ihnen an Schlechtem entdecken, ist der Aufschrei unserer eigenen unterdrückten Schmerzen.

Ich weiß, dass sich seitdem viel geändert hat, und ich bin persönlich mit einigen Pfarrern und Religionslehrern gut befreundet, die sich eher die Zunge abbeißen würden, als den Menschen diesen autoritären und frauenfeindlichen Gott meiner Kinderzeit zu vermitteln. Aber hat sich insgesamt am Gottesbild der (römisch-katholischen) Kirche wirklich so viel geändert? Ein strafender, Dogmen spuckender Übervater, der, wenn's sein muss, auch mal Waffen segnen lässt und mit der

Vatikanbank krumme Geschäfte macht – das kann es doch nicht sein! Und was gäbe es den Kindern nicht Wunderbares zu erzählen von Jesus, der die Frauen ebenso respektierte wie die Männer, der die Tiere liebte wie die Menschen, der so gar nicht gierig war nach Geld und Besitz, der sich keine sündhaft teure Markenkleidung kaufen musste, um seiner Clique zu imponieren, und der sich auflehnte gegen Willkür und Gewalt. Von Jesus, der einen Großteil der Kardinäle aus dem Vatikan jagen, die hauseigene Bank schließen und das Geld unter den Armen verteilen würde. Von diesem mutigen, sanften Mann, den sein Vater – man sagt ja, es sei der liebe Gott gewesen – nie dafür bestrafte, dass er so aufmüpfig war und so rebellisch.

Natürlich gab es auch unter den Lehrern Ausnahmen, und vielleicht war gerade mein Jahrgang gestraft mit autoritären, selbst zutiefst verwundeten und unversöhnlichen Lehrern. Kein Wunder, ich bin 1947 geboren und kam 1958 aufs Gymnasium. Diese Lehrer haben natürlich keine nationalsozialistische Ideologie verkündet – das durften sie nicht –, aber man hat ihnen angemerkt, unter welchen Verhältnissen sie großgeworden waren. Woher sonst hätten die Gymnasial- und Volksschullehrer damals denn auch kommen sollen, besonders die älteren? Natürlich, es gab auch ein paar jüngere Kräfte – Referendare – an meiner Schule. Da merkte man auch gleich, dass ein ganz anderer Wind wehte. Der Lehrer Huber, der in meinem Lied »Willy« Erwähnung findet und es deshalb Mitte der 70er zu einem gewissen Ruhm brachte, war beispielsweise eindeutig kein Nazi. Ein inspirierender Mann, der vielen Schülern das humanistische Gymnasium richtig schmackhaft machte. Aber tragischerweise waren speziell die Religionslehrer, die uns Liebe und Vergebung hätten nahebringen sollen, die schlimmsten.

Ich fühle mich insgesamt nicht traumatisiert von meiner Schule, aber was Religion betrifft, hat man bei mir dort alles falsch gemacht, was man bei Kindern nur falsch machen kann. Bei meinen eigenen Kindern habe ich nach Möglichkeit versucht, diese Fehler zu vermeiden. Umgekehrt lerne ich aber auch von ihnen in meinem Verständnis des Göttlichen sehr viel mehr als von den amtlichen Vermittlern. Sie, die eigenen Kinder, weisen mir den Weg zurück zu meinem Gott viel eher als jeder Kardinal. Einmal habe ich meinem Sohn Valentin, damals sechs, eher aus Versehen, gesagt: »Der liebe Gott sieht alles.« Ich habe das sofort bereut, denn er hatte darauf für einige Tage Angst vor ihm und blickte sich vor dem Zubettgehen jedes Mal verschüchtert im Zimmer um. »Sieht er wirklich alles, Papa?«, fragte er dann. »Auch wenn ich nach dem Zähneputzen noch mal Schokolade esse?« Da hatte ich ein Einsehen und sagte: »Ich glaube, der liebe Gott weiß genau, dass kleine Jungs ihre Geheimnisse brauchen und ihre Ecken, wo sie sich verstecken können, und ihre Stunden, in denen sie endlich mal ihre Ruhe haben vor den Eltern. Da schaut er dann einfach weg, bis du ihn rufst.«

Ich habe kein Konzept, wenn ich mit meinen Kindern über Gott rede. Denn ich will ja auch von ihnen etwas über Gott erfahren. Aber meistens fragen die Kinder von selbst nach Engeln und dem lieben Gott, und dann versuche ich ihnen etwas von dem zu vermitteln, was ich manchmal – selten genug – beim Meditieren oder Beten erfahre: dass da ein Geistiges, Göttliches ist, das schon war, bevor unser Bewusstsein in die Welt kam und bevor unser Denken uns einreden konnte, wir hätten den Geist geschaffen. Und dass alles voll von Liebe sein könnte, wenn wir uns nur darauf einließen oder wenigstens auf unsere Kinder hören würden, statt sie uns nach unseren verkorksten Vorstellungen zurechtzubiegen. Und wenn sie größer werden, werden sie sich vermutlich auch von diesem liebenden Gott befreien – denn es kommt die Zeit, in der man sich erst mal von allem befreien muss, was einem die Eltern erzählt haben –, um ihn dann irgendwann tief in sich selbst wiederzuentdecken. Das hoffe ich jedenfalls.

Ich ging damals auf das strengste Gymnasium Münchens, es war ein humanistisches. Es gab dort aber ein, zwei Lehrer, die mir diesen Humanismus wunderbar vermitteln konnten. Sie vermochten Begeisterung in mir zu wecken – und Schule sollte im Endeffekt nichts anderes leisten als das! Das wäre der eigentliche Auftrag, den Lehrer haben. Ich bin ja selbst immer wieder mal als Lehrer tätig, unterrichtete zum Beispiel Würzburger Studenten in »Songwriting«. Ich sagte zu ihnen: »Ich kann euch überhaupt nichts lehren. Ich kann nur die Begeisterung in euch wecken, kann versuchen, dass ihr euch für Sprache und Musik interessiert und dass ihr sehr viel lest – auch Gedichte.« Ich glaube, das ist mir auch gelungen. Es ist wahrscheinlich wichtiger, als wenn ich ihnen Kenntnisse der Harmonielehre vermittelt hätte, die sie wahrscheinlich sowieso schon beherrschen. Auch in meinen Konzerten versuche ich, Begeisterung zu wecken. In einem meiner letzten Programme las ich Gedichte von Rilke und Kästner. Ich habe auch Brecht gelesen und vertont. Ungefähr 250 000 Leute haben die Tournee »Wut und Zärtlichkeit« gesehen. Ich hoffe, dass sich der eine oder die andere aufgrund dieser Eindrücke wieder mit diesen Dichtern beschäftigen wird.

In der Oberstufe hatte ich einmal einen jungen Religionslehrer namens Rauber. Er war in keiner Weise autoritär oder dogmatisch. Wir saßen abends bei ihm zusammen und lasen

Gottfried Benn. Das war damals heikel, weil Benn wegen seiner nicht gerade rühmenswerten Haltung im Dritten Reich verschrien war. Trotzdem liebten wir ihn. Wir sprachen mit Lehrer Rauber auch über Religion. Man durfte sogar Atheist sein, wenn man wollte. Das hat mich sehr geprägt, denn ich merkte auf diese Weise, dass man mit dem Thema Religion auch anders umgehen konnte. Als Kind trug ich ja eine natürliche Religiosität in mir. Ich erinnere mich noch gut an meine erste Beichte. Danach lief ich zu meiner Mama und sagte: »Jetzt fühle ich mich so richtig frei, das ist toll!« Schon bei der zweiten Beichte fing ich aber an zu lügen. Das ist eine Entwicklung, die wohl mit dem Beichtzwang zu tun hat und mit der Art, wie die Priester vorgingen. Man kann es sich ja heute kaum mehr vorstellen, aber damals mussten wir allen Ernstes noch nach einem Sündenkatalog beichten: »Ich habe Unsittliches getan, gesprochen, gedacht, geträumt ...« Oder muss man das heute immer noch? Ich weiß es nicht.

Die Sittlichkeit stellte natürlich für uns als heranwachsende Jünglinge eine besondere Herausforderung dar. Die Onanie galt ja damals noch als besonders verwerflich. Lehrer, Priester und andere verklemmte Erwachsene wurden nicht müde, immer neue Geschichten zu erfinden, warum die Selbstbefriedigung schädlich sei: jeder Mann habe nur tausend Schuss im Leben, Onanie führe zu Gehirnerweichung usw. Getan haben wir es natürlich trotzdem, dann aber mit schlechtem Gewissen. Ich glaube, alle, die eine Machtposition innehaben, wissen genau, dass sie Menschen mit einer befreiten Sexualität nicht unterdrücken können. Deshalb versuchen Autoritäten immer zuerst, die Sexualität zu unterdrücken und das Kindermachen in geordnete Bahnen zu lenken. Das liegt auch daran, dass man Kinder in autoritären Staaten schon immer hauptsächlich als Kanonenfutter betrachtet hat. Vor allem musste auch die Sexualität der Frau unterdrückt werden. Denn wenn man die Frau einmal wirklich freilassen würde – das ahnten die Patriarchen wohl –, dann würde vielleicht eine Sexualität entstehen, die den Männern Angst machen könnte: etwas zu frei, zu locker, zu lustvoll.

Mein Zugang zum Göttlichen war aber – jenseits von Kirche und Religionsunterricht – von Anfang an die Musik. Ich war als Knabe mit einer wirklich schönen, klaren Stimme gesegnet.

Das kann ich heute ohne zu erröten sagen, es ist ja endgültig vorbei damit. Meine Stimme konnte bis zum hohen dreigestrichenen F hinaufträllern, sodass ich ganz selbstverständlich die Frauenpartien in Opern nachsang. Ich verfügte über ein ausgeprägtes Melodiengedächtnis und über musikalisches Gespür. Es gibt eine Menge Aufnahmen, auf denen ich zusammen mit meinem Vater Duette singe: er die Tenorpartie, ich den Sopran. Das ergab einen Klang, der für mich bis heute anrührend ist: die Stimmen des Vaters und des Sohnes in den schönsten Duetten der italienischen Oper vereint.

Dieses gemeinsame Singen erzeugte in mir eine selbstverständliche Form des Aufgehobenseins. Man muss sich das einmal vorstellen: Ich war ja in anderer Hinsicht ein ganz normaler Bub. Da kam ich mitunter vom Fußballspielen völlig erhitzt nach Hause, ging mit meinem Vater ins Wohnzimmer und sang die schönsten Arien. Ich musste mich nicht vorbereiten, ich musste meine Stimme nicht schonen, sie war einfach da. Im Nachhinein erscheint es mir, als hätte ich damals schon ein Gefühl des spirituellen Einsseins gekannt. Vielleicht haben das auch alle Kinder, bevor sie aus dem ursprünglichen Paradies vertrieben werden; in meinem Fall war es aber vor allem mit dem Singen verbunden.

Ich bin bis heute mit Melodien gesegnet. Vielleicht ist das auch ganz banal aus der Tatsache zu erklären, dass ich meinen musikalischen Tank als Knabe aufladen konnte mit den schönsten Melodien der Musikgeschichte. Verdi, Puccini, Rossini, Mozart, Schubert ... Aber es ist im Grunde eben auch eine spirituelle Erfahrung. Wenn man sich daran gewöhnt hat und es mit dem Alter immer schwieriger wird, diesen beseligten Zustand herzustellen, dann ist man versucht, auf künstliche Paradiese auszuweichen. Aber das kam erst später, und vielleicht sind viele Ekstasen, die ich in mir als Erwachsener erzeugt habe, eine Erinnerung an die Knabenzeit. Mit fünf oder sechs Jahren musste ich wegen einer Blinddarmoperation ins Krankenhaus. Als ich halbwegs wieder auf dem Damm war, ging ich von Krankenzimmer zu Krankenzimmer und sang den Patienten etwas vor. Dafür bekam ich dann Schokolade. Das muss schon ein Zustand der Ekstase gewesen sein. Welcher Erwachsene schafft das noch, sich irgendwo hinzustellen und vor Freude einfach loszusingen? Die meisten Menschen bekommen schon bei der Vorstellung, vor Menschen aufzutreten, Schweißperlen auf der Stirn. Und es zeigt mir heute ganz ohne spirituelle Verklärung, dass ich wohl einfach als eine sogenannte Rampensau geboren worden bin.

Schon in meiner Jugend war eine große Sehnsucht nach tiefen inneren Erfahrungen da. Als 18-Jähriger hatte ich zudem ein einschneidendes Erlebnis, von dem mir erst später klar wurde, wie spirituell es war. Es geschah beim Hören von Gustav Mahlers Auferstehungssinfonie. Es war auf einer Party, beim »Chillen«, wie man heute sagen würde. Spätabends, als die letzten Gäste komatös vor sich hin dämmerten, beschloss ich, Mahlers Zweite aufzulegen. Ich war bereit, mich diesem alles verschlingenden c-Moll zu ergeben. Da passierte es: Schon nach wenigen Minuten war es mir, als stiege ich aus meinem Körper. In meinem Überschwang erzählte ich den Menschen, die um mich waren, dass es sie eigentlich gar nicht gebe. Alles sei in Wahrheit nur noch Eines. Auch Gott existiere eigentlich nicht, alles sei vielmehr göttlich und miteinander verschmolzen. Die haben mich angeschaut wie einen Wahnsinnigen.

Das war ein Erlebnis, das ich damals gar nicht so ernst nahm. Heute schenke ich ihm wesentlich mehr Beachtung, zumal mir vergleichbare Einblicke erst viel später wieder möglich wurden. So sehr ich auch vom kirchlichen, moralisierenden und von Verboten geprägten Umgang mit dem Göttlichen abgestoßen war – mein eigener, ganz spontaner Zugang war von Anfang an offen dafür. Mein Weg war von Anfang an wohl eher ein mystischer. Die mystische Erfahrung hat niemals mit Inhalten zu tun, von denen andere meinen, dass wir an sie glauben sollten. Immer geht es darum, was wir selbst erlebt haben. Nur da, wo man sich selbst erfahren kann, beginnt ja das Leben überhaupt interessant zu werden. Wo man nicht nur über sich nachdenkt – was notwendig ist –, sondern wo man die Vernunft transzendiert. Wo man in eine Wirklichkeit eindringt, die aus mehr als dieser Rationalität besteht. Das gilt natürlich für den Künstler erst recht. Für ihn ist das Ich zunächst der Zugang zu dem Einen, das zugleich Alles ist. Dazu muss er zuerst all die Dogmen und Normen beiseiteräumen, die seine Erfahrung vorstrukturieren und begrenzen wollen. Ich habe nie über etwas geschrieben, was nicht wirklich in mir vorhanden war.

ICH MUSSTE MEINEN GOTT ZERTRÜMMERN

Und an den Straßenrändern wallen Prozessionen,
und dumpfe Mönche harren im Gebet.
Sie totzufahren würde sich nicht lohnen,
weil alles viel zu schnell vorübergeht.

Ich möchte etwas bleibend Böses machen,
will in die Schluchten meiner Seele ziehn.
Das ganze Leben ist doch nur Erwachen
aus bösen Träumen. Und ich will nicht fliehn.

Ich will die Träume leben, die mich quälen,
da gibt es noch so viel zu tun für mich.
Ich werde alle Straßen dieser Erde schälen,
und irgendwo am Rinnstein treff ich dich […]

Ich musste Gott regelrecht zertrümmern und aus der Kirche austreten, um ihn wieder ansprechen und das Wort ohne Scheu wieder aussprechen zu können. Bis heute hüte ich mich aber davor, es im Gespräch mit Menschen, die mich nicht näher kennen, zu verwenden oder andere gar zu missionieren. Jeder hat seine eigene Geschichte mit diesem und anderen großen Worten, und zu leicht kann ein ungeklärter Ausdruck zur Kriegserklärung werden, die jede Verständigung von Anfang an verhindert. Ob ein Wort hohl ist oder bedeutungsschwer, entscheiden wir schließlich selbst, und alle Verballhornungen der Liebe in Schlagern und gut gemeinten

Gedichten können das Wort »Liebe« nicht vernichten, wenn es sich in einem selbst mit Leben erfüllt hat.

Der Gott, den ich töten musste, war jener, den mir die Religionslehrer und Priester eingetrichtert haben. Viele meiner frühen Gedichte zeugen davon. Am bekanntesten die Zeile: »Nur die Götter gehen zugrunde, wenn wir endlich gottlos sind.« Das hinderte mich nicht daran, Jesus weiterhin zu mögen. Der Gott, den ich töten musste, war nicht Jesus. Man könnte natürlich die Kirche in Schutz nehmen und argumentieren, dass sie auch viel Gutes tut. Manche sagen, ohne die Kirche wären die Menschen gar nicht erst mit spirituellen Werten in Berührung gekommen. Ich glaube das aber nicht. Der große Psychologe Arno Gruen, mit dem befreundet zu sein ich das Glück habe, hat mich davon überzeugt, dass der Mensch von Natur aus ein empathisches Wesen ist. Er ist kein Wolf unter Wölfen, wie es uns zum Beispiel der Neoliberalismus gerne erzählt, um die von dieser Wirtschaftsideologie geschürte Brutalität als etwas Selbstverständliches und Natürliches darzustellen.

Arno Gruens jüngstes Buch »Dem Leben entfremdet« hat mir – wie viele Bücher des Autors – wieder einmal die Augen geöffnet. Ich erfuhr durch dieses Buch, was ich immer schon geahnt hatte, aber nie so formulieren konnte: dass wir in dieser vollkommen durchkonstruierten Welt die Fähigkeit verlieren, die Wirklichkeit lebendig, mitfühlend und empathisch wahrzunehmen. Gruen schreibt:

Wir glauben, unser Denken sei realistisch, wenn es von Mitgefühl befreit ist, von der Fähigkeit, Schmerz zu teilen, Leid zu verstehen, und vom Gefühl der Verbundenheit mit allen

Lebewesen. Denken wir aber ohne Mitgefühl, dann leben wir in einer Scheinwelt aus Abstraktionen, die Kampf und Konkurrenz zu den Triebkräften unserer Existenz machen. [...] Diese Vorstellung eines Lebens ohne Mitgefühl ist auf Feinde angewiesen, ja, wir beginnen uns selbst durch das Feindbild, das wir heraufbeschwören, zu definieren.

Schon unsere Sprache, das beweist Gruen durch Vergleiche mit anderen, sogenannten primitiven Kulturen, ist eine Sprache, die das Mitgefühl mehr oder weniger ausklammert. Das abstrakte Denken, das Kognitive, hat schon seit Jahrtausenden das Empathische in uns ersetzt, und wir entfernen uns dadurch immer mehr von der gefühlten Wirklichkeit. Sehr beeindruckend war für mich zu erfahren, dass früheste Kindheitserinnerungen in unserer Sprache nicht reproduziert werden können, da die Sprache der Erwachsenen keine Kategorien für die intensiven Erlebnisse hat, die so typisch für die frühe Kindheit sind: »Was so viele der angeblich primitiven Völker von denen der großen Zivilisationen unterscheidet, ist ihre Vielfalt bezüglich der Wahrnehmung der Welt und ihrer sprachlichen Fähigkeit, diese wiederzugeben.«

Ich glaube, deshalb habe ich mich schon in jungen Jahren zur Poesie so hingezogen gefühlt, bin ihr bis heute geradezu verfallen. In den schönsten Gedichten, zum Beispiel denen Rilkes, spürt man etwas von dieser anderen Wirklichkeit, der erahnten, eigentlichen, wahrhaftigen, nicht ausschließlich rational erdachten. Noch einmal Gruen: »Schmerz und Leid als Zeichen von Schwäche zu deuten, verfestigt deren Entwertung und zieht physiologische Konsequenzen nach sich, die sich wiederum in feindlichem Verhalten äußern.«

Nein, ich glaube, dass entgegen allem Anschein der Mensch im Grunde gut ist – wenn nicht schwerwiegende Störungen, etwa ein Gehirnschaden, vorliegen. Normalerweise kommt er als ein gütiges, mitfühlendes Wesen auf die Welt. Wenn ihm die Gesellschaft das nicht austreibt, und das tut sie meistens – vor allem durch eine autoritäre Erziehung. In der heutigen Zeit wird der Leistungsdruck im Vorgriff auf spätere Berufstätigkeit schon im Kinderzimmer aufgebaut. Die Botschaft vieler Eltern lautet: »Ich liebe dich nur, wenn du Leistung bringst.« Das zwingt Kinder dazu, schon früh ihr eigenes Selbst zu verleugnen. Sie werden vordergründig zu einer »Persona«, einer angepassten Scheinpersönlichkeit, die darauf ausgerichtet ist, den Eltern zu gefallen, dem Staat zu gefallen, der Gesellschaft zu gefallen. Sie bilden eben nicht ihre eigene Persönlichkeit aus: Der Usprung des Wortes »Person« macht deutlich, dass wir zwischen Person und eigener Persönlichkeit streng unterscheiden müssen. Im antiken Theater wurde die Maske des Schauspielers »Persona« genannt, weil durch diese Maske die Stimme des Schauspielers hindurchtönte. Je stärker also Kinder das Leistungsprinzip verinnerlichen, umso schlimmer wird die Maskerade, die sie als Erwachsene mit dem Leben verwechseln.

Arno Gruen hat ja auch Nazitäter analysiert, die streng autoritär aufwuchsen und aus denen jede Form von Mitgefühl herausgeprügelt wurde. Eugen Drewermann berichtete über Elitesoldaten, die zu Maschinen gedrillt wurden. Ihr Menschsein wurde ihnen buchstäblich aberzogen.

Nun geht es in diesem Kapitel aber nicht um weltliche Diktaturen, sondern um die Kirche, und leider muss ich sagen, dass dort teilweise eine ähnliche Gehirnwäsche stattgefunden hat. Die Kirche wollte keine mitfühlenden Gläubigen, sondern solche, die Angst haben. Wenn wir ehrlich sind, hat sie während ihrer gesamten Geschichte zum großen Teil Angst und Schrecken verbreitet. Das Schlimmste ist, den Menschen in der Hölle unendliches Leid anzudrohen und zu behaupten, dass Gott selbst den kleinsten Fehler akribisch beobachte. Das ist schlimmer, als es jede NSA sein kann. Die Geheimdienste versuchen offenbar, den katholischen Gott nachzuahmen, jedoch auf höchst unperfekte Weise, denn niemand kann alle Menschen so total überwachen wie Gott. Der dringt ja sogar in unsere Gedanken ein und ins Schlafzimmer, was die NSA nicht geschafft hat. Noch nicht.

Aber nicht nur der Staat als Gott ist gefährlich, auch ein »Gottesstaat« – und zwar egal welcher Religion – macht mir Angst. Ganz gleich, welchen Gott wir anbeten sollen, es sind immer Menschen, die uns in seinem Namen belügen. In intellektueller Hinsicht bin ich eigentlich Atheist. Ich lasse mir nicht gern von irgendjemandem erzählen, er wisse, was Gott will. Der eine verlangt vielleicht, dass man sich einen Sprengstoffgürtel umschnallt, weil er meint, dass Gott das so will. Ein anderes Mal verlangt »Gott«, dass man Frauen schlagen darf. Und vielen anderen Unsinn mehr. Oft geht es dabei auch nur um Macht. Sicher gibt es begnadete Menschen, denen Gott ganz nahe zu sein scheint. Mancher mag tatsächlich Gott begegnet sein. Nicht jeder, der behauptet, eine außergewöhnliche spirituelle Erfahrung gemacht zu haben, muss ein Lügner sein. Aber auch wenn er subjektiv die Wahrheit sagt, kann er daraus nicht den Anspruch ableiten, anderen zu sagen, was sie tun sollen. Ich glaube, wenn es nicht die Kunst gäbe, wäre ich ein lupenreiner Atheist. Denn in dem Moment, da ich Mozart höre, weiß ich, dass es etwas Göttliches gibt, wenn ich Rilke lese, weiß ich es, und ebenso in Momenten, in denen ich mich zum Beispiel beim Klavierspielen in meine Kreativität versenken kann.

Es gibt in meinen frühen Liedern eine Menge religionskritischer Aussagen. Eine dieser Zeilen handelt sogar von Mönchen: »Dumpfe Mönche harren im Gebet, sie totzufahren würde sich nicht lohnen.« Damit meinte ich aber nicht den Mönch im guten Sinn, den aufrechten Sucher, der sich durch Verzicht dem Wesentlichen annähert. Die »Mönche« in meinem Gedicht sind eher dumpfe Mitläufer in einem katholischen System. An einer anderen Stelle schrieb ich: »Die Herren Götter danken ab, jetzt muss es gottlos weitergehen.« Es ging mir dabei aber immer nur um die Götzen, um jene, die Macht über uns ausüben wollen, indem sie uns zu einem falschen, kritiklosen Respekt nötigen. Heute wären diese »Herren Götter« vielleicht Spekulanten oder Banker.

Das, was am Gottesbegriff wahrhaftig ist, das, was befreit und zu einem liebevolleren Umgang mit der Welt hinführt, kann man dann unter anderen Vorzeichen wiederentdecken. In einem Gedicht über meine Mutter habe ich geschrieben: »Wie einstmals Gott hab ich dich töten müssen, jetzt könnt ihr auferstehen im Gedicht.« Der antireligiöse Affekt des jungen Mannes ist nur eine Übergangsphase, aber eine notwendige, um sich von falschen Gottesbildern zu befreien und von Einschränkungen, die uns Atemnot verursachen. Es gibt einen schönen Satz im Zen: »Wenn Du Buddha siehst, töte ihn!« Ich musste Gott töten, um zu ihm zu finden.

Wir müssen natürlich definieren, was mit »Gott« gemeint ist. Ich könnte zu Menschen, die mir nahe stehen und die bestimmte religiöse Erfahrungen mit mir teilen, ohne weiteres sagen: »Ich glaube an Gott.« Bei Fremden wäre ich damit sehr vorsichtig, weil die Betroffenen gleich ihr eigenes Gottesbild damit verknüpfen und durch mich in ihrem Glauben (oder Unglauben) gekränkt werden könnten. Der indische Philosoph Krishnamurti meinte: zu sagen, man wäre Christ oder Moslem, Hindu oder Buddhist, sei schon eine Kriegserklärung. Wenn ich von Gott spreche, meine ich vielleicht etwas Ähnliches wie Rilke in seinen Gedichten. Auch als ganz junger Mann, der einen rebellischen Atheismus pflegte, hatte ich nie ein Problem damit, wenn Rilke »Gott« sagte. Ich wusste immer schon, dass er mit Gott etwas ganz anderes meinte als meine Religionslehrer. »Du Nachbar Gott«, hat er ihn genannt. Also ein Gott, der uns ganz nah ist, der wir – in einer noch tieferen Deutung – eigentlich selbst sind.

Nur eine schmale Wand ist zwischen uns,
durch Zufall; denn es könnte sein:
ein Rufen deines oder meines Munds –
und sie bricht ein
ganz ohne Lärm und Laut.
Aus deinen Bildern ist sie aufgebaut.

RAINER MARIA RILKE,
aus: »Das Buch vom mönchischen Leben«

Oft sind es sogenannte Gläubige, religiöse Institutionen, die eine Wand aus Gottesbildern zwischen Gott und unserer Seele errichten.

In einem anderen sehr schönen Gedicht sagt Rilke: »Was wirst du tun, Gott, wenn ich sterbe? [...] Bin dein Gewand und dein Gewerbe, mit mir verlierst du deinen Sinn.« Es mag ja überheblich klingen, wenn jemand behauptet, nach seinem Tod hätte Gott ein Problem. Aber mir stand schon immer der Gedanke nahe, dass sich Gott in uns und durch uns Menschen ausdrückt. In meinem Gedicht »Lieber Gott« schrieb ich: »Ihr Götter könnt nicht weinen/Und müsst durch unsere Tränen stark werden.« Heute vermeide ich in meinen Gedichten solche präzisen Aussagen. Ich halte mich lieber an den Buddha, der auf die Frage nach Gott keine wirkliche Antwort hatte. Weder behauptete er dessen Existenz noch leugnete er sie explizit. Ich glaube, er hielt die Frage, ob es Gott gibt, für sinnlos. Denn diese letzten Fragen zu erfahren, schafft unser Verstand nicht. Und wenn wir dort angelangt sind, stellen sich die Fragen nicht mehr.

Den Ausdruck »Wolke des Nichtwissens«, wie ihn ein anonymer mittelalterlicher Mystiker geprägt hat, finde ich wunderschön, denn in der Tat ist religiöse Spekulation ein bisschen wie Herumstochern in einer Wolke. Kurz nachdem ich aus der Haft wegen Drogenbesitzes entlassen wurde, verfasste ich einen Liedtext mit dem Titel »Da muss doch noch irgendwas sein«. Eine gute Freundin von mir, die evangelisch und sehr gläubig ist, sagte mir damals, ich solle doch schreiben: »Da muss doch noch irgendwer sein.« Genau das wollte ich aber nicht schreiben. Ich verwendete auch immer lieber den Begriff »Das Göttliche« als »Gott«. Ich kann mich mit mir selbst derzeit nur darauf einigen, dass das, worum es geht, viel zu hoch ist für den Verstand. Gerade deshalb weigere ich mich, vorgefertigten Modellen und Symbolen zu folgen.

Mit Jesus dagegen konnte ich mich schon immer gut anfreunden. Ich bin, was den Mann aus Nazareth betrifft, ganz auf der Seite von Hans Küng und Eugen Drewermann. Jesus ist für mich eine überragende historische Persönlichkeit. Alle seine Aussagen sind revolutionär. Mit utopischen Gedanken wie »Liebe deine Feinde« oder seinem tätigen Mitgefühl brachte er es fertig, ein ganzes System ins Wanken zu bringen. Man muss ja bedenken, dass die sogenannten großen Führer der Menschheit allesamt kriegerische Soziopathen waren. Ob das ein Alexander der Große war oder ein Cäsar. Und dann kam ein Jesus Christus und warf das alles über Bord. Und er kam mit einer Lehre, die auf so atemberaubende und selbstverständliche Weise menschlich war, dass sich viele Zeitgenossen dafür begeisterten. Es war nicht nur dieses »Liebe deinen Nächsten wie dich selbst« – obwohl das ein unglaublicher Satz ist –, es war auch die revolutionäre Kraft, die Jesus zum Beispiel dazu befähigte, Frauen gleichwertig zu behandeln, die damals ja einen sehr niedrigen Status hatten.

Eine der für mich interessantesten Geschichten aus dem Neuen Testament ist die, in der Jesus zu den Aussätzigen geht. Wir können uns heute gar nicht mehr vorstellen, was es damals hieß, aussätzig zu sein. Diese Menschen hätte man nicht einmal mit klinischen Handschuhen angefasst. Man hielt sich von ihnen fern und warf ihnen von weitem Futter hin wie Raubtieren. Vermutlich betrachtete man sie nicht einmal als vollwertige Menschen. Gott musste sie verflucht und bestraft haben. Jesus aber ging zu ihnen hin – eine unglaubliche Tat! Es hätte ein Wendepunkt in der Menschheitsgeschichte sein können, wenn sein Geist sich durchgesetzt hätte. Umso trauriger ist, was die Kirche daraus im Lauf der Jahrhunderte gemacht hat.

Der unmittelbare Anlass für meinen Kirchenaustritt vor zwölf Jahren war die Verstrickung von katholischer Kirche und Vatikanbank. Ich konnte die mafiösen Strukturen, die dort herrschten, nicht mehr mittragen. Diesbezüglich setze ich auch einige Hoffnung auf den neuen Papst Franziskus, der sich offenbar ernsthaft daranmacht, diese Strukturen zu zerschlagen. Aber man muss noch abwarten, inwieweit sich Franziskus durchsetzen kann. Ich wurde einmal bei einem Interview gefragt, ob ich mir vorstellen könne, wieder in die Kirche einzutreten. Meine Antwort war: »In dem Moment, wo eine Frau Papst wird.«

Vor allem sympathisiere ich mit einigen Pfarrern der unteren Hierarchieebenen, ebenso wie es ein paar glaubwürdige und sympathische Politiker auf diesen unteren Ebenen gibt. Beim Bodenpersonal der Kirche gibt es Menschen, die Großartiges leisten. Ich kenne Pfarrer, die immer abrufbar sind, wenn Gemeindemitglieder ein Problem haben. Sie kommen sogar nachts um drei vorbei, um zu trösten und zu helfen. Leider muss ich aber hinzufügen: Sie tun es eher *trotz* der Ideologie ihrer Kirche. Je mehr man auf einem hierarchischen Weg voranschreitet und den Strukturen der Macht verfällt, desto mehr ist man in Gefahr. Macht kann etwas Positives sein, wenn man sie aus sich selbst heraus, aufgrund von persönlichem Charisma, entwickelt. Aber sobald jemand einen Weg durch die Institutionen gehen will, muss er sehr viele Kompromisse machen. Er muss sich entweder einer Mehrheit beugen, oder diese Mehrheiten zwingen, sich ihm zu beugen. Das halte ich gerade bei einer so privaten und intimen Angelegenheit wie der Spiritualität für schädlich.

Es geht mir hier nicht darum, eine Religion gegen die andere auszuspielen. Schon Martin Luther, der mich durchaus nicht in allen Punkten überzeugt, rückte die Kirche in ein anderes Licht: Er verstand sie nicht als Institution, sondern als einen Ort, wo das Wort Gottes weitergetragen wird. Wir müssen eine Brücke schlagen zwischen einer neu erwachten Spiritualität und politischem Engagement. Das, was in unserem Innersten gegenwärtig ist, was uns im schönsten Fall hilft, liebevoll auf andere Menschen zuzugehen, ist uns allen gemeinsam – egal ob wir Moslems oder Juden, Christen oder Atheisten sind. Dieser Gott gehört uns allen. Vielleicht braucht es auch religiöse Organisationen, Sanghas, Gemeinschaften von Suchenden, die sich gegenseitig bestärken. Wenn aber jemand der Meinung ist, dass die Kirche in ihrer heutigen Form notwendig ist, dann sollte er sich daranmachen, sie radikal zu erneuern.

SPIRITUELLE ERFAHRUNG IM GEFÄNGNIS

Manchen Nächten kann man nicht entfliehn,
und manche Räume zwingen dich zu bleiben.
Du bist allein mit deinen Fantasien
und fürchtest dich und kannst sie nicht vertreiben.

Das sind die großen Nächte. Halte fest
die Stunden, die dich so gefährden,
wo dir die Seele sagen lässt:
Du musst ein andrer werden.

Jetzt über Hügel wandern, und es könnte regnen,
ein trüber Himmel hinderte mich nicht.
Jetzt Rosen oder einem Feigenbaum begegnen
und einem freundlichen Gesicht.

Nur keine Dunkelheit. Nur nicht allein sein.
Wer geht mit sich schon gerne ins Gericht?
Da muss doch irgendwo noch etwas Wein sein?
Warum kann dieses Ich nie mein sein?
Ach, gäb's nur Licht.

Manchen Nächten kann man nicht entfliehn,
und manche Räume zwingen dich zu bleiben.
Du bist allein mit deinen Fantasien
und fürchtest dich und kannst sie nicht vertreiben.

Das sind die großen Nächte. Halte fest
die Stunden, die dich so gefährden,
wo dir die Seele sagen lässt:
Du musst ein andrer werden.

VIELE MENSCHEN SCHIENEN Ende der 90er überrascht darüber zu sein, dass ich mich »plötzlich« für Spiritualität interessierte. Gern wurde in diesem Zusammenhang mein Lied »Genug ist nicht genug« zitiert, in dem es unter anderem heißt: »Nur die Götter gehen zugrunde, wenn wir endlich gottlos sind.« Ich stehe nach wie vor zu diesem Satz, weil ich glaube, dass die Zerschlagung der Götzen, die uns in den verschiedenen Religionen angeboten werden, nicht nur notwendig ist, sondern zugleich auch eine große Chance darstellt. Wir dürfen allerdings in der gegenwärtigen Situation nicht den Fehler machen, uns an Stelle der alten Götzen neue aufzubauen, wie zum Beispiel den Materialismus oder, im Moment, den Kapitalismus. Meine Hoffnung ist, dass sich aus den Trümmern der traditionellen, dogmatischen und institutionellen Religionssysteme eine neue, freie Spiritualität erhebt. Im 21. Jahrhundert haben Zwangszölibat, Frauendiskriminierung, Glaubenszwang und alle Formen religiös verbrämter Gehirnwäsche einfach nichts mehr zu suchen.

Warum brauchen wir Spiritualität für das neue Jahrhundert? Ich glaube, dass unsere einzige Chance, Feindbilder und ideologische Weltbilder abzubauen, darin besteht, dass wir auch in uns selbst blicken. Es ist wichtig, sich immer wieder selbst zu hinterfragen und zu entlarven. Ich habe einmal einen Text darüber geschrieben, wie ich meine eigene Ungereimtheit mit rebellischen Versen tarnte: »Zwar ich kleide meine Zweifel/in Gedichte ab und zu,/das verschafft paar ruhige Stunden,/eigentlich ist nichts geschehen./Ach, es gibt so viele Schliche,/um sich selbst zu hintergehen!« Und in einem anderen Lied: »Von allen meinen großen Lieben ist mir nur eine treu geblieben: der Selbstbetrug.« Es schien fast, als hätte ich mich mit diesen Liedern selbst aufrütteln wollen.

Eine rein politisch-ideologische Herangehensweise genügt für ehrliche Selbsterforschung meist nicht, weil der Fehler gerade auf diese Weise allzu gern nur im Außen gesucht wird. Natürlich könnte diese Art der Innenschau auch von der Psychologie und der Psychotherapie geleistet werden, doch meines Erachtens greift psychologisierende Selbstbeschäftigung ohne eine spirituelle Komponente zu kurz. Sie steht unter dem begründeten Verdacht, sich einzig und allein für den eigenen Nabel zu interessieren – so als wären wir isolierte Wesen, durch eine imaginäre Käseglocke vom Rest der Welt abgeschirmt. Die Spiritualität aber geht tiefer und verbindet uns mit allem Sein.

Ich habe vor jetzt fast zwanzig Jahren einen wirklich großen Zusammenbruch erlebt, der mein Leben radikal verändert hat. In der Zeit unmittelbar davor war ich – wie ich es heute empfinde – nur noch eine Kopie meiner selbst. Das Image, das ich in jungen Jahren von mir aufgebaut hatte, und all das, was meine Fans zusätzlich in mich hineininterpretiert hatten, versuchte ich zu leben: Der ewig Powervolle, der ewig Leidenschaftliche, der Unzerstörbare, der Lebemann, der rebellische Lüstling aus »Genug ist nicht genug« – all das war ich eigentlich gar nicht mehr. »Ich hab es satt, ein Abziehbild zu sein«, hieß es damals in diesem Lied. Nun war ich doch eins geworden – ein Abziehbild meiner selbst. Und dann kam dieser Zusammenbruch. Ein Staatsanwalt, der es nach der Lektüre meines Romans »Uferlos« schon eine Weile auf mich abgesehen hatte, schickte mir die Polizei ins Haus, und ich wurde mit »ein paar Kilo Kokain« völlig verwahrlost in meiner Wohnung aufgefunden.

Im Gefängnis hatte ich dann ein ganz entscheidendes Erlebnis. Ich fand in einer zuvor nicht gekannten Weise zu mir selbst zurück. Ich habe ja mein Leben lang nach Freiheit gesucht, für die Freiheit gesungen und von der Politik Freiheit eingefordert. Das Gefängnis schien für jemanden wie mich der größte nur denkbare Unglücksfall zu sein. Dennoch fand ich dort eine Freiheit, nach der ich anderswo oft vergebens gesucht hatte. Keine Sorgen mehr um schicke Kleidung oder gutes Aussehen – man trug Anstaltskleidung. Keine Überlegung mehr, in welches Restaurant man zum Essen gehen und ob man sich das leisten könne – das Anstaltsessen wurde einem vorgesetzt. Alles war im Knast geregelt, und gerade diese Regeln gefielen mir sehr, weil ich ja als Künstler zuvor immer ein sehr ungeregeltes Leben geführt hatte.

Diese Phase währte zwar nur kurze Zeit, geblieben ist allerdings eine gewisse Sehnsucht nach dem Mönchsein. Es ist das Bedürfnis, sich all dessen zu entledigen, was eigentlich nur Schmerzen bereitet: das Streben nach Erfolg, nach Ansehen, nach Macht, der Wunsch, immer geliebt und begehrt zu werden. Selbst den Wunsch, die große Liebe zu finden – der einen ja gerade als jungen Mann sehr in Atem hält –, empfinde ich im Rückblick teilweise als Last. Ich beneide zeitweilig die Mönche in ihrer Askese.

Albert Camus, den ich hier nach Iris Radisch zitiere, schrieb: »Was kann ein Mensch sich besseres wünschen als Armut? Ich habe nicht Elend gesagt und rede auch nicht von der hoffnungslosen Arbeit des Proletariers. Aber ich sehe nicht, was man sich mehr wünschen kann, als mit tätiger Muße verbundene Arbeit.« Damals im Gefängnis konnte ich diese Askese – unverhofft und ursprünglich ungewollt – für einige Zeit praktizieren. Das war wirklich ein Schlüsselerlebnis für mich. Ich lernte zu meditieren und begann dann in den ersten Jahren nach meiner Entlassung sehr intensiv, mich anders und neu zu entdecken. Ich begann zu entdecken, was hinter diesem Ich, an das ich sowieso nicht mehr so recht glaubte, so alles wohnte und lauerte. Es war ein Schritt in eine neue Welt, die für mich nur deswegen nicht ganz so neu war, weil ich sie als Jugendlicher ein paar Mal ganz spontan und ungeplant betreten hatte.

Mystiker wollen ja immer, dass Gott antwortet, und wir wissen natürlich alle, dass er das nicht mit einer Donnerstimme aus dem Dornbusch tut. Es ist wichtig, dass wir nicht diese naive Vorstellung von Gottesbegegnung verbreiten. Gott spricht nicht so, wie unsere Nachbarin spricht oder der Pfarrer. Aber in besonderen Augenblicken können wir spüren, dass »er« da ist. Wenn man das einmal erlebt hat, fällt man zwar auch wieder in seinen Alltag zurück, aber es kann sein, dass dieses herausgehobene Erlebnis etwas anstößt, das unser gesamtes weiteres Leben verändert. Die Suche nach Gott ist immer ein Auf und Ab, ein Ringen. Wer von sich behauptet, dass er keine Unsicherheiten, keine Zweifel kenne, den halte ich für unglaubwürdig. Während meiner Wochen im Kloster Andechs sprach ich einmal mit dem Prior. Ich fragte ihn: »Sie beten doch schon seit 40 Jahren, sind Sie Gott dadurch näher gekommen?« Er antwortete: »Nein, das glaube ich nicht. Aber es gibt immer wieder Momente, in denen der Zweifel weniger wird.« Auch ich habe in meinem Leben ein paar solcher Momente erlebt, in denen für kurze Zeit kein Zweifel da war. Und das ist schon sehr viel.

Seit meiner Erfahrung im Gefängnis ist es mir nicht mehr möglich, Spiritualität von Fragen der Ethik zu trennen. Das bedeutet für mich auch ganz konkret, meine Mitmenschen gut zu behandeln. Es ist ja schön und gut, wenn sich jemand erleuchtet nennt, doch mich interessiert an einem Menschen zuallererst einmal die Güte, das, was Albert Schweitzer »tätige Hingabe« genannt hat. Mein Freund, der jüdisch-amerikanische Zen-Meister Bernard Glassman, sagte: »Sie waren der Meinung, als Zen-Lehrer sollte ich meine Zeit besser darauf verwenden, Menschen zur Erleuchtung zu geleiten. Ich bin jedoch der Meinung, dass man Menschen, die hungern, zuerst einmal etwas zu essen geben sollte.« Das sagte er aber nicht nur so dahin. Berührt vom Schicksal der vielen Obdachlosen in New York, gründete er daraufhin die Greyston Bakery. Diese Bäckerei verschaffte den Wohnungslosen nicht nur Brot, sondern auch Jobs, und sie erwirtschaftete für zahlreiche soziale Projekte hohe Zuschüsse aus dem Verkauf der leckeren Backwaren.

Religion hat für die meisten Menschen die Funktion, eine gewisse Beruhigung und Sicherheit zu geben; Religion in ihrem tiefsten Sinne ist jedoch meines Erachtens etwas, das zuerst einmal verunsichert, das einen auch in tiefste Nöte und Stürme stürzen kann. Glaube dient für mich nicht vordringlich diesem narzisstischen Zweck, sich ein noch angenehmeres Dasein zu verschaffen – was ich bei vielen sogenannten

Esoterikern spüre und was bei diesen zu einer unglaublichen Arroganz führen kann. Ich glaube, dass jetzt der Zeitpunkt gekommen ist, in dem sich der nach Erleuchtung Strebende einbringen muss in die Gesellschaft.

Eines der faszinierendsten Phänomene ist für mich noch immer das menschliche Gewissen. Ich möchte fast sagen, seine Existenz ist, wie die Existenz des Zweifels, fast ein Gottesbeweis. Natürlich kann man immer wieder feststellen, dass Gewissen auch von gesellschaftlichen Umständen und Prozessen abhängig ist. Und trotzdem gibt es immer wieder jene Menschen, die Gottfried Benn als »Blüten« bezeichnet. Zum Beispiel Menschen, die aus einem Elternhaus kommen, von dem man meinen könnte, dass daraus nur ein Nazi entstehen kann. Dennoch werden hochanständige, engagierte Leute daraus. Diese »Blüten« widersprechen jeder wissenschaftlichen Theorie über die menschliche Seelenentwicklung. Sie widerlegen die These, dass es allein auf die Erziehung oder auf die Gene ankäme. Sie machen spürbar, dass es so etwas wie ein Gewissen gibt, das, wovon ich überzeugt bin, in jedem Menschen wohnt. Das kann ein Antrieb für den einzelnen Menschen sein, aber auch für die ganze Menschheit, eine neue Entwicklungsstufe zu erreichen.

Ich möchte nun meine Zeit im Gefängnis nicht im Nachhinein verklären. Meine zweiwöchige Untersuchungshaft war die schlimmste Zeit meines Lebens, weil sie für mich kalten Entzug bedeutete. Alles war plötzlich zusammengebrochen. Es war die Hölle. Wenn ich im Gefängnis nicht begonnen hätte zu meditieren, ich weiß nicht, ob ich aus diesem Sumpf wieder herausgekommen wäre. Was sind wir doch für hochmütige Menschen! Sobald es jemandem schlecht geht, sagen wir hämisch: »Aha, jetzt muss er sich wohl an Gott klammern.« Anstatt zu sagen: »Wie schön, dass er durch das Gebet etwas gefunden hat, was ihm unsere Gesellschaft sonst offenbar nicht anbieten kann.« Ebenso halte ich es für schrecklich anmaßend, wenn Menschen über Schwerkranke und Sterbende, die sich Gott wieder zuwenden, oder auch einer bestimmten Religion, hochmütig urteilen. So, als hätten sie es nun eben nötig, sich vor lauter Schmerz wieder an etwas Übersinnliches zu klammern.

Könnte es nicht sein, dass ebendiese zerbrechlichen, fast schon im Anderswo weilenden Menschen einen feinsinnigeren, zärtlicheren Zugang entdeckt haben, als wir es vermögen? Wir, die wir zugekleistert sind von sinnlichen Ablenkungen aller Art, deren Poren gleichsam verstopft und durch Werbung und Begierden verklebt sind, lichtundurchlässig und stumpf? Viele haben es sich in ihrer Beschränktheit so bequem eingerichtet, dass sie es scheuen, ihren Erfahrungshorizont zu erweitern. Je weiser, lebenserfahrener und weitsichtiger ein Mensch ist, desto eher ist er auch bereit, spirituelle Erfahrungen Anderer anzuerkennen – selbst wenn er sie nicht teilen kann.

Vielleicht rührt der verbreitete Spott über die Spiritualität auch daher, dass spirituelle Menschen Erfahrungen gemacht haben, nach denen wir uns insgeheim sehnen und um die wir sie beneiden. Ich kann nur für mich persönlich sprechen; und für mich bedeutete es damals eine große Gnade, meine Gefangenschaft wie die Existenzweise eines Mönchs leben zu können. Natürlich war mir schon in den 90er-Jahren klar gewesen, dass ich zu schwach und zu genusssüchtig war, um dauerhaft in einem Kloster zu leben. Nun hatte mich das

Schicksal aber quasi am Genick gepackt und mich in eine Situation hineinversetzt, in der ich gezwungen war, das für einige Zeit auszuprobieren. Ab und zu blickte ich wohl mit einem Augenzwinkern in Richtung Himmel und sagte zum Schicksal: »Gut gemacht!«

Unter vielen Tränen habe ich damals im Gefängnis zu einer Seelenruhe gefunden, nach der ich mich noch heute manchmal zurücksehne – so hart diese Zeit auch gewesen ist. Ich war nie zuvor im Leben so sehr bei mir gewesen wie damals. Diesen Platz bei mir selber hätte ich mir ansonsten aus eigenem Antrieb suchen müssen, so aber war er mir durch äußere Umstände aufgezwungen worden, und ich weiß nicht, ob ich ohne diesen unsanften Schubs der Staatsgewalt von allein dazu gekommen wäre. In einer solchen Situation ist man natürlich unglaublich zerbrechlich und aufnahmebereit für viele Einflüsse. Auch gefährdet, weil natürlich nicht jeder Einfluss hilfreich oder wertvoll ist. Einen spirituellen Lehrer im Sinne eines Gurus hatte ich nicht. Dafür vertiefte ich mich mit Feuereifer in Bücher, zum Beispiel in die Schriften von Rudolf Steiner. Diesem Autor, der zweifellos auch Fragwürdiges von sich gegeben hat, bin ich vor allem für zwei Anregungen dankbar. Erstens hat mir niemand meinen geliebten Goethe so gut vermittelt wie er. Und zweitens verschaffte er mir den Zugang zu den christlichen Mystikern, die mich bis heute zutiefst bewegen.

Ich fühlte mich außerdem stark von buddhistischer Literatur angezogen und versuchte sofort, alles in die Tat umzusetzen, was ich dort gelesen hatte. Ich begann zum Beispiel in genau der Weise zu meditieren, wie es in den Büchern vorgeschrieben war. Seit achtzehn Jahren meditiere ich nun schon – in letzter Zeit weniger regelmäßig als in der Anfangszeit nach meinem Gefängnisaufenthalt. Obwohl ich zugebe, etwas meditationsmüde geworden zu sein, meine ich doch, dass es eine Erfahrung ist, die gerade in unserer sehr getriebenen, gehetzten Zeit dringend fehlt. Wer einmal versucht hat, nur eine Minute lang nicht zu denken, dem wird schlagartig der Terror der vielen unnützen Gedanken klar. Es wird ihm deutlich werden, was für ein Blödsinn uns ständig durch den Kopf geht. Was man am Abend einkaufen muss, was einem andere Leute über Dritte erzählt haben – lauter überflüssiges Zeug. Meditation bedeutet nichts anderes, als zu lernen, diese innere Geschwätzigkeit erst mal abzustellen. Das ist weniger, als sich der nach überwältigenden spirituellen Erfahrungen Strebende vielleicht wünschen würde, aber gemessen an unserem aufgewühlten »Normalbewusstsein« ist es sehr viel.

LIEBE UND TU, WAS DU WILLST

[...]
da ahnst du, dass, was scheinbar fest gefügt
und uns sich als die Wirklichkeit erschließt,
nichts als ein Bild ist, das sich selbst genügt,
durch das verträumt ein großer Atem fließt.
Du magst es greifen, du begreifst es nicht.
Was du auch siehst, ist nur gefrornes Licht.

»Mein Ego ist mir heilig« ist einer der Sätze, die mir am häufigsten vorgehalten werden – gerade von Personen aus der spirituellen Szene, die ja immer bestrebt sind, ihr Ego loszuwerden. Auch der besagte Satz stammt aus meinem Lied »Genug ist nicht genug«. Nun, es war das Lied eines jungen Mannes, und der Satz hatte auf meiner damaligen Entwicklungsstufe seine Berechtigung. Ich singe ihn immer noch gern auf der Bühne. Ich glaube, die meisten haben irgendwann in der Adoleszenz eine Phase, in der sie sich selbst für den Nabel der Welt halten und nicht bereit sind, sich in die Gemeinschaft zu integrieren. Bei mir gipfelte diese Einstellung wohl in dem Satz: »Mein Ego ist mir heilig.« Vielleicht würde ein wirklicher Egoist das ja nicht so ausdrücken. Denn solange man noch irgendetwas als heilig anerkennt, steckt dahinter eine Ahnung von Transzendenz, also von etwas, das unser Ich überschreitet.

Der Satz lag sicher in der Logik meiner damaligen Philosophie, denn wenn ich den Götterhimmel entleert habe, dann gibt es keine moralische Instanz mehr über mir. Dann bin ich selbst diese höchste Instanz. Ich setze mich über die Moralvorstellungen von Kirche und Obrigkeit hinweg und bestimme die Regeln meines Handelns allein. Ein Stück weit begebe ich mich dadurch an einen Ort »jenseits von Gut und Böse«. Allerdings befinde ich mich dann nicht wirklich »jenseits«, ich bleibe diesseits meiner eigenen ethischen Wertvorstellungen. Weil es mir nicht gleichgültig war, ob man andere Menschen liebevoll behandelt oder sie umbringt, quält und ausnützt, konnte ich auch nie viel mit dem Satanismus anfangen. Ich halte ihn für gefährlich, zumal er ja auch wieder eine Art Götzendienst ist. Ich kann noch nachvollziehen, dass sich der Satanismus als Gegenbewegung zu einer scheinheiligen Art der Frömmigkeit versteht. Aber davon abgesehen, wollte ich nie etwas mit ihm zu tun haben.

Nur ein einziges Mal – ich war ungefähr dreißig und wollte eben alles ausprobieren – versuchte ich, den Teufel zu beschwören und anzubeten. Offenbar hielt ich mich für einen zweiten Faust. Das ging allerdings fürchterlich in die Hose. Ich meinte auf einmal, ein Knirschen und Knacken im Zimmer wahrzunehmen, ich bekam eine Gänsehaut und schreckliche Angst. Bis heute weiß ich nicht so genau, ob ich mir das alles nur eingebildet hatte oder ob da tatsächlich irgendetwas passiert war. Jedenfalls habe ich dergleichen nachher nie wieder versucht. Es war ein dummer Einfall, ich hatte vielleicht mein Motto »Genug ist nicht genug« etwas zu weit getrieben. Heute würde ich die Energie, die mich damals antrieb, eher als »prometheisch« beschreiben. Prometheus, der gegen die olympischen Götter rebelliert, gegen die engen Grenzen, die sie ihm aufzuerlegen versuchen.

Der bekannte Satanist Aleister Crowley, der im frühen 20. Jahrhundert lebte, prägte den Leitsatz »Tu, was Du willst!«

Mir ist der erweiterte Satz des Augustinus lieber: »Liebe und tu, was du willst.« Nur, wenn sie in der Liebe bleibt, ist die Freiheit nicht gefährlich, und solange sie in der Liebe bleibt, benötigt sie keine Einschränkungen. Man könnte auch den Satz von Hölderlin danebenstellen: »Wer mit ganzer Seele wirkt, irrt nie.« Es ist aber entscheidend dabei, diesen Satz wirklich aufmerksam zu lesen. »Mit ganzer Seele« zu wirken, bedeutet nicht bloß, es mit viel Ehrgeiz zu tun. Das Wort »Seele« umfasst auch das Mitgefühl und die Liebe, ohne die Ehrgeiz ein großer Irrtum wäre. Wer wirklich ganz und gar aufgeht in der Liebe – ob es die Liebe zu Gott ist, die Liebe zu den Menschen oder einfach die Liebe zum Dasein –, der kann eigentlich tun, was er will. Er kann sich nicht wirklich irren. Schlimmstenfalls kann er sich *verirren*, also Fehler machen, aber auch auf diesen seltsamen Umwegen bleibt er doch auf seinem ureigenen Weg.

Liebe ist der Schlüssel zu allem – für mich jedenfalls. Man darf dieses wunderbare Thema wirklich nicht den Klatschmagazinen und dem deutschen Schlager überlassen. Ich bin deshalb vor einigen Jahren mit einem Programm speziell mit Liebesliedern aufgetreten, was mir manche, speziell in der linken Szene, dann vorgeworfen haben, so, als wäre ich deshalb ein weniger politischer Mensch. Merkt man nicht gerade an dem, was in der Politik geschieht, am dringlichsten, dass es an Liebe fehlt? Ich bin immer mehr davon überzeugt, dass die Grundsehnsucht unseres ganzen Seins die Liebe ist. Wahrscheinlich sind alle guten Gedichte, die jemals geschrieben wurden, Liebesgedichte. Und alle guten Romane sind Liebesromane. Das bedeutet nicht unbedingt, dass es darin um Beziehungen gehen muss, aber die meisten guten Bücher sind aus Liebe zum Menschen geschrieben worden. Und selbst wenn jemand verächtlich über andere schreibt, kann sich Liebe dahinter verbergen – enttäuschte Liebe, durch die der Autor zum Zyniker wurde. Klar, es gibt politisch hervorragende Gedichte – zum Beispiel von Brecht –, die beim ersten Hinsehen rein gar nichts mit Liebe zu tun haben, sondern mit einer klaren Analyse der Situation: nüchterne Betrachtungen, die deshalb umso eindringlicher wirken. Und dennoch, ich bleibe dabei: Der Impetus, der all diesen oftmals auch sehr zornigen Werken zu Grunde liegt, kommt von einer tiefen Sehnsucht nach einer gerechteren Welt her. Es ist die Sehnsucht eines Liebenden, selbst wenn der Betreffende sich selbst nicht so sehen möchte.

Ich behaupte, dass auch die Schwerkraft eine Form von Liebe ist. Ich weiß, dass das keine wissenschaftliche Aussage ist, aber überlegen wir doch mal: Was hält das Universum zusammen? Was ist das für eine ungeheure Kraft, die aus einem unendlichen formlosen Chaos nach dem Urknall Formen und Strukturen hat entstehen lassen? Alles hält irgendwie zusammen. Alles kreist umeinander. Warum darf man das nicht Liebe nennen? Und damit meine ich jetzt zunächst die Welt der Materie. Für Seelisches, Spirituelles gilt es für mich erst recht. Was bindet Seelen aneinander? Was bewirkt, dass geistige Wesen einander begegnen und befruchten können? Am Ende ist es das, was von den großen Dichtern immer als Liebe bezeichnet wurde. Worte sind Symbole, das vergessen wir immer wieder, Chiffren, Zeichen für Unerklärliches. Ebenso wie Zahlen und Formeln, Töne und Bilder. Mit Worten werden wir die Welt nie verstehen, zumal sie ja auch so mit Bedeutungen belastet sind, wir werden uns ihr nur anzunähern lernen.

Ich habe mir immer wieder die Frage gestellt, warum gerade ich von der Liebe scheinbar nie genug bekommen konnte. Meine Eltern haben mir unglaublich viel Liebe gegeben – fast *zu* viel, was meine Mutter betrifft. Das hätte doch irgendwann genügen müssen! Früher dachte ich, es sei umgekehrt: Wenn man so viel Liebe empfangen hat, sucht man genau diese starke Liebe immer wieder und ist dann furchtbar enttäuscht, dass es sie eben nicht noch einmal gibt.

Heute sehe ich das etwas differenzierter. Vielleicht hat mich ja die Liebe meiner Mutter auch so sehr eingeengt, dass ich immer wieder ausbrechen musste aus dieser und allen weiteren Umklammerungen. Das soll und wird nie ein Vorwurf gegen meine Eltern sein. Sie haben sich bemüht, wie sich die meisten Eltern bemühen, nach bestem Wissen und Gewissen ihr Kind dem Leben anzuvertrauen. Aber man kann sich bemühen wie man will: Niemals wird man richtig erziehen. Wie sollte die auch aussehen – eine Erziehung ohne Fehler? Das würde ja fehlerlose Menschen voraussetzen. Diese Art von »perfekter« Erziehung lässt sich gut anhand von »Napola« begutachten, der nationalpolitischen Erziehungsanstalt der Nazis. Dort wusste allein der Führer, was richtig ist, die ihm unterworfenen Menschen hatten demnach keine Ahnung davon, was für sie richtig war.

Nein, es geht mir bei diesen Gedanken nicht um eine Abrechnung mit meiner Mutter, sondern eher um eine Abrechnung mit alldem, was ich verdrängt habe. Ich glaube, es war Egon Friedell, der mal schrieb, künstlerische Kreativität werde meist aus einem Trauma geboren, das der Künstler damit abzuarbeiten versuche – ein frühkindliches oder kindliches Trauma. Es liegt ja im Wesen einer Traumatisierung, dass man sie nicht erkennen möchte, sie vielmehr lebenslang zu verdrängen versucht. Heute glaube ich, die von Anfang an zerrüttete Ehe meiner Eltern hat sehr viel mehr in mir zerstört, als ich es wahrhaben wollte. Ich weiß nicht, was genau zwischen den beiden vorgefallen war, aber es war wohl etwas Schwerwiegendes, Tragisches, und es verpflichtete mich, den Sohn, schon sehr früh eine Art Vaterrolle einzunehmen.

Während ich diese Gedanken zum ersten Mal zulasse, schwirren Bilder durch meinen Kopf, die ich längst vergessen zu haben glaubte: Bilder und Szenen, die mich verwirren und aufrütteln und die mein Gedächtnis zwar gespeichert, aber nie zur bewussten Bearbeitung freigegeben hat. Szenen einer Ehe, die ganz anders war, als ich sie als Knabe wahrhaben wollte. Aber eben auch Bilder von Eltern, die alles versuchten, um ihrem Kind nicht zu schaden. Jedes Schicksal ist tragisch, und je mehr an Erkenntnis ich in mir zulasse, umso mehr Mitgefühl empfinde ich für diese beiden Leben und die beiden Menschen, die auf ihre Weise versucht haben, es mit Anstand und aufrechtem Gang zu überstehen. Ich hätte mir schon früher darüber klar werden sollen, dass meine frühen Ausbruchsversuche und diese völlige Hingabe an Bücher und Gedichte auch eine Flucht waren vor einem latenten Krieg, der meine Eltern täglich, ja stündlich aufrieb.

Ich werde nicht den Fehler begehen, Schuld zu verteilen, Partei zu ergreifen. Genau das reibt ja die Kinder so auf in Familien, die sich nach außen gesund zeigen und nach innen zerrüttet sind: dieses Partei-Ergreifen für den einen oder anderen Elternteil, in oft mehrmals am Tag wechselnden Allianzen. Die Kinder werden so unweigerlich Opfer der Unfähigkeit ihrer Eltern, mit ihren Vorstellungen einer Ehe klarzukommen. Da ich, je älter ich wurde, im Unbewussten meiner Mutter immer mehr die Rolle des Partners und nicht des Sohnes übernehmen musste, wurde auch jede meiner Partnerinnen argwöhnisch, um nicht zu sagen eifersüchtig beobachtet, ja oft sogar boykottiert. Dass das für einen jungen Mann erst mal nicht die besten Startvoraussetzungen waren, um mit dem anderen Geschlecht klarzukommen, liegt auf der Hand.

Und so fiel es mir früher immer leichter, geliebt zu werden, als zu lieben. Das fühlt sich schön an, und es schmeichelt der männlichen Eitelkeit. Selbst wenn ich durchaus auch schon als sehr junger Mann eine Ahnung davon hatte, wie überragend schön es sein muss zu lieben. »Und lieben, Götter, welches Glück« – diesen Goethe kannte ich immerhin seit meiner Kindheit und trug ihn oft rezitierend auf meinen Lippen. Zu lieben, freilich, das war etwas, das ich im Laufe meines Erwachsenenlebens erst mühsam erlernen musste. Ich meine nicht die Liebe zur Menschheit im Allgemeinen, das war als Hintergrundgefühl immer vorhanden; auch und insbesondere die Liebe zu meinem Publikum. Aber die bedingungslose Liebe zu einem Menschen war mir fremd, so wie ich lange niemandem glauben wollte, wenn er sagte, er führe eine glückliche Ehe.

Meine Kinder haben mir sehr dabei geholfen, auf diesem Gebiet Fortschritte zu machen. Jeder nicht psychisch gestörte Vater müsste eigentlich erkennen, dass man Kinder nicht aus irgendwelchen Gründen liebt – etwa weil sie blond, gut in der Schule oder gute Sportler sind –, sondern einfach, weil sie da sind. An ihnen kann und sollte man dieses Prinzip der bedingungslosen Liebe erlernen. Ein Kind bleibt dein Kind, egal was ihm widerfährt, was es »anstellt«, welche Leistung es erbringt oder auch nicht erbringt. Es bleibt dein Kind, krank oder gesund, attraktiv oder unscheinbar, und auch wenn es etwas tut, wofür du dich schämen musst. In einem solchen Fall lernt man eben, wie unwichtig es ist, welches Bild man nach außen vermittelt. Ich habe meinen Kindern unlängst gesagt, dass ich sie immer lieben werde, egal was sie später werden oder darstellen. Sie müssen keine Leistung erbringen, um von mir akzeptiert zu werden. Man lernt von Kindern nicht, weil sie etwas Spezielles tun, sondern weil sie da sind: hineingesetzt in diese Welt und den eigenen Eltern erst mal schutzlos ausgeliefert.

Aber was ich nun auch alles schreiben und säuseln mag über das hohe Lied der Liebe, ich bin auch der Autor des Satzes »Ich möchte etwas bleibend Böses machen«. Ich war sehr jung, als ich das schrieb, dennoch erscheint es irritierend. Ebenso der Satz aus meinem Gedicht »Liebes Leben«: »Mach mich böse, mach mich gut, nur nie ungefähr.« Aber diese Sätze haben bis heute für mich ihre Berechtigung. Mir ist nun mal jeder suspekt, der ausschließlich gut sein möchte. Es ist einfach nicht möglich. Mal abgesehen davon, dass »gut« für den einen dies und für den anderen etwas ganz anderes bedeuten kann. Was gut ist, kann man nur in sich selber entdecken. Man darf es auf keinen Fall als Banner vor sich hertragen und diese Maxime anderen aufzwingen. Wer weiß, vielleicht gibt es auch eine göttliche Gerechtigkeit. Ich könnte mir aber vorstellen, dass in diesem Fall nicht alle nach dem gleichen Maßstab gemessen werden. Vielleicht beurteilt Gott dieselbe Tat bei dem einen anders als bei einem anderen Menschen, weil er ganz andere Veranlagungen und Voraussetzungen hat. Und selbst wenn jemand sehr grausam zu anderen Menschen war – vielleicht liegt es daran, dass er ganz anders aufgewachsen ist, andere Erfahrungen machen musste als wir, denen das »Gutsein« vergleichsweise leichtfällt.

Nehmen wir einmal an, es gäbe so etwas wie eine göttliche Gerechtigkeit: dann könnte sie Zusammenhänge doch viel besser erkennen, als wir es können. Sie würde einen weit größeren Überblick über das ganze Panorama haben als wir, die wir ja mitten im Geschehen stecken. Vielleicht würde einer solchen Gerechtigkeit der Gedanke an Strafe absurd vorkommen. Ich kann es mir nicht anders vorstellen, als dass Gottes Geist größer und weiter ist als der unsere. Wenn man sich die Gebote und Strafandrohungen der Religionen so anschaut, gewinnt man aber manchmal den Eindruck, die göttliche Gerechtigkeit sei kleinlicher als fast jeder Mensch.

Der spirituelle Wandel beginnt damit, dass wir zunächst in unserem alltäglichen kleinen Leben Frieden mit uns selbst schließen. Das sagt sich leicht, aber es ist ungeheuer schwer. Wie viel Egoismus schleicht sich selbst bei demjenigen ein, der versucht, Gutes zu tun! Arbeit an sich selbst fordert ein ständiges Neben-sich-Stehen. Buddhisten sprechen da von Achtsamkeit. Solange wir unsere eigenen inneren Konflikte nach außen tragen, kann die Macht des kriegerischen Denkens nicht gebrochen werden. Auch mit Abermillionen Toten werde ich dann den Feind in meinem Inneren nicht besiegen. Wirklicher Trost ist nur möglich, wenn ich zur Vergebung fähig bin, auch mir selbst gegenüber. Verzeihen kann manchmal ein fast übermenschlicher Akt sein, denn unser Ego wehrt sich dagegen. Dieses Ego empfindet sich oft als geradezu bedeutungslos, wenn es sich nicht an einem Feind bestätigen kann. Dieses Denken institutionalisiert sich in allen Armeen dieser Welt, und deswegen halte ich das Militär für zutiefst antisozial. Eine Einrichtung, die Feinde nicht bekämpft, sondern erst erzeugt. Es gibt da eine wunderschöne sibirische Weisheit: »Hass ist, wenn man tödliches Gift nimmt und meint, damit einen anderen umbringen zu können.«

Unser Ego ist ohnehin ein fragiles Ding, und es ist letztlich austauschbar. Die »Persönlichkeit«, dieses Bild, das wir von uns selbst entwerfen und an dem auch die Gesellschaft mitstrickt, ist mit Sicherheit nicht der Kern des Ganzen. Es muss noch etwas geben, was hinter dem Ich ist. C. G. Jung nennt es das »Selbst«, aber vielleicht ist auch hinter diesem Selbst noch etwas. Es ist das, was ich erkannt habe, als ich nach meinem Gefängnisaufenthalt ohne jedes Ansehen dastand, bloßgestellt und jeder persönlichen Eitelkeit beraubt. Es wäre auch niemand mehr da gewesen, der sich für meine Eitelkeit interessiert hätte. Damals habe ich etwas erlebt, das schwer mit Worten zu beschreiben ist: dass es etwas gibt, das dies alles übersteht und das nicht einmal verwundbar ist.

Ich habe es zuvor lange Zeit nicht geschafft, Gott anzusprechen – auch in Zeiten, in denen ich seine Existenz anerkannt hätte. Ich war unfähig zu beten. Als ich es dann doch tat, mich quasi dazu zwang, passierte etwas Erstaunliches: Ich fühlte mich nicht mehr allein. Ich merkte, dass man eine spirituelle Beziehung aufbauen kann, die einem ein Gefühl der Nichtverlorenheit gibt. Ich nenne dieses Daseinsgefühl auch »das Angebundensein«. Es gab Phasen in meinem Leben, in denen ich an das Göttliche angebunden war, und es gab Phasen, da war ich das überhaupt nicht. Diese Phasen wechseln bis heute. Es wäre vermessen von mir zu behaupten, ich sei in jedem Moment angebunden. Ganz sicher bin ich es aber immer in meinen kreativen Phasen. Da geht es mir auch immer ausgesprochen gut. Um hier aus meinem Lied »Willy« zu zitieren: »Freiheit, des hoaßt, koa Angst hab'n vor nix und neamands.« Ich bin dann frei, weil ich keine Angst habe.

Spiritualität von dieser Art wirkt befreiend. Sie hat nichts Dogmatisches an sich, weil sie immer offen ist für Verwandlungen. Was mich an den Kirchen so stört, ist ja gerade ihre Unflexibilität, die mangelnde Bereitschaft, sich Neuem zu öffnen. Spiritualität, wie ich sie verstehe, ist die Anarchieform der Religion. Spirituell zu sein, bedeutet, eine Ahnung von etwas Ewigem zu spüren, das in einem wohnt – ungeachtet der Person, die man gern sein möchte und die die Gesellschaft aus einem zu machen versucht. Dieses Ewige, die Suche danach und die Fähigkeit, sich ihm manchmal hinzugeben, das ist für mich Spiritualität.

»Religion« wäre ja an und für sich auch kein schlechtes Wort. Es kommt von »religere« (sich rückverbinden). Natürlich soll Religion nicht Rückverbindung zur Kirche sein, sondern zu einem schöpferischen Urgrund. Dabei glaube ich gar nicht unbedingt an eine Schöpfung. Warum sollte überhaupt irgendetwas erschaffen worden sein? Vielleicht sind wir es ja, die alles erschaffen, immer, in jedem Augenblick – nur unbewusst. Ich habe in einem Gedicht vor Jahren etwas geschrieben, das ich im Nachhinein selbst nur schwer verstehen kann:

Denn das Gedeutete will mir nicht mehr gefallen,
hab ich doch einen Herzschlag lang das Nichts gesehen,
den Urgrund allen Werdens, jeder Gärung,
woraus du dir die Schöpfung formen kannst
und deinen Himmel dir, die Gottheit und auch die
                                              Verklärung.

Bedeutet das, dass wir – Sie und ich – eigentlich die Götter sind? Das wäre kühn, aber in gewisser Weise leuchtet es mir mehr ein als die Idee eines großen Geistes, der das alles erschaffen hat. Wie können wir denn sicher sein, dass es das alles, was wir hier sehen, überhaupt wirklich gibt? Könnte in dem Augenblick, da ich aufhöre hinzusehen, nicht alles weg sein? Man kann hier an das berühmte Gedankenexperiment des Physikers Schrödinger denken, an »Schrödingers Katze«. Sie befindet sich in einem Behälter, in einem Schwebezustand zwischen tot und lebendig. Erst wenn sie den Behälter untersucht, wenn sie angeschaut wird, ist sie eines von beiden. Und die Beobachtung beeinflusst das Ergebnis. Es ist eine alte philosophische Frage: Gibt es den Mond nur, wenn man ihn erblickt? Und wenn er von niemandem gesehen wird, gibt es ihn dann? Wenn Gott von niemandem gesehen, von niemandem geglaubt wird, könnte er dann sterben? Und wenn er sterben kann, hat er dann überhaupt existiert? »Ihr Götter könnt nicht weinen/Und müsst durch unsere Tränen stark werden«, habe ich in meinem poetischen Zwiegespräch »Lieber Gott« geschrieben. Stimmt es? Sind die Götter beziehungsweise ist Gott auch von uns Menschen abhängig? Sind wir Erschaffene oder die Schöpfer selbst?

Der Physiker Hans-Peter Dürr, mit dem ich lange ausführlich diskutiert habe, behauptet, die Quantenphysik habe die Materie quasi abgeschafft. Alle Materie, sagte er, sei eigentlich nichts anderes als »gefrorenes Licht«. Ich habe diese Formulierung direkt in ein neueres Gedicht aufgenommen. In einem anderen schrieb ich, wir seien »aus Klängen gestanzt«. Etwas Unbestimmtes, nicht Greifbares verdichtet sich zu einer festen, klar definierten Form. Die Hindus sprechen ja auch von einer »Maja-Welt«, einer Welt der Illusionen, die in ihrer innersten Struktur eigentlich »nichts« ist. Aber man darf dieses »Nichts«

auch nicht missverstehen. Auch das Nirwana der Buddhisten ist ja nicht wirklich »nichts«. Das Nirwana ist alles das, was wir nicht sehen und erkennen, von dem wir nichts wissen, was wir vielleicht nicht einmal erahnen können. Auch das »Jenseits« – eigentlich ein wunderschönes Wort für das, was unsere Wahrnehmungsmöglichkeiten momentan überschreitet, ist kein »Nichts«, sondern etwas, das wir nicht ergründen können. Wenn dieses Jenseits von der Kirche und den anderen Religionen nicht so besetzt, ausgelotet und bis ins Letzte kartografiert worden wäre, hätten wir einen unvoreingenommenen, individuellen und in jedem Fall non-rationalen Zugang dazu.

Solchen Fragen habe ich mich eher in meinen späteren Gedichten angenähert: »Wie alles zerfällst Du endlich in Nichts«, heißt es in »Allein«, einem Lied aus meiner »Vaterland«-CD. Oder »Die Welt ist wohl aus Nichts gemacht, ganz leicht wie nebenbei«. Ich kann mich solchen Fragen (und den Antworten darauf) nur behutsam annähern. In dem Moment, da man sie in Worte zu fassen versucht, verflüchtigen sie sich leicht wieder, weil jeder Ausdruck, den ich dafür finden kann, mir selbst im nächsten Moment unzureichend erscheint. Und gerade in dieser Hinsicht ist die Poesie ein hervorragender Weg der Annäherung an das eigentlich nicht Greifbare, indem sie die Dinge in ihrer Mehrdeutigkeit belässt. Um es mit der Sprache der Quantenphysik zu sagen: in ihrer Potenzialität. Der Macht und Ohnmacht der Worte habe ich mich auch in diesem nicht vertonten Gedicht zu nähern versucht:

> Und die Worte streichen aus,
> was in ihnen ruhte.
> Steigen über uns hinaus,
> heim ins Absolute.

INSPIRATION: DEN RAUM AUFSCHLIESSEN

Anstatt sie zu betreten,
treten wir die Welt.
Wie eine Silbe doch entscheidend sein kann!
Wie erst ein Wort!

Als wir noch schliefen,
warn die Wörter schon gemacht,
und alles, was wir heute niedrig sehen,
war immer groß genug,
uns aufzunehmen ins Geschehen.

Wie sich die Luft noch niemals wünschte,
Mensch zu sein,
sieht alles, was sich selbstlos gibt
sanft lächelnd auf uns nieder.

Ach würden wir an solcher Größe uns gestalten,
die es ertragen kann,
von uns geschändet und zerstört zu werden.

Uns birst die Lunge,
wir vergehn vor Schmerz und Wut,
wenn wir die letzten Bäume fällen.

Und wie bedauert uns das Tier!
Mit welchem warmen Mitleid
wacht die Erde über uns,
wenn wir sie quälen.

Armselig sind die Herrschenden,
denn sie genügen sich nicht selbst.
Und was wir uns auch immer neu zu schaffen glauben,
verkleinert nur, was längst geschaffen war.

Die Welt hält stand.
Selbst wenn wir sie in Stücke jagen –
wir gehen nur an dem zu Grund
was wir verstehn.

Nichts ist erklärbar.
Nur im Unsichtbaren
lernen wir zu sehen.

FÜR EINEN ZUHÖRER ist gar nicht so interessant, wer der Künstler, der da oben auf der Bühne steht, eigentlich ist. Oder der Dichter, der ein Werk hinterlassen hat. Viel interessanter ist für ihn, dass er sich in dem, was er da liest oder hört, selbst entdecken kann. Popstars wollen ihre Fans ja dazu verführen, so zu sein wie sie, sich anzuziehen und auszusehen wie die Idole und deren Hobbies zu teilen. Daran war ich nie interessiert. Ich glaube überhaupt, Liedermacher wollen, dass Menschen in sich gehen, anstatt vor hysterischer Begeisterung außer sich zu sein. Aber auch unter den ambitionierten Künstlern gibt es große Unterschiede, was den Menschentyp anbelangt. Man denke nur einmal an den Kontrast zwischen den Charakteren eines Oskar Maria Graf und eines Marcel Proust. Oskar Maria Graf war ein Lebemann, ein Polterer, ein derber Typ, so feinfühlig er in seinen Schriften auch sein konnte. Proust dagegen scheint alles, was er schrieb, nur in seinen Fantasien erlebt zu haben. Er hat sich seine enorme

Menschenkenntnis buchstäblich angelesen, ohne allzu viel Interesse zu haben am wirklichen Leben.

Man kann sich denken, welchem Typus ich näher stehe: Ich musste immer schon alles selbst erleben. Erzählte mir meine Mutter, ich solle aufpassen, weil die Herdplatte heiß sei, musste ich sie unbedingt trotzdem anfassen. Ich wollte selber spüren, ob das wahr ist, auch wenn ich mir dadurch oft unnötig wehtat. André Heller ist ein überaus faszinierender Kollege von mir, aber vom Typ her sind wir denkbar konträr. Es gibt von Heller zum Beispiel ein berühmtes Lied mit dem Titel »Die wahren Abenteuer sind im Kopf«. Ich habe meine Abenteuer immer ganz körperlich und real zu erleben versucht. Impulse mussten sofort raus aus dem Kopf, hinein ins pralle Leben. In einem wenig bekannten Lied von mir heißt es: »Es fruchtet kein Denken ohne die Tat.«

Ich habe mit zwölf angefangen, Gedichte zu schreiben. Dabei scheute ich vor Plagiaten keineswegs zurück. Als Jugendlicher hatte ich kein Problem damit zu schreiben »wie ...«. Wie Rilke, wie Benn, wie Brecht, auch wenn mich meine ebenfalls dichtenden Schulfreunde immer ausgelacht haben. »Du hast ja gar keinen eigenen Stil«, sagten sie. »Na und«, erwiderte ich, »ich kümmere mich eben mehr um den Ausdruck als um den Stil.« Ich versuchte, Eichendorff zu vertonen, wie Schumann oder Schubert es getan hätten. Ich war nicht dem Wahn verfallen, sofort etwas Eigenständiges machen zu wollen. Außerdem vollzog sich das eine und das andere, das Dichten und Komponieren, völlig getrennt voneinander; erst später fand beides in meinen von mir vertonten Texten zusammen. Ich improvisierte auch viel am Klavier. Popmusik hat mich damals nicht interessiert. Ich wollte Opern komponieren, Dirigent werden, mich eigentlich nie sehr weit von der klassischen Musik entfernen.

Dann kamen erste Auftritte, zum Beispiel im Münchner »Songparnass«. Dort trat jeder Künstler mit zwei oder drei Liedern auf. Mit 18 Jahren setzte ich mich in Kneipen, wenn ein Klavier herumstand, manchmal davor und machte ein bisschen auf Ray Charles. Das kam bei den Mädels gut an, und darum geht es ja auch in dem Alter. Aber von wirklichen Erfolgen kann man nicht sprechen. Obwohl meine künstlerische »Latenzphase« fast bis zum 30. Lebensjahr andauerte, trug ich merkwürdigerweise immer die Überzeugung in mir, dass schon alles so werden würde, wie ich es mir vorstellte. Ich hatte mir ja auch keine vollen Stadien oder Hallen zum Ziel gesetzt.

Mitte der 60er spielte ich dann auch im »Schmuckkastl«. Das war zu Beginn des Vietnamkriegs, und es waren viele GIs in der Münchner Kneipe. Sie wussten, dass sie bald nach Vietnam eingezogen würden und gaben sich ordentlich die Kante. Damals gab es jeden Abend eine Schlägerei. Die Militärpolizei rückte an, baumlange Kerle mit Knüppeln. Smokey, der Besitzer des »Schmuckkastl«, rief dann immer, wenn eine Schlägerei losging: »Ducken!« Wir Musiker warfen uns dann hinter eine Balustrade auf den Boden und warteten eine Viertelstunde, während die Biergläser über uns drüberflogen. Die Soldaten wurden teilweise von der Militärpolizei brutal verprügelt und wurden an den Haaren aus dem Lokal rausgezogen. Diese Zeit hat mir nicht nur viel Lebenserfahrung vermittelt, sie brachte mich auch musikalisch weiter. Denn wir spielten damals alles nach, was populär war: auch die Beatles und andere Songs, die in den Charts waren. Und das – vor allem aber Janis Joplin – weckte dann auch meine Begeisterung für die Soul- und Rockmusik.

Ist die Kreativität erst einmal ausgebrochen, ist es eine Kraft, die ich nicht mehr stoppen kann. Für mich ist das so, als ob ich einen Schlüssel gefunden hätte, mit dem man einen bestimmten Raum aufschließen kann. In diesem Raum ist alles schon fertig vorhanden: die schönsten Verse und die schönsten Melodien. Ich muss quasi nur noch zugreifen. Wenn ich diesen Schlüssel gefunden habe, bin ich manchmal tagelang nicht mehr von dieser Welt. Ich funktioniere zwar äußerlich noch, kann mit Menschen vernünftig reden, aber mit einem wesentlichen Teil meines Bewusstseins bin ich woanders. In solchen Momenten ist man im Bereich seines tiefsten Selbst. Wie man da hineinkommt, weiß ich bis heute nicht. Ich kann es nicht erzwingen, es ist mir aber immer wieder passiert. Es gibt natürlich auch Gedichte von mir, die nicht aus dieser eigenen Tiefe stammen. Tagesaktuelle, kabarettistische zum Beispiel, oder eben auch einfach nur missglückte. Aber wenn es ein gutes Gedicht war, hatte ich immer das Gefühl: Das habe ich gar nicht selbst geschrieben.

Übrigens scheint mir: In diesen tieferen Zuständen haben wir auch Zugang zu den erstaunlichsten Erkenntnissen. Die Neun Elegien »Uns ist kein einzelnes bestimmt«, die ich Anfang der 80er geschrieben habe, verwundern mich immer noch. Bei meinen Solokonzerten lese ich sie ab und an, als wären sie von einem Fremden geschrieben. Damals hielt ich mich in Lupinari, einem kleinen Ort in der Toskana auf. Ich hatte mich volllaufen lassen und kam auf den wahnwitzigen und eitlen Gedanken, einmal auszuprobieren, ob die Götter mich noch liebten. Ich stieg also in mein Auto, gab Gas und fuhr in einem halsbrecherischen Tempo. Ich sah einen Baum vor mir und hielt auf ihn zu – nicht einmal angeschnallt. Es gab einen Rumms, der Jeep zerlegte sich am Baum, und ich stieg unversehrt aus. Die Götter liebten mich also noch.

Ich ging dann zu Fuß nach Hause und schlief ein. In der Frühe um drei wachte ich auf, griff mir einen Stift und einen Zettel und schrieb diese neun Elegien in einem Zug nieder. Ich glaube, in der esoterischen Szene nennt man so was »Channeling«. Mit meinem Alltags-Ich hatte das nichts mehr zu tun, auch nicht mit dem, was ich sonst geschrieben habe. Die Elegien sind mir im Nachhinein wirklich ein bisschen unheimlich. Ich hüte mich davor, sie zu interpretieren – das sollte man mit eigenen Texten sowieso nicht tun –, aber ich vertraue ihnen mehr und mehr. Ich erzählte meine Geschichte dann Signora Cassili, einer Schriftstellerin, die in der Nachbarschaft wohnte. Sie war eine gebildete, kluge Frau und tendierte manchmal zum Zynismus. Signora Cassili also lächelte mich fast traurig an und sagte: »Konstantin, wenn dich die Götter geliebt hätten, hätten sie dich zu sich genommen.«

Vielleicht durchfliegen wir ja manchmal in unseren Träumen die »Wolke des Nichtwissens«, wie das ein anonymer Mystiker des 14. Jahrhunderts beschrieb. Inspiration geschieht in einem Augenblick außerhalb der Zeit, dem »Nu«, wie man es früher nannte, dem immerwährenden Jetzt. Arthur Schopenhauer sprach auch vom »Nunc stans«, dem »stehenden Jetzt«. Jeder Augenblick ist ewig – ich glaube, die Ewigkeit ist etwas, das man mit den Begriffen der Zeit nicht messen und demnach nicht deuten kann. Deshalb hat mich dieses Nu schon immer so fasziniert. Ein Sein, das sozusagen aus der Zeit gefallen ist. Ich bin kein Philosoph, versuche mich den Worten und ihren Bedeutungen aber zumeist als Poet zu nähern.

Ich hatte einmal einen wunderschönen Traum. In einem prachtvollen imaginären Konzertsaal dirigierte ich eine Symphonie – es war meine eigene. Dann wachte ich auf und dachte in der ersten Sekunde: Das musst du sofort aufschreiben. Aber da war die Musik auf einmal weg, ich konnte mich an nichts mehr erinnern. Ein Genie wie Mozart hätte die Klänge aus dem Traum auch noch im Gedächtnis behalten. Das wäre eine Erklärung für seine ungeheure Schaffenskraft.

Es gab in meinem Leben vielleicht fünf oder sechs solcher plastischer Träume, die eine ganz andere Qualität hatten als meine üblichen und mich quasi in einen ganz anderen Raum entführten. In einem weiteren unglaublichen Traum wurde mir von einem weißgekleideten Herrn sehr freundlich eine Formel überreicht. Ich fragte: »Was ist das denn?«, und er antwortete: »Das ist die Weltformel.« Ich bin kein Physiker und hätte die Formel im Wachbewusstsein natürlich nicht verstanden. In meinem Traum aber schaute ich sie an – und ich verstand auf einmal *alles*. »Was die Welt im Innersten zusammenhält«, wie es in Goethes »Faust« heißt. Für einen Moment schien ich den Schlüssel zum Verständnis von allem in meinen Händen gehalten zu haben.

DIE STILLE INMITTEN DES KLANGS

Doch seht:
Die Nacht erlahmt schon,
sorgsam behütet ein Morgen die Welt
und ich will hinaustreten
und freuen.

Dass wir so schwanken – es sei!
Liebend erfasst,
trägt mich auf einmal ein fremderer Atem
über mich fort.

Nicht um die Leiden zu lindern,
wird wieder Freude.
Leben ist zwischendrin.
Vor allem: heute.

Einmal vielleicht
werden die Nächte brennen.
Übergangslos auftaut die Erde.
Gibt uns frei.

Schon scheint der Himmel
ein wenig runder
und die Wiesen
wenden sich hin.

Wer könnte sonst noch
aufrecht stehen und bestehen,
folgten nicht immer auf Weh und Klagen
Stürme voll Glück.

Dies nur kann uns nach Hause führen:
Liebe
und eines größeren Barmherzigkeit.

Musik und Liebe, ja auch Musik und Erotik, gehören meines Erachtens unbedingt zusammen. Beiden gemeinsam ist die Sehnsucht nach Vereinigung. Somit stellen beide den größtmöglichen Gegensatz zur Trennung dar. Die Sehnsucht nach Vereinigung ist der Grundtrieb des Menschlichen und vermutlich auch der Grund für alle künstlerischen Bedürfnisse. Im Gegensatz zu dem Zustand, in dem man sich beim rationalen und logischen Denken befindet, fühlt man sich in der Kunst niemals allein. Gerade Musik kann einem helfen, dieses Vereinigungsgefühl zu erleben.

Schon deshalb bin ich meistens am glücklichsten, wenn ich auf der Bühne stehe. Es ist mir dort möglich, in eine Stille zu kommen, die ich anderswo selten erreiche. Diese Aussage mag überraschen, schließlich singe und spiele ich auf der Bühne – meist mit anderen Musikern –, es wird laut, und das Publikum applaudiert. Man muss aber dazu wissen, dass die Stille, von der ich hier spreche, nichts mit der Lautstärke zu tun hat. Sie ist ein Bewusstseinszustand. In den komme ich am leichtesten bei Konzerten, und zwar speziell vor einem großen Publikum, dessen Energie mich trägt. Diese Erfahrung würde ich durchaus als spirituell bezeichnen. Schließlich geht es um Vereinigung. Ich und meine Mit-Musiker bilden ohnehin gemeinsam einen Klangkörper, sind also in hohem Grade »eins«. Wir treffen uns dann mit dem Publikum in etwas, das ich ohne Zögern einen Liebesakt nennen würde. Für ein paar Stunden schwingen wir im Einklang, werden getragen von der Begeisterung für dieselben Sätze und Melodien.

Gefährlich ist dann nur die Situation nach dem Konzert. Ich empfinde die Zeit danach immer wie einen Sinkflug. Das ist auch der wahre Grund für meine exzessiven Zugabe-Orgien: Ich möchte diesen Glückszustand, dieses Vereinigungsgefühl, nicht so schnell aufgeben. Ich bin mir sicher, dass viele meiner Kollegen – natürlich auch ich selbst – aus diesem Grund bei After-Show-Parties sehr oft zu Alkohol und Drogen gegriffen haben. Es wird ihnen in solchen Momenten die Endlichkeit alles Schönen bewusst. Ich kann mich noch gut erinnern, wie mein jüngster Sohn Tamino zum ersten Mal von einer Ahnung der Vergänglichkeit gestreift wurde: Wir hatten am Gardasee Urlaub gemacht und besuchten das »Gardaland«. Schon viele Tage zuvor hatte sich Tamino unbändig auf dieses Erlebnis gefreut. Dann kam das Ereignis, es dauerte vielleicht zwei Stunden, und anschließend mussten wir wieder nach Hause. Mein 8-jähriger Sohn sagte da ganz traurig: »Papa, dass alles Schöne wieder aufhören muss!« Damit hatte er etwas ganz Wesentliches und für ihn auch sehr Trauriges erfasst. Er hatte zum ersten Mal bewusst die Endlichkeit erfahren. Vermutlich ist er damit zum ersten Mal aus seiner Kindheit gefallen.

Für mich ist Musizieren die stärkste Möglichkeit, im Jetzt zu sein. Damit überwinde ich auch die Traurigkeit, die uns alle überkommen kann, wenn wir mit der Endlichkeit konfrontiert werden. Wer ganz im Jetzt ist, hat sich vom Terror der Vergangenheit und der Zukunft befreit. Das ist der schönste, aber auch der am schwersten zu erreichende Zustand für einen Menschen. Ich hatte das Glück, relativ oft in ihm verweilen zu können. Vielleicht ist es aber auch von »Gott« (oder vom »Schicksal«) sehr gut eingerichtet, dass wir nicht immer in diesem Zustand sein dürfen. Wir würden uns sonst vielleicht um nichts mehr kümmern. Wenn ich mir vorstelle, als Vater von zwei Kindern durchgehend im Jetzt zu sein, so befürchte ich, es würde dazu führen, dass ich weniger vorsorgend und mit weniger Verantwortung handle. Man kann sein Leben nicht ausschließlich in Meditationshaltung verbringen. Andererseits hat das Verweilen im Jetzt noch einen anderen schönen Aspekt: die Achtsamkeit. Damit ist gemeint, dass man alles, was man tut, auch wirklich tut – nur liebevoller, präsenter, bewusster. Auch wenn man leidet, wäre man dann ganz im Jetzt, würde man achtsam bei seinem Leid verweilen, bis es sich dann auch wieder verabschieden darf. Ein solcher Zustand wäre freilich auch dauerhaft erstrebenswert.

Für jeden Menschen gibt es eine Art und Weise des Meditierens, die für ihn persönlich besonders geeignet ist. Buddha sagte wohl einmal sinngemäß, es gäbe so viele Meditationsmöglichkeiten, wie es Menschen gibt. Für mich hat die ideale Meditation nichts mit einer bestimmten Sitzhaltung oder Atemtechnik zu tun, sie geschieht, wenn ich improvisiere. Freilich ist Improvisation eine »Spielerei«, aber dies meine ich nicht abwertend. Ganz im Jetzt sind wir, glaube ich, vor allem in unseren spielerisch heitersten, aber auch in unseren tragischsten Momenten. Dann fällt die Verstandeskontrolle weg, und alles bricht völlig unverstellt aus uns heraus. Gerade deshalb liebe ich es so, Kinder beim selbstvergessenen Spiel zu beobachten. Deshalb mag ich auch herzhaftes Lachen so gern, denn in solchen Momenten ist uns egal, welchen Eindruck wir machen und ob andere Leute uns dumm anschauen. Wir sind einfach überwältigt von den Prozessen in diesem Augenblick.

Genau deshalb sind mir auch Menschen suspekt, die nicht richtig lachen können. Allenfalls verziehen sie hautschonend ihren Mund. Sicher haben sie Angst davor, sich unkontrolliert zu zeigen, wie sie sind. Oder davor, später mal Falten zu bekommen. Einer der vielen unverzeihlichen Erziehungsfehler, die früher gemacht wurden, bestand darin, dass Mütter ihren Töchtern sagten: »Lach nicht so viel, das macht nur Falten, Kind!« Ein nicht weniger schwerwiegendes Erziehungsverbrechen ist es, Kindern, die ja in der Regel leidenschaftlich gerne singen, zu sagen, sie hätten keine schöne Stimme, sie sollten das Singen lieber sein lassen. Selbst Musiklehrer entblöden sich nicht, solchen Unsinn zu verbreiten. Jedes Kind hat eine schöne Stimme, und sie wird ihm einzig durch solche brutalen Zurechtweisungen verdorben, bis sie im schlimmsten Fall ganz verstummt.

Was ich vorhin über das herzhafte Lachen geschrieben habe, gilt aber auch für den Ausdruck von Traurigkeit: Einmal wurde ich unfreiwillig Zeuge einer Tragödie. Ich saß fröhlich an einem Sommertag in einem Café, und neben mir empfing ein Mann, so um die vierzig, einen Telefonanruf. Plötzlich sprang er auf und weinte so bitterlich, dass fast alle Leute um mich herum aufhörten, sich zu unterhalten. Er schluchzte unaufhörlich, und ich konnte nur vermuten, dass etwas Schreckliches passiert war. Der junge Mann sprach in einer mir unverständlichen osteuropäischen Sprache. Dann eilte eine junge Frau auf ihn zu, er sagte ihr nur einen Satz, und sie brach sofort in Tränen aus. Was sie erfahren haben, war wohl so tragisch, dass die ganze Welt um sie herum nicht mehr existierte. Es gab nur noch diese beiden Menschen und ihr grausames Geschick. Ich habe selten in meinem Leben einen Mann derart weinen sehen, und es rührte mich so an, dass ich selbst zu weinen begann. Mir wurde in diesem Augenblick körperlich bewusst, was mir theoretisch ja schon seit langem klar ist: die Flüchtigkeit und Verwundbarkeit unserer Existenz. Von einem Augenblick zum andern kann sich dein Leben radikal verändern, kann deine Welt in Trümmern liegen.

So unkontrolliert und im Augenblick zu sein, auch derart unabhängig von jeder Rücksicht auf fremdes Urteil, das gelingt mir nur selten. Am häufigsten beim Improvisieren. Auf der Bühne, vor allem wenn man Lieder spielt, die schon fertig sind und die man mit anderen Musikern eingeübt hat, muss man allerdings eine gewisse Kontrolle behalten. Eine schöne Lehre hat mir einmal Kurt Eichhorn erteilt, bei dem ich für ein Semester Korrepetieren studiert habe – im Rahmen eines Dirigier-Lehrgangs. Ich saß am Klavier und spielte »Fidelio«, das berauschend schöne Quartett »Mir ist so wunderbar«. Ich war völlig in der Schönheit dieser Musik versunken und versuchte, die Partien der Opernsänger mitzusingen. Plötzlich riss Eichhorn mir die Finger vom Klavier weg und sagte: »Net du sollst heulen, die Leut' sollen heulen.« Und das war ausgesprochen lehrreich. Wenn man anfängt, auf der Bühne zu weinen, dann weint das Publikum nicht mehr. Ein Rest von Kontrolle muss sein.

Zeit ist etwas, das wir uns erschaffen haben, um mit etwas klarzukommen, das wir nicht verstehen. Ein Beispiel: Wir können ganz in einem Augenblick präsent sein, erst im Nachhinein können wir diesen dann aber als Augenblick identifizieren. Etwas Ähnliches meinte wohl auch Ernst Bloch mit seiner Formulierung »Dunkel des gelebten Augenblicks«: das unmittelbare Jetzt, welches *gelebt* aber nie *erlebt* wird. Wenn ich mitten drin bin, denke ich nie: »Oh, was für ein Augenblick!« Dann gibt es für mich keine Zeit. Wer glücklich und ganz da ist, kennt keine Zeit. Die Tatsache, dass alles vergänglich ist, kann für uns natürlich ein Ansporn sein, jeden Moment ganz auszukosten. Gottfried Benn hat es ja wunderbar ausgedrückt: »Ich muss, ich muss im Überschwange/Noch einmal vorm Vergängnis blühn.«

Aber auch Vergänglichkeit ist ein Phänomen jener Zeit, die es – wenigstens so, wie wir sie kennen und gebrauchen – gar nicht gibt. »Für uns gläubige Physiker«, schrieb Albert Einstein kurz vor seinem Tod, »hat die Scheidung zwischen Vergangenheit, Gegenwart und Zukunft nur die Bedeutung einer wenn auch hartnäckigen Illusion«. Und Ulf von Rauchhaupt, Redakteur der Frankfurter Allgemeinen Sonntagszeitung, schreibt:

In der Quantenphysik bleibt das physikalische Geschehen genauso in einen äußeren Zeitablauf eingebettet wie die Stühle und Steine unserer Anschauungswelt. In der Gravitationstheorie dagegen ist die Zeit kein externer Taktgeber mehr, sondern verändert sich nach Maßgabe dessen, was in ihr geschieht.

Es gibt also, so scheint es, im Grunde nur das Jetzt und keine absolute Zeit. Wie können wir als Menschen mit dieser Erkenntnis umgehen? Wir müssen durch die Vergänglichkeit lernen, ins Jetzt zu gelangen, wo wir die Ewigkeit streifen. Das gelingt nur in bestimmten magischen Momenten.

Die Zeit ist ja für uns ein eher lästiges Phänomen, vor allem, wenn wir über sie nachdenken. Zu 90 Prozent belastet sie uns mit Schatten aus der Vergangenheit oder mit Ängsten, die unsere Zukunft betreffen. Denken kann in manchen Momenten aber auch unglaublich viel Spaß machen: wenn es als Übung betrachtet wird, vergleichbar mit der Art, wie ich improvisiere. Wenn Denken ein leidenschaftlich bewusster Vorgang ist, kann ich denkend ebenso gut im »Nu« verweilen wie bei künstlerischen Tätigkeiten. Die Fähigkeit zu denken wurde uns ja nicht geschenkt, damit wir sie wegdrängen und gleichsam als unter unserem Niveau betrachten, sondern damit wir sie genießen und anwenden können. Ich selbst brauche für diese Art des freudigen Denkens aber immer ein Gegenüber, allein funktioniert das bei mir nicht so gut.

Abgesehen natürlich vom Schreiben, dabei muss ich allein sein. Das Texten, auch das Komponieren, benötigt immer ein Hintereinander in der Zeit. Man muss bei jeder Note jeweils den Zusammenhang im Hinterkopf behalten: den Anfang, das Ende und den Gesamtverlauf eines Lieds. Nur beim Improvisieren bin ich vollkommen im Augenblick, es gibt dann keine Vergangenheit und keine Zukunft, deshalb ist Improvisation vielleicht die eigentlich mystische Kunst. Faszinierenderweise agieren wirklich große Meister scheinbar oft jenseits der Zeit. Mozart besuchte als älteres Kind ein Symphoniekonzert, ging nach Hause und schrieb die gesamte Partitur aus dem Gedächtnis auf. Das war nur möglich, indem er das Musikstück sofort und als Ganzes erfasst hat. Ich glaube, ein Mensch wie Mozart hatte beim Komponieren von Anfang an das ganze Stück in sich. Er musste nicht einmal ans Klavier gehen. Nur zum Niederschreiben in Notenschrift benötigte er Zeit. Die Werke Schuberts zu kopieren, sagt man, würde mehr Zeit in Anspruch nehmen, als der große Komponist an Lebenszeit zur Verfügung hatte.

Dazu fällt mir eine nette Geschichte ein, die ich beim Biertrinken in der »Hirschau«, einem schönen Münchner Biergarten, erlebt habe. Während einer bierseligen Unterhaltung mit meinem Freund Christoph, der schon die Grundschulbank mit mir zusammen gedrückt hatte, kamen wir auch auf das Thema »Zeit« zu sprechen. Ich plapperte munter drauf los und verbreitete meine zweifellos unbewiesene und etwas vollmundige Theorie der Zeit, die es eigentlich gar nicht gebe. Beide ließen wir uns versuchsweise auf dieses Gedankenspiel ein. »Wenn ich alte Fotos von mir ansehe«, sagte ich, »dann kenne ich diesen Kerl zwar, aber ich habe auch gleichzeitig das Gefühl, er ist ein völlig Fremder. Ich bin mir also nicht wirklich sicher, ob es mich jemals als jungen Mann gab oder ob das alles nur eine Geschichte ist, die sich mein Hirn zusammenreimt. Oder ist es so, dass alles – Vergangenheit wie Zukunft – gleichzeitig abläuft, dass wir demnach zur selben Zeit jung und alt sind, aber eben auch ungeboren und verstorben? Denn wenn alles zur selben Zeit passiert, dann ja auch die Zukunft, und wir wissen ja sicher, dass wir dann irgendwann tot sein werden.«

Wir hatten uns lachend in Rage geredet und waren uns in diesem Augenblick ganz sicher, dass es sich genau so verhalten musste. Und, ja, der Gedanke, zugleich tot und lebendig zu sein, wie Schrödingers Katze eben, hatte etwas Beruhigendes, zutiefst Erbauliches an sich. Bewerteten wir unser Menschsein angesichts der Größe des Universums und der Fülle der Möglichkeiten, die in ihm existieren, nicht viel zu hoch? War unser Sein eigentlich nur Potenzialität? Tot oder lebendig – wie hätten Sie's denn gern? Wir lachten herzhaft und irgendwie auch sehr befreit.

SUCHT IST GESCHEITERTE SPIRITUELLE SUCHE

Wie wenn der Großteil der Menschheit
Ständig in einem verdunkelten Raum lebte
Schon die Fenster ein wenig zu öffnen
Scheint ein zu großes Wagnis
Und dann packt einer sein Bündel und geht zur Tür
und alle warnen ihn, denn sie meinen
genau zu wissen, was auf ihn zukommt
und dann öffnet er die Tür
alle verschließen die Augen
denn das Licht könnte sie blenden
und er schließt die Tür hinter sich
und plötzlich umfängt ihn ein weiches
geduldiges Licht
Bäche rauschen, die Erde öffnet sich
Wälder Wiesen Tiere
und er beschließt für sich
nie mehr stehen zu bleiben
denn alles kann nur schöner werden.

Wer mit dem Wagnis paktiert
Hofft auf eine neue Wirklichkeit.
Ob aus Verzweiflung, Neugier oder Sehnsucht –
er ist bereit mit seinem Leben
der Erstarrung zu trotzen.
Es sind meist die Sensibleren und immer Suchenden
Die sich der Droge anvertraun.
Mein Herz schlägt für die Süchtigen.

Sie verschreiben sich dem Leben
Ohne es besitzen zu müssen.
Sie leben mit ihrer Schwäche.

»Alles geben die Götter, die unendlichen, Ihren Lieblingen ganz, alle Freuden, die unendlichen, alle Schmerzen, die unendlichen, ganz.« Dieses schöne Zitat von Goethe habe ich in den 70er-Jahren auch gern auf der Bühne verlesen. Natürlich bezog ich die Formulierung »Liebling der Götter« nur allzu gern auf mich. Ich hatte in meinem Leben ja auch sehr viel Glück gehabt. Beginnen wir mal mit meiner Stimme. Mit ihrer Hilfe und dank meines tollen Elternhauses habe ich wirklich eine glückselige Kindheit erlebt. Überall, wo ich gesungen habe, wurde ich zugleich auch geliebt. Mehr Glück als Verstand hatte ich auch mit meiner äußerst robusten Gesundheit. Wenn man bedenkt, was ich meinem Körper alles angetan habe, grenzt es wirklich an ein Wunder, dass ich immer noch in der Toskana über die Hügel radeln kann. Ja, ich kann schon von Glück reden, dass ich alles überstanden habe und noch lebe.

Manchmal habe ich aber berechtigte Zweifel, ob ich mit diesen Göttergeschenken wirklich pfleglich umgegangen bin, ob ich aus den günstigen Voraussetzungen, die mir gegeben wurden, wirklich das Beste gemacht habe. Vielleicht dachte ich da auch zu katholisch und meinte, ich hätte mein Glück nicht verdient. Daher inszenierte ich mir manchmal unnötige Leiden – quasi als Ausgleich für die erlebten Freuden. Denn der »Götterliebling«, wie ihn Goethe verstand, zieht ja immer beide Extreme auf sich. Vielleicht hat meine Seele immer nach Anstößen gesucht, damit ich nicht zu satt und träge werden konnte. Oder der Künstler in mir war es, der immer wieder nach jenem Brennstoff gesucht hat, den er in seinen Liedern verarbeiten konnte. Ein einseitig idyllisches Leben hätte da vielleicht nicht ausgereicht. »Auf diesem Lorbeer, der erstickt und träge macht, will ich nicht ruhen«, heißt es in meinem Lied »Wer nicht genießt, ist ungenießbar«.

Bevor ich 1995 verhaftet wurde, war ich auf einem ziemlich selbstherrlichen Trip. Ich dachte: Warum soll man mir meine Drogensucht nicht ansehen, warum soll man nicht darüber sprechen dürfen?« Gegen Ende meiner Drogenphase hat etwas in mir, glaube ich, die Verhaftung trotz aller Warnungen provoziert. Zum Beispiel hatten mich Freunde darauf aufmerksam gemacht, dass man mich mit Autos verfolgte. Heute weiß ich, dass ich von der Polizei ein halbes Jahr lang überwacht worden war. Aber ich schlug alle Warnungen in den Wind. Ich glaube, unbewusst sah ich in meiner Verhaftung eine Chance, aus diesem Dilemma herauszukommen.

Ich war ja in dieser Zeit ziemlich verhaltensauffällig, und es sind wirklich ein paar erstaunliche Dinge passiert. Jeder Musiker, der mich damals erlebt hat, kann das bestätigen. Ich konnte manchmal Soli spielen, zu denen ich sonst als Pianist eigentlich gar nicht fähig gewesen wäre. Das Publikum hat das meist gar nicht bemerkt. Ich bin auch öfter auf der Bühne eingeschlafen und habe dann weitergespielt, als ob ich wach wäre. Manchmal hat mein langjähriger musikalischer Weggefährte, der großartige Jo Barnikel, dann auch einen besonders grellen Ton gespielt, um mich aufzuwecken. Einmal wachte ich mitten im Lied auf und befand mich noch in meiner Traumwelt. Ich dachte, ich wäre im Hotelzimmer und – um Gottes willen! – ich musste doch zum Konzert, ich kam ja zu spät. Dann blickte ich um mich, sah das Publikum und entschuldigte mich für mein Zuspätkommen. Da war das Konzert aber schon eine ganze Weile gelaufen, und das Publikum war, um es gelinde zu sagen, etwas verblüfft. Es gab sicher ein paar intensive Momente in jener Zeit, insgesamt war ich aber einfach schlechter – als Bühnenkünstler wie als Kreativer.

Mit Drogen erlebt man natürlich besonders kräftige Kontraste von Freude und Leid. Vielleicht hatte ich deshalb auch eine besondere Affinität zu Rauschmitteln. Ich denke aber, das Zündeln mit Drogen, sogar der Weg in die Selbstzerstörung ist ganz überwiegend eine private Angelegenheit, aus der sich die Gesetzgebung und der Justizvollzug heraushalten sollten. Selbst wenn mir persönlich die Verhaftung wegen Drogenbesitzes – wie durch ein Wunder – geholfen hat, soll dies nicht darüber hinwegtäuschen, wie viel Leid der Staat durch die Kriminalisierung bestimmter Suchtmittel hervorgerufen hat. Was verboten und was erlaubt ist, hat zunächst nichts mit Vernunft oder Gesundheitsbewusstsein zu tun, sondern mit der Durchsetzungsfähigkeit der entsprechenden Lobbys.

Mittlerweile gibt es ja zum Beispiel in Mexiko zahlreiche Menschen, auch Politiker, von denen die Freigabe der Drogen gefordert wird, nicht zuletzt, um der Mafia das Wasser abzugraben. Ich halte das auch für die beste Lösung. Das Milliardengeschäft, verbunden mit unzähligen Morden unter konkurrierenden Banden, wäre in der Legalität nicht mehr möglich. So könnte man das Geschäft austrocknen. Sogar in den USA, dem Land, das den *war against drugs* über Jahrzehnte zu einem seiner wichtigsten Aufgaben erkoren hat, kann man schon fast in der Hälfte der Staaten in der einen oder anderen Form legal Canabis kaufen und konsumieren.

Es geschehen noch Zeichen und Wunder. Ich glaube, mich persönlich und die meisten meiner Freunde hätte das Kokain nicht annähernd so gereizt, wenn es legal gewesen wäre. Es fühlte sich, zumindest in der Jugend, so an, als wäre man Teil eines Geheimclubs, der etwas ungemein Spannendes vollbringt, etwas, woran der Rest der Gesellschaft keinen Anteil hat. Und ich glaube, Rauschgift würde immens an Reiz verlieren, wenn man es in der Apotheke kaufen könnte. Leider ist aber wohl zu erwarten, dass dieser sehr vernünftige Vorschlag nicht angenommen wird. Konservative Politiker lieben es eben, die moralische Keule gegen Drogen zu schwingen. So können sie ihre Klientel darin bestätigen, dass Biertrinken in Ordnung ist, alles andere aber liberales Teufelszeug.

Eines muss man klar sagen: Eine Menschheit ohne Drogen hat es nie gegeben, und es wäre eine Illusion, dieses durch Repression erzwingen zu wollen. Der Alkohol ist eng verbunden mit den patriarchalischen und monotheistischen Kulturen. In den eher weiblich geprägten Stammeskulturen gab es eine ganz andere Sorte halluzinogener Drogen. Man nahm zum Beispiel Fliegenpilze ein, in denen Psilocybin enthalten ist, ein meskalinähnlicher Stoff. Der Kult um Drogen war auch immer in einen spirituellen Zusammenhang eingebettet. Bestimmte Pflanzenstoffe förderten ein Gefühl, mit allem eins zu sein. Alkohol dagegen verursacht nicht nur geistige Trägheit, sondern auch eine gewisse spirituelle Dumpfheit. Vielleicht hat das Verbot bestimmter bewusstseinserweiternder Drogen damit zu tun, dass jedes Patriarchat das Weibliche niederhalten will, die Erfahrung der Einheit und Unendlichkeit. Bewusstseinserweiterung ist immer eine Gefahr für die Macht; bewusstseinsverengende Drogen werden dagegen nicht nur geduldet, sondern sogar gefördert: durch Werbung, durch die Anwesenheit von Politikern bei Bier- und Weinfesten – trinkfeste Kerle halt.

Man darf nicht vergessen, dass die über allem thronende, unglaublich einflussreiche Pharmaindustrie nicht nur ein Wörtchen, sondern ganze Abhandlungen mitzureden hat. Man kann bewusstseinsverändernde Stoffe zum Beispiel unter dem Namen Ritalin an Eltern von Kindern verkaufen, denen man vorher die äußerst umstrittene Krankheit namens ADHS eingeredet hat.

Man muss diese Verbote auch im Zusammenhang sehen mit einem Gesundheitswahn, der in den letzten Jahrzehnten immer mehr zugenommen hat. Wo der Wahn vorherrscht, sein eigenes Leben um jeden Preis verlängern zu wollen, erscheint schon derjenige verdächtig, der daran offenbar weniger interessiert ist und sich stattdessen darum bemüht, geistig eine Heimat zu finden. Verbote sind der verzweifelte Versuch der Obrigkeit, die fundamentale Unsicherheit des Lebens in den Griff zu bekommen. Das geht so weit, dass den Menschen sogar verboten werden soll, sich selbst zu schaden, was für mich zu den fundamentalen Freiheitsrechten gehört. Es scheint so, als ob der Bürger sich nur in der Art und Weise schaden dürfe, die dem Staat und den Lobbyisten der Wirtschaft genehm ist.

Das Rauchverbot mag ja im Sinn des Nichtraucherschutzes seine Berechtigung haben, aber wenn man auf diesem Gebiet so streng ist, warum ist man dann umso duldsamer, wenn es zum Beispiel um die Erzeugnisse der Pharmaindustrie geht? Auch bei den Lebensmitteln müsste man eine ganze Reihe von Produkten verbieten, die ähnlich schädlich sind wie Nikotin.

Manche bringen sich ja mit einer legalen Ernährungsweise fast um – ob es um Zucker geht, um Fleisch und Fett oder um die vielen Zusatzstoffe, mit denen die Nahrungsmittel haltbarer gemacht werden sollen. Es zeigt sich, dass Verbote immer ein Spiegel der gesellschaftlichen Prioritäten sind – und dass es Definitionssache ist, welche Stoffe man als Suchtmittel bezeichnen will. In einigen arabischen Ländern sitzen Alkohol-Dealer, die bei uns hoch angesehen eine Menge Geld verdienen, viele Jahre im Knast. Ich plädiere natürlich nicht dafür, Bierbrauer und Winzer einzusperren, ich will damit nur zeigen, wie willkürlich die Einteilung in legal und illegal oft vorgenommen wird.

Darum wehre ich mich auch dagegen, dass die staatliche Verfolgung von Drogensüchtigen als hilfreich angesehen wird. Ich glaube, für die meisten, die damals mit mir eingesessen sind, war das Gefängnis ein weiterer Schritt in die Kriminalisierung und in die Ausweglosigkeit der Sucht. Die meisten träumten nur davon, bald rauszukommen und wieder ihre Droge einzuwerfen. Oder sie wurden in Haft weiter damit versorgt. Es ist ja bekannt, dass Knäste nicht drogenfrei sind. Ich möchte vor allem nicht den Eindruck erwecken, dass das Gefängnis eine tolle Sache sei und die Menschen wirklich bessern könne. Was mich betrifft, so hatte ich das große Glück, im Gefängnis gleichsam den Mönch in mir zu entdecken und die Umkehr zu vollziehen, die innerlich schon in mir vorbereitet war. Dazu kam, dass ich in ein Umfeld zurückkehrte, das mich aufgefangen hat. Ich wurde zwar von manchen Mitmenschen nach diesen Ereignissen aufs deutlichste geächtet, konnte aber letztlich meinen Beruf weiter ausüben, und die meisten meiner Fans waren meine Fans geblieben. Andere Menschen haben, wenn sie erst einmal kriminalisiert wurden, überhaupt keine Chance mehr, wieder von der Gesellschaft aufgenommen zu werden.

Ich kenne kaum jemanden, der es geschafft hat, aus seiner Suchtkrankheit herauszukommen, ohne so etwas erlebt zu haben wie eine Wiedergeburt, die Entdeckung einer eigenen Spiritualität. Definiert man »Droge« in einem erweiterten Sinn, dann leben wir ohne Zweifel in einer Suchtgesellschaft. Und es ist sicherlich kein Zufall, dass zeitgleich so viele ein Problem haben mit der Spiritualität. Wenn über den Glauben gesprochen wird, dann ist das in akademisch-kritischem Tonfall noch gestattet. Sobald jedoch einer über seine eigenen spirituellen Erfahrungen spricht, machen gerade viele »vernünftige« Zeitgenossen ganz schnell dicht. Über das Geldverdienen kann man sehr locker reden. Sogar wenn man damit angibt, wie man andere Menschen beschissen hat, klopfen einem Kneipenkumpane anerkennend auf die Schulter und bestätigen augenzwinkernd, wie »smart« man sich verhalten hat. Wenn ich dagegen zugebe, dass ich morgens bete, dann hebt sich in einer bestimmten Gesellschaftsschicht schon missbilligend eine Augenbraue. Von manchen habe ich dafür sogar Anfeindungen und Hass zu spüren bekommen. Wohlgemerkt, ich spreche hier nicht von spiritueller oder esoterischer Geschäftemacherei, sondern von der ehrlichen Suche mancher Menschen.

Sucht ist eigentlich die Folge eines Phantomschmerzes, der entsteht, wenn man sich die Spiritualität wegamputiert hat. Bei mir mag sie von dem Gefühl hergerührt haben, aus dem Paradies meiner Jugend vertrieben worden zu sein. Die innere Arbeit beginnt erst mit dem Älterwerden, wenn wir uns »jenseits von Eden« eingerichtet haben und nach Wegen suchen, dieses Paradies wiederzufinden. Als ich begonnen hatte, Drogen zu nehmen, hat die Sehnsucht nach dem Paradies mit Sicherheit eine Rolle gespielt. Tatsächlich ist es ja möglich, mit der Droge – wenigstens für Sekunden – ein vollkommenes Einheitsgefühl zu erleben. Klar, die Depression danach ist grauenvoll, aber dennoch möchte man sich das Gleiche immer wieder zurückholen, mit fatalen Folgen.

Vieles im Leben vermittelt uns eine Ahnung von diesem Paradies. Die Droge gibt dir eine Ahnung. Die Musik gibt dir eine Ahnung. Sex gibt dir eine Ahnung. Doch sie alle können dir nicht den tiefen, dauerhaften Frieden schenken, der von ganz innen kommt. Manchmal gelingt es mir in der Meditation, ein Gefühl des Friedens zu erreichen, das über den Augenblick hinausgeht. Ein Gefühl, dass alles, so wie es ist, richtig ist und dass ich selbst ein Teil von allem bin. Der rationalistische Mainstream unserer Gesellschaft neigt ja dazu, all das zu pathologisieren: Teresa von Avila war eine Hysterikerin, Franz von Assisi psychisch krank, Jesus womöglich eine defizitäre Persönlichkeit. Aber wir können nicht alles in psychologisierende Begriffe packen. Wir müssen lernen, dass es auch noch andere Wahrheiten gibt. Unsere Zivilisation möchte die spirituellen Erfahrungen Einzelner nicht als wahr gelten lassen, weil die Mehrheit sie nicht nachempfinden kann. Die Sehnsucht freilich bleibt auch in denjenigen lebendig, die sich selbst nicht als spirituelle Menschen bezeichnen würden. Sie flüchten dann in Ablenkung und in die Süchte des Alltags, weil der andere Weg (zu sich selbst) viel anstrengender wäre.

EKSTASE UND DIE VERSUCHUNG DURCH DAS UNBEKANNTE

Wo ist sie hin, die schwere, süße Tiefe
des ersten Rausches, wo die Euphorie?
Wenn sie mir einmal noch in die Umarmung liefe
das Blut versengend, meine Fantasie

wieder zum Fliegen zwingen würde
für Augenblicke von der Zeit befreit,
und selbst wenn man in diesen Augenblicken stürbe:
es wär das Tor entdeckt zur Ewigkeit.

Wenn sich der Rausch nur endlos steigern ließe,
von Körperenge nicht so streng bewacht,
doch scheinbar sind für uns die Paradiese
nur kurzes Wetterleuchten einer langen Nacht.

Dort aus den wohlgepflegten Parks sinken die Schatten
der Götter, die sich gern vergnügen,
an ganz bestimmten Sommertagen, fast schon matten,
dem Herbst geweihten, die so gerne lügen

als große schwarze Hände auf Fassaden
vornehmlich alter Villen, halten sich bereit,
um dann wie wild gewordenen Kaskaden
die Stadt zu fluten mit der Dunkelheit,

die viele ängstlich Wolken such lässt,
wo schon seit Tagen keine Wolke war.

So wandelt sich auf einmal zur Gefahr,
was nichts als Abglanz ist von einem Fest

und einem Park und einer weiten Wiese.
Vermummte Wahrheit und aus einem Traum,
der sich bestimmt nicht träumen ließe
wär' er nicht Wirklichkeit im Welteninnenraum.

Nur einmal noch im Rausch dorthin entrücken,
noch einmal sehen, was nicht sichtbar ist –
wie lange hab ich doch dieses Entzücken
dies kurze Aufgehobensein vermisst.

Auf dass sich all die kargen Jahre zur Lawine ballen,
die mich der Welt entreißt, die wir verstehen.
Denn das Gedeutete will mir nicht mehr gefallen,
hab ich doch einen Herzschlag lang das Nichts gesehen,

den Urgrund allen Werdens, jeder Gärung
woraus du dir die Schöpfung formen kannst
und deinen Himmel dir, die Gottheit und auch die Verklärung
mit der du Rausch und Nacht und Lieb' und Leben bannst.

EINE MEINER AUSSERGEWÖHNLICHSTEN Erfahrungen durfte ich nach einem Konzert machen. Ich ging nach meinem Auftritt ganz beseelt nach Hause, denn es hatte mir jemand nach dem Auftritt Drogen angeboten. »Ich will nicht«, sagte ich. »Ich möchte aufhören.« Ich kam also in meinem Hotelzimmer an, genoss das gute Gefühl, der Versuchung widerstanden zu haben, legte mich auf mein Bett, schlief ein – und bin geflogen. Und zwar nicht mit einem Flugzeug, sondern frei mit meinem Körper durch den Raum. Ich flog durch eine Landschaft, die so atemberaubend schön war, wie ich nie zuvor eine gesehen hatte. Die Pflanzen, die blühenden Bäume, die Gewässer und Berge waren von einem fast unwirklichen Leuchten durchdrungen. Ich konnte mein Flugtempo bestimmen, wie ich wollte, ich konnte langsam fliegen oder schnell, ich flog durch Städte von fremdartiger Architektur, ungeheuer schön und interessanterweise völlig menschenleer. Ich konnte in die Wohnungen dieser eigenartigen Gebäude hineinschauen, aber niemand wohnte darin. Merkwürdigerweise fühlte ich mich aber nie allein.

Jemand muss mich gestört haben, und ich bin dann aufgewacht. Ich weiß noch, dass ich auf keinen Fall zurückwollte, aber es blieb mir nichts anderes übrig. Ich bin mir ziemlich sicher, dass ich da etwas anderes erlebt hatte als einen gewöhnlichen Traum. Es muss eine Art außerkörperlicher Erfahrung gewesen sein – vielleicht auf einer anderen Realitätsebene oder auf einem anderen Planeten. Das Land, das ich durchflog, hatte eindeutig einen paradiesischen Charakter. Paradiesisch war nicht nur die Umgebung, sondern vor allem auch das unglaubliche Wohlgefühl, das mich durchdrang. Ich habe gelernt, solche Erfahrungen als etwas Besonderes anzunehmen, auch wenn ich nie mit Sicherheit wissen werde, wie und wohin ich in diesem Moment geflogen bin.

Ein paar Tage später, wenn der Eindruck eines solchen Erlebnisses allmählich verblasst, ist man natürlich geneigt zu zweifeln. War vielleicht doch alles nur eine Vorspiegelung des eigenen Gehirns? Die Wissenschaft neigt dazu, geistige Erfahrungen auf physische Ursachen zurückzuführen. Nahtod-Erfahrungen werden zum Beispiel geradezu krampfhaft auf neuronale Prozesse reduziert. Es ist, als ob manche Wissenschaftler geradezu Angst davor hätten, dass es noch etwas anderes geben könnte als die physisch-materielle Erfahrung. Man müsse zunächst mal – gemäß dem berühmten »Ockhamschen Gesetz« – nach einfachen Erklärungen Ausschau halten, sagen sie. Erst dann, wenn alle banalen Erklärungen nicht standhalten, solle man nach anderen, ungewöhnlichen suchen. Als existent wird nur das betrachtet, was bewiesen worden ist, und die Beweislast hat demnach selbstverständlich immer der, der eine außergewöhnliche Behauptung aufstellt, nicht jemand, der diese Behauptung infrage stellt.

Das sehe ich in Bezug auf so persönliche und ureigene Erlebnisse anders. Es ist im Endeffekt schlicht unmöglich, außergewöhnliche psychische Erfahrungen zu beweisen. Jeder von uns ist ein eigenes Universum, mit ganz individuellem Fühlen und Erleben. Das, was ich als Blau empfinde, ist ein anderes Blau als das meiner Mitmenschen. Kein Grashalm gleicht in allem dem anderen, kein Regentropfen, kein Sandkorn. Mein inneres Erleben kann ich mitzuteilen versuchen, aber niemand wird es in seiner Gänze miterleben können. Vielleicht sollten wir den spirituellen Erlebnissen anderer, trotz des ungeheuren Schindluders, der in der Esoterik-Szene damit getrieben wird, erst einmal neugierig und wohlwollend gegenübertreten. Auf diese Weise können wir mehr lernen, als wenn wir sie sofort mit allen anderen »unbewiesenen« Erfahrungen unserer Mitmenschen in einen Topf werfen. Ich jedenfalls lasse offen, welche Erklärung es für meine Erlebnisse geben mag. Wichtig ist dabei nur, dass man nicht versucht, aus persönlichen Eindrücken ein spirituelles oder religiöses Lehrgebäude zu errichten.

Es gab in meinem Leben so viele Vorkommnisse von, sagen wir, erweiterten Bewusstseinszuständen, dass ich weit davon entfernt bin, etwas für unmöglich zu halten, nur weil ich es nicht persönlich erlebt habe. Ich misstraue aber der Karmalehre mit ihrer moralisierenden Verknüpfung von Ursache und Wirkung. Schon weil ich an der objektiven Existenz der Zeit zweifle. Wenn Esoteriker behaupten, die Opfer der Nazidiktatur hätten ihr Schicksal pränatal selbst verschuldet, bekomme ich einen dicken Hals. Wenn uns ein Esoteriker weismachen will, einer säße deshalb im Rollstuhl, weil er in einer früheren Inkarnation jemanden überfahren habe, dann ist das für mich zugleich unmenschlich und ungeheuer arrogant. Wie kann man sich anmaßen, etwas so Unfassbares wie das Schicksal auf eine einfache Formel reduzieren zu wollen?

Natürlich gehen manche Schicksalsschläge auch auf bestimmte Ursachen zurück. Ich habe einen Menschen kennen gelernt, der Krebs hatte und plötzlich erklärte, er wisse, woher diese Krankheit käme. Er habe in seinem Leben zu viel runterschlucken müssen. Das hat aber mit Reinkarnation nichts zu tun. Wenn jemand glaubt, dass sein Leid die Folge eines verhängnisvollen Fehlers sei, muss man das respektieren. Wenn aber ein Außenstehender und Besserwisser daherkommt und einem Leidenden aufgrund seines Leids Schuld unterstellen will, dann regt mich das maßlos auf. Natürlich gab es in meinem eigenen Leben Situationen, in denen ich sehr deutlich spürte: Jetzt hat mir das Schicksal einen Schuss vor den Bug gegeben! Mein Gefängnisaufenthalt war sicher ein Beispiel dafür. Aber gerade deswegen meine ich: Die Deutungshoheit darüber, was jemand aufgrund seiner Lebensführung in einem früheren Leben »verschuldet«

hat, muss immer noch bei dem Betreffenden selbst liegen. Es gibt Erkenntnisse, zu denen man nur ganz allein gelangen kann.

Es gibt Momente im Leben, die plötzlich geschehen und in denen man wirklich zu Hause ist. Dieses Gefühl entsteht immer jenseits des diskursiven Verstandes. Man kann es auch ein Identitätsgefühl nennen. Nicht immer muss es sich um »außersinnliche Wahrnehmung« oder etwas ähnlich Spektakuläres handeln. Ich glaube, als Kind hat man es schon oft gespürt, aber es ist im Laufe der Jahre verloren gegangen. Vor Jahren bin ich einmal durch einen Herbstwald gegangen und konnte endlich wieder spüren, wie wunderschön er war. Damit verbunden war das Empfinden: Dieser Moment gehört mir. Ich muss niemandem davon erzählen, ich muss nicht darüber nachdenken, auch kein Gedicht darüber schreiben – es ist einfach schön. Ich bin identisch mit diesem Herbstwald. Wir leben in einer Gesellschaft, in der wir uns mit Autoritäten identifizieren, mit Marken, mit Kleidung, mit Autos, mit Reichtum, mit allem Möglichen, nur nicht mit uns selbst oder mit den Wundern der Natur.

Etwas anders als dieses Identitätsgefühl ist die Ekstase, nach der ich ja mein Leben lang gesucht habe und in der wir eher außerhalb unserer selbst stehen. In der Ekstase kann ich in eine Wirklichkeit jenseits der Realität gelangen, die wir mit unseren fünf Sinnen erfassen können. Ekstase ist ein Moment der Ewigkeit außerhalb des zeitlichen Rahmens, in den wir gewöhnlich eingespannt sind. Deshalb sind wir auch so verrückt nach diesem Gefühl. In einem älteren Gedicht schrieb ich:

> Wenn sich der Rausch nur endlos steigern ließe
> von Körperenge nicht so streng bewacht
> doch scheinbar sind für uns die Paradiese
> nur kurzes Wetterleuchten einer langen Nacht.

Ich glaube, wenn man das Wesen der Ekstase ergründen will, kann man sehr viel von den Frischverliebten lernen. Obwohl man natürlich als erfahrener Mensch weiß, dass diese Phase nicht ewig anhält. Frischverliebte scheinen alles um sich herum überhaupt nicht mehr wahrzunehmen, es gibt eigentlich nichts anderes mehr auf der Welt als sie beide. Das ist anrührend anzuschauen, und man kann richtig neidisch werden, wenn man selbst gerade nicht in diesem seligen Zustand ist. Wir bekommen beim Anblick solcher Liebenden eine Ahnung davon, dass unser gewöhnlicher Bewusstseinszustand nicht die Grenze des Menschenmöglichen markiert. In manchen Momenten, ja mit etwas Glück in längeren Phasen unseres Lebens, haben wir das Potenzial, diesen grauen Normalzustand zu übersteigen und in neue Räume vorzudringen.

Deshalb bin ich auch ein Gegner der These, Glück sei auf Dauer langweilig. Warum diesen schönen Zustand zerreden? Mein Aufbegehren gegen »Genügsamkeit« war auch immer getragen von dem Verdacht, bestimmte Menschen – selber zum Genuss unfähig – wollten uns einen Himmel vorenthalten, der uns von der Natur zugedacht ist. Sicher, falsches Glück, »Fun«, oberflächliche Zerstreuung, das wird vermutlich langweilig und mit der Zeit schal. Wahres Glück aber enthebt einen der Zeit und trägt eine Ahnung der Ewigkeit in sich. Nehmen wir zwei Menschen, die von diesem unglaublichen Zauber der Verliebtheit ergriffen sind: Würden die sich beschweren, wenn dieses Glück ewig anhielte? Das, was ein Glück immer eintrübt, ist ja gerade das Wissen um seine Vergänglichkeit. Würde die Endlichkeit wegfallen, wie könnte dieses Glück je langweilig werden? Nach welcher Abwechslung sollte es einen verlangen, wenn man das »Eigentliche« gefunden hat?

Ich werde manchmal auch gefragt, ob ich in der Meditation, in den spirituellen Übungen, die ich seit meinem Gefängnisaufenthalt durchführe, Ekstase suche – vielleicht dieselbe Ekstase, wie ich sie bei Drogen gesucht habe. Nun, natürlich bin ich ein Genussmensch und hätte nichts gegen diese besonders beglückenden Meditationserfahrungen einzuwenden, wie sie in der spirituellen Literatur beschrieben werden. »Die Aktivierung des Freudenkörpers« wird der Zustand ja manchmal genannt oder auch »Samadhi«. In meiner eigenen Übungspraxis bin ich aber längst nicht so weit. Es geht in meinen Meditationen zunächst um etwas anderes, weniger Spektakuläres: um eine innere Ruhe, die es mir ermöglicht, mich in mich selbst zu versenken. Meister Eckhart sagte: »Gott kann nur auf eine leere Tafel schreiben.« In diesem Sinn versuche ich, die Tafel meiner Seele leer zu machen und geschwätzige Gedanken fortzuwischen.

Das bedeutet nicht, dass ich mir den Zustand der Ekstase gar nicht mehr wünschen würde. Ich glaube, man sollte gar nicht auf Ekstase verzichten. Es ist der Moment, in dem wir aus uns heraustreten und eins mit allem sein können. Man könnte das, was ich hier zu beschreiben versuche, auch als den Zustand der Liebe bezeichnen – ebenso wie es vielleicht das ist, was uns nach dem Tod erwartet. Wenn »Ekstase« vom Wortsinn her »Heraustreten« bedeutet, dann ist der Tod sicher die ultimative Ekstase. Wir treten buchstäblich aus unserem Körper heraus.

Freilich wird es im Alter nicht leichter, einen Zustand zu erreichen, in dem man »außer sich« vor Glück und Seligkeit ist. Notgedrungen habe ich meine Aufmerksamkeit jetzt auf andere Bereiche verlegt. Schiller sagte sehr schön: »Man hat im Leben zu wählen zwischen Sinnenfreuden und Seelenfrieden.« Wobei ja der Seelenfrieden für einen über 66-jährigen nicht die schlechteste Lösung ist.

NUR HÖLLEN FORMEN EINEN SO

Immer ist Ort und Stunde.
Immer bist du gemeint.
Und es ist jede Wunde
einmal zu Ende geweint.

So viele Schritte gegangen,
egal wohin sie geführt.
Hauptsache angefangen,
ab und zu Leben gespürt.

Immer ist wieder und weiter,
immer – das bist du.
Die Tore öffnen, und heiter
schreitet der Tag auf dich zu.

Mitgefühl mit fremdem Leid setzt voraus, dass man das Leid aus eigener Erfahrung kennt. Wenn ich meinen Kindern, als sie noch klein waren, erzählt habe, ein Bekannter von uns habe Krebs, haben sie mich nur staunend angeschaut. Anfangen konnten sie mit dieser Aussage noch nichts. Ein Kind muss sich zumindest mal am Fuß wehgetan haben, um mitzufühlen, wenn jemand an ihm vorbeihumpelt, weil er sich verletzt hat. Aber auch für uns Erwachsene gilt, dass wir uns die schmerzhaften Erfahrungen anderer, die wir nicht am eigenen Körper und an der eigenen Seele gemacht haben, nur schwer vorstellen können. Wenn mir früher jemand gesagt hat, er sei depressiv, bin ich zwar höflich darauf eingegangen, insgeheim habe ich mir aber gedacht: Der soll doch einfach kalt duschen gehen. Ich habe es dem Betreffenden einfach nicht abgenommen, dass es so schlimm für ihn ist. Ein bisschen schwermütig ist doch jeder mal, dachte ich.

Als ich dann vor etwa anderthalb Jahren zum ersten Mal in meinem Leben in eine echte Depression verfiel, tat es mir im Nachhinein leid, dass ich einige Leute so schlecht behandelt hatte. Ich befand mich damals gerade in der Toskana und hatte gerade wieder mal mit dem Rauchen aufgehört. Ich fühlte mich anfangs noch recht gut und fuhr allein in mein Landhaus in der Toskana, um etwas zu schreiben. In dem Moment, als ich aus dem Auto stieg, hatte ich das Gefühl, in ein tiefes schwarzes Loch zu fallen. Ich war nicht nur traurig, sondern fühlte mich von allem verlassen, was mir bisher in meinem Leben geschenkt worden war. Die Heiterkeit, das Vertrauen – wenn man so will, das Gottvertrauen –, alle Freude war von diesem schwarzen Loch verschluckt worden. Als ob dem nicht schon genug wäre, habe ich in dieser Zeit auch noch Dante gelesen – das »Inferno« natürlich. Eine passendere Lektüre für eine Depressionsphase kann man sich gar nicht vorstellen. Um mich abzulenken, bin ich in dieser wunderschönen Gegend, in der Nähe von Siena, viel mit dem Auto herumgefahren. Ich hörte im Auto meine geliebte »Tosca«, für mich das Göttlichste, was der ohnehin schon göttliche Puccini je geschrieben hat. Die einzige Möglichkeit für mich, aus diesem schwarzen, alles verzehrenden Loch wieder herauszukriechen, war übrigens – auch wenn das jetzt politisch überhaupt nicht korrekt ist – mit dem Rauchen wieder anzufangen.

Diese Erfahrung, so schmerzhaft sie auch war, war ein Segen für mich. Sie öffnete mein Herz für das Leid anderer Menschen, das ich nicht sehen konnte, weil ich es nicht wahrhaben wollte. Manchmal denke ich, der Mangel an tiefer eigener Leid-Erfahrung ist ein wesentlicher Grund für die erstaunliche Kaltherzigkeit in unserer Gesellschaft. Eine echte Depression bedeutet ja absolute innere Leere, nicht bloß Traurigkeit. Letztere hatte ich natürlich auch schon vorher gekannt. Über die Schwermut hatte ich schon 2001 für meine »Vaterland«-CD ein Lied geschrieben:

Sie wagt zu weinen mittendrin,
ein Stachel scheinbar ohne Sinn,
schreibt ohne Rücksicht auf Gewinn die tiefen Lieder,

zwar meistens wird sie überdeckt,
hinter Betriebsamkeit versteckt,
doch aus der Tünche taucht sie immer wieder.

Wohin du fliehst, sie beißt und nagt,
gibt keinen Frieden, hinterfragt,
die Professoren nennens Depressionen.

Dann hast du Angst allein zu sein
und sperrst dich in Gemeinschaft ein
und würdest lieber in dir selber wohnen.

Du spürst, sie will, dass man sich stellt,
vor allem dem, was nicht gefällt,
und du erkennst bald, deine Seele ist nur Leergut.

Wohin du flüchtest – du verbrennst,
wenn du sie nicht beim Namen nennst,
die Schwester deines Glücks – die Schwermut.

Mit dem Lied »Alles das und mehr« hatte ich etwas in Worte gefasst, was davor lange verdrängt worden war. Ich hielt mich ja für ein durchweg heiteres Kerlchen. Dass ich auch schwermütig war, das wollte ich mir nicht eingestehen. Da war ich nicht ehrlich zu mir selbst gewesen. Natürlich hing der Zeitpunkt dieser Bewusstwerdung auch mit dem Drogenentzug zusammen. Wenn man jahrelang harte Drogen genommen hat, dann gibt es in der Zeit danach kaum mehr eine Chance auf Glück. All deine Rezeptoren sind ja so programmiert, dass sie nur noch mit Hilfe von Drogen Glücksgefühle auslösen können. Wenn du keinen Stoff mehr hast, musst du dir die Freude, zu der du früher nüchtern fähig warst, erst wieder hart erarbeiten.

Aber die Schwermut, in die ich Ende der 90er- und Anfang der 2000er-Jahre oft fiel, war noch eine Kleinigkeit im Vergleich zu der schweren Depression in jenen Wochen in der Toskana. Eine erschreckend hohe Prozentzahl aller Depressiven bringen sich um. Meine Freunde hatten Angst, dass ich mir irgendwann die Kugel geben oder aus dem Fenster springen würde. Zum Glück besitze ich aber keine Waffe, und aus den Fenstern meines Hauses in der Toskana kann man nicht allzu tief fallen. Ich habe also wieder angefangen, maßvoll zu rauchen. Der eigentliche Grund, warum ich mich damals nicht umgebracht habe, war aber der: Ich war mir sicher, dass mir ein Selbstmord gar nicht helfen würde. Dieser Zustand war ja eine Ahnung von Dantes »Inferno«, von der Trostlosigkeit der Hölle, wenn man so will. Wenn ich mich jetzt umbringe, so dachte ich, würde ich in dieser Trostlosigkeit bleiben – für immer. Die Buddhisten glauben, dass wir in unserer Todesstunde dem begegnen, was wir uns selbst erschaffen haben. Das war in meinem Fall nicht sehr verlockend. Die einzige Chance, aus diesem Loch wieder herauszukommen, war, in meinem Körper zu bleiben und die Möglichkeiten der materiellen Welt zu nutzen, um wieder psychisch gesund zu werden.

Bei ehrlicher Betrachtung meines Lebens kann ich mich an die unangenehmen Ereignisse in meinem Leben weitaus besser erinnern als an die angenehmen. Ich habe ja unter anderem deshalb mein autobiografisches Buch »Die Kunst des Scheiterns« geschrieben. Es wäre Unsinn zu leugnen, dass mir in meinem Leben auch manches gelungen ist. Die negativen Erfahrungen aber, das Leid, das Scheitern und die Peinlichkeiten, die sind mir in äußerst lebendiger Erinnerung. Ich sehe sie so plastisch vor mir wie in einem 3-D-Kino, kann mich sogar erinnern, mit welchem Geschmack, welchem Geruch diese Erlebnisse verbunden waren.

Der Grund dafür ist wahrscheinlich, dass diese schwierigen Situationen in meinem Leben die wesentlichsten waren, jene Stunden, in denen ich meinem Selbst am nächsten war. Vielleicht sogar dem »Großen Selbst«, das uns alle umschließt und aus dem wir hervorgegangen sind. Es sind gerade die aussichtslosesten Situationen, in denen Transformation geschieht. »Nur Höllen formen einen so«, hat Werner Schneyder in einer Nachdichtung eines Jacques-Brel-Liedes geschrieben, das ich mit Leidenschaft gesungen habe: »No amoi der Joe wieder sei.« Aussichtslose Situationen sind solche, in denen ich von mir selbst, also gleichsam von meinem »Alten Ich« verlassen werde, also von allem, was meine Person bisher ausgemacht hat. Darüber hinaus wurde ich in bestimmten Lebensphasen von vielen Menschen verlassen, von vielen Freunden und künstlerischen Wegbegleitern. Die Presse entblößte mein »verpfuschtes Leben«, und die Comedians bewitzelten mich in beleidigender Weise. Ich hatte nichts mehr, was man einen guten Ruf nennen konnte, ich hatte kein Geld mehr, und auch meine Gesundheit war den Bach runtergegangen.

Man fühlt einen ungeheuren inneren Frieden, wenn man auf einmal spürt: Das alles brauche ich gar nicht. Das alles bin ich gar nicht. Diesen Frieden hatte ich nicht, als ich über all das andere noch verfügen konnte, was mir im Zuge meines »Drogenskandals« verloren ging. Ein Christ würde jetzt vielleicht sagen, dass mich Gott aufgefangen hat. Ich habe eher das Gefühl, es war eine Kraft in mir selbst. Aber vielleicht ist das auch kein Widerspruch. Der Mystiker erkennt ja Gott in sich selbst.

Paulus schreibt im Römerbrief: »Wir rühmen uns auch der Bedrängnisse, weil wir wissen, dass Bedrängnis Geduld bringt, Geduld aber Bewährung, Bewährung aber Hoffnung, Hoffnung aber lässt nicht zuschanden werden.« Ich hatte damals Gelegenheit, die Richtigkeit dieser Aussage zu überprüfen. Nur die Hoffnung konnte mir weiterhelfen, die Hoffnung, dass ich einmal wieder die Freude würde empfinden können, die mich früher ausgemacht hat, Freude, die alle Fasern des Seins durchdringt. In einem Lied hatte ich sie einmal so beschrieben: »Was macht sich heut die Sonne breit, sie stellt mich richtig bloß – mich lässt schon seit geraumer Zeit die Freude nicht mehr los.« Eben diese Freude vermochte ich damals für lange Zeit nicht mehr zu fühlen. Mir blieb nur die Ahnung, sie später einmal wieder fühlen zu können. Und dabei half mir auch die Erinnerung an frühere drogenfrei genossene Freuden, etwa an die wunderschönen Sommer an der Isar, die ich als Kind hatte erleben dürfen. Der Benediktinermönch und Zen-Buddhist David Steindl-Rast beschreibt die

Wechselwirkung zwischen der Hoffnung und einer Besserung der realen Lebenssituation so: »Wird diese Kettenreaktion funktionieren können, wenn wir nicht von Anfang an zumindest etwas Hoffnung haben? Ich für meinen Teil benötige in der Drangsal ein bisschen Hoffnung, wenn ich nicht ganz und gar die Geduld verlieren soll.«

Steindl-Rast schreibt weiter: »Bewährung vor unserem Schicksal muss jeden Rest von Pose und Heuchelei in einem langsam brennenden Feuer läutern. Erst dann wird Hoffnung sich wirklich zeigen und über jeden Zweifel erhaben sein. Dieser Läuterungsprozess findet sich an wichtiger Stelle in jeder spirituellen Tradition.« War dieses Spirituelle, eine tief im Herzen schlummernde Religiosität, mir früher immer ein selbstverständlicher Wegbegleiter gewesen, so wurde ich jetzt, nachdem ich dieses Urverstehen offensichtlich verloren hatte, nachdem ich es zugeschüttet hatte durch eine allzu hemmungslose Lebensweise, wieder mitten hineingestoßen ins Geistige. Denn was tut man, wenn man sich verlassen fühlt, von allem getrennt, mit dem man sich identifiziert hatte, körperlich und physisch nicht mehr im Gleichgewicht? Man schreit nach innen um Hilfe, tief in sich hinein, und wer innig genug fleht, wird dort auch seinen Gott entdecken.

Ich habe über diese wohl wichtigste Phase meiner ersten Entzugserfahrung in der Zeit danach wohlweislich geschwiegen. Zu gierig hätte man sich darauf gestürzt, mir esoterisches Abdriften oder irgendeine Sektenabhängigkeit (als Folge meiner Sucht) zu unterstellen. Und in der Tat ist es eine verbrecherische Seelenfängerei, wenn Sekten oder Gurus Menschen für die eigenen Zwecke einfangen in dieser hilflosen, für jede Handreichung dankbaren und gerade deshalb so unendlich wichtigen Phase des Umbruchs. Andererseits halte ich es für unabdingbar, einem Süchtigen gerade im Moment des Zusammenbruchs beizustehen und ihm die Augen für das Geistige zu öffnen. Schon immer war in mir diese Ahnung, dass man sich die Seele erarbeiten müsse, dass sie nicht einfach ein Päckchen sei, das man beim Tode öffnen könne wie ein Geburtstagsgeschenk fürs nächste Leben. Und in allen meinen Texten und Liedern ist etwas zu spüren von diesem Ringen um die Seele, um den Sinn des Daseins, der sich nicht in Ruhm und Reichtum, Sex, Drugs and Rock and Roll erfüllen kann.

Diese Wahrnehmung des Geistigen ist, wie ich glaube, nur eine Möglichkeit, und ihr geht immer eine Tat voraus, eine Wandlung, eine Verwandlung des bisherigen Lebens in ein geistiges. Was für eine Gnade kann Krankheit sein, ein Misserfolg zur rechten Zeit, eine Trennung von einem geliebten Menschen, und meist kommt der Anstoß für ehrliche Seelenarbeit durch ein unvorhergesehenes Leid. Wie C. G. Jung so tröstlich bemerkte: »Ein kräftiges Leid erspart oft zehn Jahre Meditation.« Mir jedenfalls half es immer, die Verantwortung für mein Leid nicht abzuwälzen oder dem Zufall in die Schuhe zu schieben, sondern eher dankbar zu sein für die Chance, herausgestoßen zu werden aus dem alten Trott, dem wieder mal verhärteten Weltbild.

Manchmal schien es mir, als wäre ich von einer großen Hand gepackt und in meine eigenen Verfehlungen hineingetaucht worden. Oder in das, was ich noch nicht verstanden hatte, damit ich es endlich verstehen lerne. Ich halte die Transformation für das Allerwichtigste. Alles will doch vom Endlichen ins Unendliche, vom Körperlichen ins Seelische, ins Geistige hinein. Nur darum geht es doch, unabhängig von Erfolg und Geld. Mir jedenfalls geht es seit langem nur noch darum. Ich lebe auch nicht ein Leben für die Kunst – l'art pour l'art –, sondern die Kunst hilft mir bei diesem Entdeckungsprozess. Es ist jedoch ungeheuer schwer, über diese Dinge zu reden, weil unsere Sprache dafür nicht geeignet ist. Wir müssen immer wieder auf Begriffe wie »Inneres« oder »Tiefes« zurückgreifen. Da reiben sich die Gegner des Spirituellen natürlich die Hände, wenn sie so etwas hören. »Banaler Quatsch!«, heißt es dann. Für jemanden, der schon einmal eine ähnliche Erfahrung gemacht hat, ist es aber alles andere als banal. Die beste Möglichkeit, solche Prozesse auszudrücken, ist für mich nach wie vor die Poesie. Das bedeutet nicht, das Unsagbare quasi in Poesie zu »kleiden« – das wird oft missverstanden. Poesie ist kein Zuckerguss, den man über irgendeine Idee gießt, sondern sie ist schon das Eigentliche, der einzig mögliche Ausdruck für das, was man sagen will.

Zu diesem Thema habe ich in Friedrich Weinrebs Buch »Kabbala als Lebensgefühl« ein Zitat gefunden, das mit meinen eigenen Gedanken in fast unheimlicher Weise übereinstimmt:

Die Kabbala beschäftigt sich mit der Frage unserer Herkunft, unseres Daseins und unserer Zukunft und baut deshalb ein Menschenbild und ein Weltbild auf. Kein Bild, das wir außerhalb von uns suchen müssen, sondern ein Bild in uns, also eine wahre Art Bildung, die uns eine Ahnung vom Woher geben kann. Davon lässt sich eigentlich nur auf dichterische Art erzählen, wie die Überlieferung auch eher eine besondere Weise der Dichtung ist als eine philosophische prosaische Beschreibung. Tatsächlich kann ja ein Gedicht in we-

nigen Versen sozusagen alles ausdrücken; man spürt dann, dass das ein Mensch ganz erlebt und durchlebt hat, weshalb es auch für uns jetzt Gegenwart ist und bleibt.

Als ich 2002 gefragt wurde, ob ich Pate sein möchte für einen Film über den obdachlosen Münchner Maler Gerhard Rossmann, brauchte ich nicht lange zu überlegen. Dieses Thema nahm mich jedoch auch persönlich sehr mit. Mich hatten nämlich nur ein fast schon unverschämtes Glück und die liebevolle Zuneigung einiger Mitmenschen vor einem ähnlichen Schicksal bewahrt. Dem Dichter Gerhard Rossmann wird der Satz zugeschrieben: »Alles muss gelebt sein.« Das erinnert mich doch stark an mein »Du musst dir alles geben« oder: »Genug war nie genug für mich, um alles zu erfahren, beschloss ich, vor der Hölle nicht zu fliehen.«

Eine der großen Täuschungen unseres Gesellschaftssystems besteht darin, anzunehmen, man könne sein Leben, seine Zukunft, ja sogar sein gesamtes Schicksal kontrollieren. Daraus resultiert eine Starrheit des Denkens, die es uns kaum mehr gestattet, mit Schicksalsschlägen so umzugehen, wie es angemessen wäre: daraus zu lernen und den Schmerz zum Anlass zu nehmen, festgefahrene starre Vorstellungsmuster ad acta zu legen, sich am Neuen zu gestalten, sich neu zu erfinden. Der Schmerz ist vielleicht die einzige Möglichkeit Gottes, auf sich aufmerksam zu machen, schreibt C. S. Lewis, der irische Dichter und Religionsphilosoph. Ich glaube, es ist nicht nur der Schmerz, den wir selbst empfinden, sondern auch der Schmerz der Anderen, der uns hinweisen sollte auf die Verkehrung der Werte, die uns so monströs gerade in der jüngsten Zeit vor Augen geführt wird.

Im Korintherbrief schreibt Paulus: »Von allen Seiten werden wir in die Enge getrieben und finden doch noch Raum; wir wissen weder aus noch ein und verzweifeln dennoch nicht; wir werden gehetzt und sind doch nicht verlassen; wir werden niedergestreckt und doch nicht vernichtet. Wohin wir auch kommen, immer tragen wir das Todesleiden Jesu an unserem Leib, damit auch das Leben Jesu an unserem Leib sichtbar wird.« Der Mystiker Johannes vom Kreuz nannte diese quälenden, jedoch spirituell oft fruchtbaren Übergangsstadien »Die dunkle Nacht der Seele«. Wenn man sich auf den Weg begibt, dann gerät man immer wieder in dunkle Nacht und in tiefe Verzweiflung. Und dann können solche Bibelstellen sehr helfen. Selbst das Gedemütigtwerden, so schmerzhaft es auch im Moment ist, hat sehr viel für sich. Man merkt dann wieder einmal, wie klein man im Grunde ist, und der Größenwahn, den man sich im Laufe der Zeit doch manchmal aufbaut – gerade als »Person des öffentlichen Lebens« – löst sich endlich wieder auf. Ich habe gelernt, wie angenehm es sein kann, wieder in der zweiten Reihe zu stehen, also zwar noch relativ bekannt zu sein, jedoch nicht permanent mit meinem Promi-Schädel die Titelseiten der Boulevardpresse zu zieren.

Während wir über die Steigerung unseres Wohlstands nachdenken, verhungern täglich 60 000 Menschen. Millionen von Kindern müssen sterben, weil wir nicht abzugeben bereit sind. Dennoch – es ist nur allzu verständlich – möchten auch wir fröhlich sein dürfen und getröstet leben. Manchmal kommt es mir vor, als würden wir schlafen und diese Realität, die uns umgibt, wie in einem Traum erleben. Und dann kommt ein Anstoß, der uns aufweckt. Es kann ein Leid sein, das man selbst erlebt oder im Freundeskreis mitfühlt. So etwas kann das gesamte Leben verändern, denn wer großes

Leid durchgemacht hat, denkt völlig anders. Der Schmerz ist zunächst nichts Negatives. Wir wissen ja alle, dass es notwendig ist, dass wir Schmerz empfinden, sonst würden wir permanent ins Feuer fassen und uns verbrennen. Wir brauchen Schmerzen. Trotzdem versuchen wir, solange es uns gut geht, ihre Existenz zu verdrängen. Wir müssen lernen, den Schmerz zu akzeptieren. Dem Christentum wird ja von vielen heute seine Fixierung auf das Kreuz vorgeworfen. Ich denke, indem wir das Leiden annehmen und zur Transformation nutzen, sind wir nahe an dem, was die Kirche, ohne es allerdings zu leben, als »Nachfolge Christi« bezeichnet. Es bedeutet nicht, dass man bewusst unnötiges Leid auf sich lädt, um Jesus ähnlich zu werden. Es bedeutet, das Leid nicht auszuklammern, wo es sich zeigen will und es – so schwer dies auch erscheinen mag – anzunehmen.

Ich habe mit dem Symbol des Kreuzes kein so großes Problem wie offenbar viele andere. Atheisten argumentieren gern, der sterbende Christus stünde der Lebensfreude entgegen. Ich verstehe dieses Symbol aber anders. Jesus am Kreuz meint die Kreuzigung einer bestimmten Bewusstseinsstufe, die dann nach dem Sterben in eine höhere hineinführt. Für mich ist dieses Symbol überhaupt nicht lebensfeindlich und nicht einmal lustfeindlich.

Je älter ich werde, desto mehr bemerke ich auch, dass der erste Lehrsatz Buddhas, »Das Leben ist Leid«, einfach stimmt. Leben ist Leid, seit der Geburt. Wenn man die Dinge in ihrer Veränderlichkeit, in ihrem andauernden Werden und Sterben, klar wahrnimmt, dann ist man eigentlich fast nur von Leiden umgeben. Man kann Erleichterung finden, wenn man durch Konzentrationsübungen seine Gedanken wenigstens durchschaut, sie also quasi von außen betrachtet. Man merkt dann, wie unsinnig es teilweise ist, was in ihnen vorgeht, und hört auf, sich voll und ganz mit ihnen zu identifizieren. Man kann sich um Leid nicht herumdrücken, man kann es nur durchwandern und im Prozess des Verstehens vielleicht etwas abmildern.

DER TOD LIEST KEINE STATISTIK

Es geht zu Ende. Seine großen Pläne
liegen vergilbt wie er auf Zimmer 3.
Aus stolzen Bäumen werden meistens Sägespäne.
Den Schwestern ist das ziemlich einerlei.

Sie wissen nichts von seinen Liebesdingen
und nichts von dem, was ihn durchs Leben trieb.
Zwar wollte ihm das eine oder andere gelingen,
doch nichts für immer, nichts was wirklich blieb.

Sie drehen ihn, sie waschen ihn, sie zieh'n ihn an.
Am Mittwoch darf er in den Park.
Er würde gerne in den blauen Frühling flieh'n.
Er ist zu schwach. Er war noch nie sehr stark.

Ein Leben eben, eines von Milliarden,
nicht schlecht, nicht gut, mit wenig Heiterkeit.
Natürlich war da Hoffnung, doch am Ende
fraß die sein großer Feind, die Zeit.

Bei Schwester Heike wagte er es zu lächeln.
Die streichelt manchmal zärtlich sein Gesicht.
Sonst ist es still um ihn. Keine Besuche.
Auch sein betuchter Sohn besucht ihn nicht.

Der hat zu tun, Verpflichtungen, Valuten,
er hat fürs Sterben aus Prinzip noch keine Zeit.
Dem Vater reichten schon ein paar Minuten,
dann wäre er vielleicht zum Geh'n bereit.

Sooft er auf die Tür starrt, sie bewegt sich
ausschließlich dienstlich, keine Freunde, nie.
Ist denn ein jeder Abgesang so glanzlos?
Er stirbt das erste Mal, er weiß nicht wie.

Wo sind sie alle, all die Saufkumpanen,
die einem ewig Kameradschaft schworen?
Wo die Geliebten, all die schönen Namen?
Über die Welt gestreut, verpufft, verloren ...

Es ist vorbei. Am schlimmsten ist, dass alles
im Nachhinein so kurz und flüchtig scheint.
Er hatte sich noch so viel vorgenommen,
so viele Tränen war'n noch nicht geweint.

Ach, wie viel Zeit vertan am Tresen,
mit Sprücheklopfen, witzig sein.
Der falsche Weg. In seine Seele
ließ er nicht mal sich selbst hinein.

Jetzt würd' er gern noch einmal in sich gehen
und stößt an Mauern, lässt betrübt
auch diese Hoffnung fahren, und muss sehen:
Er hat den Weg zu sich noch nie geübt.

Ich würd' gern sagen: Als er starb,
sah er am Ende eines Tunnels Licht.
Ob er dann endlich fand, was er nie suchte?
Zu hoffen wär´s. Mehr weiß ich leider nicht.

Ein Hospiz ist ein Ort, an dem man in Würde und so schmerzfrei wie möglich sterben kann. Ich habe oft darüber geschrieben, denn ich engagiere mich schon lange für die Hospizbewegung. Im November 2013 habe ich, zusammen mit meinem Freund Jo Barnikel, in Fulda in einem Hospiz gesungen, weil es den Menschen dort nicht mehr möglich ist, ins Konzert zu kommen. Meine Mutter durfte in München in einem Hospiz sterben, liebevoll betreut und gepflegt von den Ärzten und Pflegekräften, denen ich immer dankbar sein werde.

Ich bewundere Menschen, die nicht nur am eigenen Leid leiden, sondern anderen, denen das Schicksal übel mitgespielt hat, beizustehen versuchen. Interessant ist ja, dass in unserer Leistungsgesellschaft das Hilfeleisten immer an letzter Stelle der Leistungen kommt. Der Tod wird ausgeklammert aus unserem Leben. Wer sich mit dem Tod auseinandersetzt und sich der Vergänglichkeit allen Seins bewusst ist, der ist nicht mehr so leicht manipulierbar in dieser ausschließlich auf Gewinnmaximierung fixierten Gesellschaft. Er wird wie alle selbstbewusst denkenden Menschen überflüssig.

Ich habe im Hospiz viele bewundernswerte Schwestern und Brüder getroffen. Ich habe sie gefragt, warum sie hier arbeiteten. Sie könnten ja in einem anderen Krankenhaus viel mehr Geld verdienen. Die Antwort war: Die Pflegerinnen und Pfleger hätten nie auf das Erlebnis verzichten wollen, mit diesen Menschen kurz vor deren Tod zusammen zu sein. An diesem Arbeitsplatz ist man auch damit vertraut, dass es zu merkwürdigen Phänomenen kommt, zu unerklärlichen Geräuschen im Sterbezimmer zum Beispiel. Die Hospiz-Angestellten machen kein großes Aufheben darum. »Da sind eben noch Energien«, sagen sie. »Die bleiben manchmal noch tagelang, nachdem jemand gestorben ist.« Mich hat vor allem beeindruckt, dass diese Menschen aus solchen Erfahrungen kein großes religiöses Theoriegebäude zimmern, dass sie nicht herausposaunen: »Ah, es gibt also ein Leben nach dem Tod.« Die meisten sagten mir sinngemäß: »Wir machen diese Arbeit auch, weil wir uns mit dem Sterben beschäftigen und anfreunden wollen. Vielleicht kann das unsere eigene Angst vor dem Tod etwas mildern.«

In meiner eigenen Auseinandersetzung mit dem Tod habe ich drei Phasen durchwandert. In meinen frühen Liedern war er allgegenwärtig, ich habe regelrecht mit ihm kokettiert. Viele meiner Zeilen waren auf eine fast wienerisch anmutende Weise morbid. Man denke etwa an mein Lied »Lang mi ned o«, in dem ich am Ende dem Tod zu trotzen versuche. Das hatte etwas von der berühmten bayerischen Geschichte vom Brandner Kaspar an sich: der Mann, der den Tod beim Kartenspielen übers Ohr haut, der seinen Todeszeitpunkt also nicht einfach hinnehmen will. In meiner Jugend hatte der Gedanke an den Tod ja eine gewisse Süße. Das hat mit der wahnwitzigen Gewissheit des Jugendlichen zu tun, er werde ewig leben. Rational weiß er zwar, dass der Tod auch für ihn Realität sein wird, aber so richtig lässt er diesen Gedanken noch nicht an sich herankommen. Daher rührt diese spielerische Leichtigkeit junger Menschen im Umgang mit der eigenen Vergänglichkeit.

In der zweiten Phase bin ich dem Tod sehr nahe gekommen, ich hätte mich mit meinem Drogenkonsum ja fast selbst umgebracht. Das war dann nicht mehr lustig, und ich konnte es auch in keiner Weise mehr ästhetisch verbrämen. Es gab im

Drogenrausch Momente, in denen ich gesagt habe: Komm, süßer Tod, umfange mich! Das änderte sich aber sofort, als die Droge zu wirken aufhörte und ich keine neue mehr auftreiben konnte. In diesem Zustand durchlebt man ziemliche Härten, auch körperliche Attacken, Schmerzen und Gefühle von Verzweiflung. Ich habe ein bisschen was über das Sterben gelernt in dieser Zeit. Ich bin gleichsam viele kleine Tode gestorben, und mir war vermutlich bewusst, dass das nicht mehr lange hätte gut gehen können.

Die dritte Phase wurde geprägt vom Tod meines Vaters 2001 und dann auch meiner Mutter im Jahr 2006. Ich habe in dieser Zeit auch das wunderbare Buch von Tiziano Terzani gelesen: »Das Ende ist mein Anfang.« Was Terzani schreibt, ist wahr: Wenn die eigenen Eltern tot sind, rückt man nach. Man ist ja als nächster dran, und das spürt man unweigerlich, auch wenn es sich nicht jeder bewusst macht. Es verändert sich radikal etwas am eigenen Lebensgefühl. Vor allem, wenn man wie ich das Glück hatte, von seinen Eltern mit der größtmöglichen Liebe großgezogen zu werden. Steht man dann verwaist da, dann merkt man, dass einen wahrscheinlich nie wieder jemand in derselben unbedingten und vollständigen Weise lieben wird wie die eigenen Eltern. Ich merke das auch an der Art, wie ich meine Kinder liebe. Selbst wenn meine Kinder mir überhaupt nichts zurückgeben könnten, würde ich sie immer noch lieben.

Ich habe meine Mutter über fast eineinhalb Jahre bis in den Tod begleitet, habe ihren Schmerz miterlebt, das unsägliche Leiden, das ihre Krankheit bewirkt hat. Diese Erfahrung hat viel verändert in meiner Weltsicht. Jetzt bin ich in einer Phase, in der ich mich, so hoffe ich, noch bewusster dem Sterben und der Sterblichkeit überhaupt annähern möchte. Das geht nur mit Hilfe der Ars Moriendi, der Kunst des Sterbens. Und da sind wir wieder bei den Religionen. Vor allem der Buddhismus hat immer wieder gelehrt, dass wir uns schon als Lebende mit der Vergänglichkeit dieses Daseins vertraut machen sollen. Dass wir nichts festhalten sollen – so wie ein Fotograf geradezu verzweifelt versucht, einem Augenblick Ewigkeit zu verleihen. Dieses Loslassen ist etwas, das man erst mühsam erlernen muss. Es wird einem nicht geschenkt.

»Wenn mein Ende nicht mehr weit ist, ist der Anfang schon gemacht, weil's dann keine Kleinigkeit ist, ob die Zeit vertane Zeit ist, die man mit sich zugebracht.« Diese Zeilen gehören ja nicht zu meinen unbekanntesten, und sie sind mir jetzt, mit über 65 Jahren, bedrohlich nahe gerückt. Der Jüngling, der damals »Wenn der Sommer nicht mehr weit ist« schrieb, befand sich ja noch in einem komfortablen Abstand zum Tod. Jedenfalls unter normalen Umständen. Man betrügt sich ja selbst, wenn man sich zu sehr an die Statistik klammert. Für jemanden, der mit 35 stirbt, hat die Statistik, wonach ihm noch 40 Jahre zum Leben bleiben, offensichtlich nicht gestimmt. Und selbst für eine 85-Jährige – ich habe das ja an meiner Mutter gemerkt – kommt der Tod viel zu früh. Sie möchte natürlich noch 86 oder 90 werden.

Es hat also wenig Sinn zu sagen, ich trete jetzt statistisch in mein letztes Lebens-Fünftel ein und habe noch so und so viele Jahre zu leben. Man sollte lernen, so zu leben, als würde es einen schon morgen erwischen. Auch ich mache mir das nicht fortwährend bewusst, aber wenn ich – was ja in jeder Familie vorkommt – nach einem Streit aus dem Haus gehe, denke ich manchmal schon drei Minuten später: Eigentlich sollte ich jetzt zurückgehen und mich versöhnen. Ich stelle mir dann vor, was wäre, wenn ich nie mehr zurückkäme. Das letzte Bild, das man im Tod voneinander hätte, wäre ein wütendes oder trauriges Gesicht. Früher ist mir das noch öfter passiert, weil ich viel unbeherrschter war. Heute bemühe ich mich, mit den Menschen, auch wenn ich sie nur für kurze Zeit verlasse, immer vorher im Reinen zu sein.

Selbst beim Einschlafen ist es eigentlich klug, sich vor Augen zu halten, dass man vielleicht nie mehr aufwacht. Es kommt vor, dass Menschen mitten im Schlaf den Herztod erleiden. Man sollte eigentlich jede Stunde so leben, als könne es die letzte sein. Und damit meine ich nicht, dass man andauernd die Sau rauslässt, aus Angst, etwas zu versäumen. Dabei ist gerade mir die besagte Sau durchaus vertraut. Aber ich glaube, wenn ich wüsste, dass ich in 24 Stunden sterben müsste, wäre es nicht mein letzter Wunsch, noch mal fünf Bier zu nehmen, Sex zu haben oder Drogen zu nehmen. Mein größtes Bedürfnis wäre es wohl, mit mir selbst und mit einigen Menschen ins Reine zu kommen. Das sage ich jetzt als älterer Herr, aber ich würde denselben Rat auch jungen Menschen geben. Das Memento mori ist nichts, was das Leben überschattet oder eintrübt. Der Gedanke an die eigene Sterblichkeit macht es vielmehr noch intensiver.

Am Buddhismus gefällt mir unter anderem sehr gut, dass er sich aller Spekulationen über das Leben nach dem Tod enthält. Deshalb habe ich mein relativ neues Lied »Es geht zu Ende« auch mit einem Fragezeichen abgeschlossen: Ob es ein schönes, ein beseligendes Jenseits gibt? »Zu hoffen wär's. Mehr weiß ich leider nicht.« Als Agnostiker bekenne ich mich dazu, dass ich bestimmte Dinge nicht wissen kann. Wenn es aber um Hoffnungen geht, um Wünsche, dann möchte ich mir natürlich von zwei oder mehreren ungewissen Möglichkeiten die schönste aussuchen. Am schönsten wäre natürlich – um in einem christlichen Bild zu bleiben –, von Engeln liebend umfangen zu werden bei seinem Heimgang. Vielleicht wird einem das Reich, in das man hernach eingeht, ja aus jenen Ideen erbaut, die man als Lebender in die Welt gesetzt hat. Ich kann es nicht wissen, aber eines ist sicher: Ideen sind in jedem Fall haltbarer als unser Körper. Vielleicht wäre dies ein Grund, sie etwas ernster zu nehmen, als das derzeit geschieht.

Beim Älterwerden geht es zunächst darum, sich selbst, die eigenen Gedanken und Gefühle ganz ehrlich zu betrachten – ohne zu verdrängen, aber auch ohne zu moralisieren. Wenn man sich selber moralisch anschaut, endet das meist mit Selbstbetrug. Je nach dem moralischen Blickwinkel, den man einnimmt, muss man ja dann bestimmte Teile seiner selbst abspalten, sie verurteilen und geißeln. Das führt dann meist dazu, dass man sein eigenes Bild im Spiegel nicht mehr ertragen kann und den Spiegel lieber mit einem Tuch verhängt. Man verdrängt die Wahrheit, und das macht unfrei und unehrlich. Die große Kunst besteht also darin, sich zunächst einmal moralfrei anzuschauen. Nichts anderes bedeutet im Kern auch die »Kunst des Scheiterns«, die ich ja zum Titel eines meiner früheren Bücher erkoren hatte. Diese Kunst besteht zunächst einzig und allein darin, sich das Scheitern zuzugestehen.

Vielleicht gelingt mir das im Alter etwas besser als früher. Wenn man mich aber zu den sonstigen Vorzügen des Alterns befragt, muss ich ganz ehrlich sagen: Es gibt keine. Sowohl die körperlichen Veränderungen, die da vor sich gehen, als auch das rapide Schwinden der Restzeit sind einfach nur unangenehm und belastend. Es gibt einen schönen Aphorismus: »Die Erfahrung, die man im Alter gemacht hat, bräuchte man in der Jugend.« Das mag sein, aber in der Jugend hat man sie halt noch nicht gemacht, das ist der Haken an der Sache. Es gibt natürlich Gedanken, die einem helfen, das Alter besser zu ertragen. Dazu gehört die Einsicht in die Tatsache, dass unser Leben unablässiger Veränderung unterworfen ist. Nichts bleibt, und man kann nichts festhalten.

Wie die Gesellschaft derzeit mit Senioren umgeht, halte ich für einen großen Betrug. Zum Großteil wird ihnen nicht erklärt, wie sie altern und das Sterben erlernen können, das unweigerlich auf sie zukommt. Stattdessen werden sie verleitet, jünger wirken zu wollen, als sie es eigentlich sind. Und dieser Versuch muss natürlich fehlschlagen. Ein Sechzigjähriger, der mit einem Vierzigjährigen im Hinblick auf seine Jugendlichkeit konkurrieren will, verliert, da mag er sich auch enge Höschen anziehen und Bodybuilding betreiben. Die Vorzüge des Alters – so es die überhaupt gibt – liegen im geistigen Bereich, in der Entwicklung des Bewusstseins und garantiert nicht in der scheinbaren Verjüngung des Körpers, im Herumschnipseln an den immer unansehnlicher werdenden Gesichtszügen. Es ist richtig, sein faltiges Gesicht herzuzeigen und zu ihm zu stehen. Ein solches Gesicht als besonders schön zu bezeichnen, ist aber, so glaube ich, eine Selbsttäuschung. Es gibt in unserer Epoche eine ungeheuer stark ausgeprägte Überbewertung von Körperlichkeit und Gesundheit. Natürlich ist der Versuch legitim, sich gesund zu erhalten, so lange es geht. Man kann den Tod dadurch vielleicht sogar noch ein paar Jahre hinauszögern. Aber, wie Gottfried Benn so schön sagte: »Auch ein gesundes Leben führt zu einem kranken Tod.«

DER SCHATTEN DES KRIEGERS

Meistens will ich auch nicht sehen,
was an Höllen in mir ist,
und verteile auf die andern
als Gerechter meinen Mist.

Je älter und politisch bewusster ich werde, desto mehr befallen mich Zweifel an meinem Pazifismus. Damit keine Missverständnisse aufkommen: Nach grundsätzlichen Erwägungen bin ich nach wie vor Pazifist, sogar ein radikaler. Ich frage mich nur, ob ich diese Überzeugung unter allen Umständen in die Tat umsetzen könnte. Wäre ich zum Beispiel einem Angriff auf meine Person oder meine Familie ausgesetzt, wie würde ich reagieren? Oder nehmen wir an, ich lebte in Südamerika und müsste miterleben, wie mich einer dieser perfiden Konzerne versklavt und unterdrückt – würde ich wirklich niemals auf den Gedanken kommen, dass Pazifismus da unter diesen Umständen keine Lösung wäre? Ich will an dieser Stelle noch keine politische Begründung des Pazifismus geben – das tue ich an anderer Stelle –, ich will zunächst fragen, inwieweit ich selbst als Mensch pazifismusfähig bin. Hier muss ich bei ehrlicher Selbstbefragung Zweifel anmelden. Ich fürchte, mein Pazifismus ist auch ein Schutz vor mir selbst.

Ich trage ohne Zweifel viel Kriegerisches in mir, ich werde leicht aggressiv – und nicht nur beim Autofahren. Auch wegen meines – vielleicht schon übertriebenen – Gerechtigkeitsgefühls gehe ich schnell in die Luft. Die »Wut« im Titel meiner

CD »Wut und Zärtlichkeit« kommt also nicht von ungefähr. Alles, wogegen ich angekämpft habe, trage ich als Schatten auch in mir: als Keim oder als Gefährdung. Und wenn ich sage »alles«, dann meine ich alles. Ein für mich erschreckendes und einschneidendes Erlebnis hatte ich, als ich in Marcus O. Rosenmüllers Film »Wunderkinder« die Rolle eines SS-Mannes spielte. Schon ein paar Minuten, nachdem ich diese Uniform angezogen hatte, war ich ein ganz anderer Mensch. Ich hatte eine andere Körperhaltung, da die Uniform ja sehr straff sitzen muss. Das merkte ich schon beim Anschneidern. Sicher wird es bewusst so gehandhabt, damit an einem Soldaten nichts Lasches oder Nachlässiges mehr ist. Ich hatte auch eine andere innere Haltung und einen anderen Gesichtsausdruck. Während der Dreharbeiten habe ich mich mit Handy fotografieren lassen und diese Fotos an ein paar Freundinnen geschickt. Die waren recht entsetzt, eine hat aber gleich hinzugefügt: »Aber fesch schaust schon aus.« Die »Magie« der Uniform, sie wirkte auch auf mich. Es wurden Kräfte in mir geweckt, von denen ich nie gedacht hätte, dass sie überhaupt in mir vorhanden sind.

Man muss dazu wissen, dass mir der Antifaschismus schon vom Elternhaus in die Wiege gelegt wurde. Mein Vater hatte es wie gesagt geschafft, sich in der Hitlerzeit vom Militärdienst befreien zu lassen. Er ist nach drei Tagen aus der Kaserne geflohen, und als sie ihn wieder einfingen, hat er gesagt, er könne nicht anders, er habe Heimweh und sei unfähig, auf Menschen zu schießen. Der Oberst, dem er vorgeführt wurde, schaute ihn nur an und sagte: »Na, dann lassen Sie sich halt für verrückt erklären.« Mein Vater hatte großes Glück, auf diesen einen Mann zu treffen, der ihn nicht erschießen ließ. Wie ich schon erzählt habe, war mein Vater auch im persönlichen

Umgang sehr friedfertig. Meine Mutter ist auf alle Demonstrationen gegen Nazis gegangen. Sobald welche in München auftauchten, war sie in vorderster Linie dabei. Ich habe mir fast schon Sorgen um sie gemacht und sie gewarnt, sie könnte sich in Gefahr begeben – so Auge in Auge mit gewaltbereiten Faschisten. Aber meine Mutter ließ sich nicht abhalten: »Ha, ich bin eine alte Frau, ich hab die braune Brut am Marienplatz selbst noch erlebt, wir brauchen so etwas nicht noch mal!« Eine sehr tapfere, sehr streitbare Frau.

Man sieht also, vor welchem Hintergrund ich die Rolle in diesem bewegenden antifaschistischen Film angenommen habe. Dennoch: Ich war stinksauer, wenn mich während der Dreharbeiten einer der Statisten nicht mit »Heil Hitler« begrüßt hat. Natürlich bestand nie eine ernsthafte Gefahr, dass ich in meinem Alter noch zur rechten Szene umschwenke. Aber es war doch sehr erschreckend zu sehen, dass es wohl keine Torheit und keine Grausamkeit gibt, die man an anderen anprangert, die nicht auch in einem selbst schlummert und unter bestimmten Umständen vielleicht zum Ausbruch kommen könnte. In einer Szene musste ich mit bedrohlichem Gestus einen Apfel schälen und dabei zu einem Mädchen sagen: »Na, du kleines Judenkind.« Ich muss zugeben, dass mir das großen Spaß gemacht hat. Ich hatte eine diabolische Machtausstrahlung, und das schlimmste war: Ich hatte nicht das Gefühl, dass ich da überhaupt etwas spielen musste. Es war, als ob ich nur einen Hebel in mir umlegen musste, und dann tauchte der machtbewusste, absolut unbarmherzige SS-Mann in mir auf.

Freunde sagten mir, dass sie sich durchaus vorstellen könnten, vor meiner Stimme Angst zu bekommen. Es gibt ja Lieder, in denen ich mich auf sehr schauspielerische Weise in die Rolle des »Bösen« versetzt habe, etwa in »Haberfeldtreiben« oder »D'Zigeuner san kumma«. Ich habe ja auch ein ziemlich lautes Organ, und als meine Kinder noch klein waren, sind sie manchmal merklich zusammengezuckt, wenn ich in Rage kam. Ein Vater, und dann noch mit so einer lauten Stimme, kann eine ungeheure Macht haben. Ich habe mich nach einigen Vorfällen dieser Art sehr zusammengerissen, denn ich wollte ja nicht, dass meine Söhne Angst vor mir haben. Aber auch in meiner Zeit als Wirt im Café Giesing kam es vor, dass ich das ganze Lokal zusammengebrüllt habe. So eine Veranlagung kann sehr wohl eine Gefahr darstellen. Ich hatte aber wohl das Glück, dass ich einen Großteil meiner Aggressivität künstlerisch entladen konnte. Ich traktiere mein Instrument ja auf der Bühne oft sehr heftig, und auch stimmlich bin ich vehementer als die meisten meiner Liedermacherkollegen. So kann ich den Krieger in mir in der friedlichen Atmosphäre eines Konzerts ausleben – und dem Faschisten, diesem pervertierten Abbild eines Kriegers, kann ich in einem wunderbaren antifaschistischen Film auf den Grund gehen. Mit einer derartigen Zerrissenheit landen wahrscheinlich viele in der Psychiatrie.

Auf die Gefahr hin, womöglich noch mehr anzuecken als mit dem »SS-Mann«, muss ich an dieser Stelle auch gestehen, dass ich ganz am Anfang meiner Musikerkarriere für einige Monate als Aktienhändler gearbeitet habe. Ich selbst bin zwar mit der Gnade eines schlechten Gedächtnisses gesegnet. Mein alter Freund Günter Bauch hat diese Episode aber in seinem lesenswerten Erinnerungsbuch »Schläft ein Lied in allen Dingen« sehr anschaulich geschildert. Unter der Anleitung eines windigen Kleinunternehmers drehten wir den Leuten »Wertpapiere« an, die sich auf Grundbesitz irgendwo in der kanadischen Wildnis stützten. »Dass diese Schwindelatmosphäre in sich nicht stimmig war, dass alles, was mit Aktien, Börse, Spekulation zu tun hat, ein globales Lügengebäude bildet, dass man Geld aus Luft nur machen kann, wenn ein anderer hinters Licht geführt wird, merkten wir erst später. Einstweilen glaubten wir noch an unseren Job.«

Wie Günter sehr schön beschreibt, habe ich damals mit der mir eigenen glutvollen Überzeugungskraft das Falsche getan: »Wie einst im Versicherungsgeschäft, riss Konstantin die unsichtbaren Verhandlungspartner durch die eigene Hingerissenheit, die eigene Überzeugtheit hin. Er nahm sich den Kunden zur Brust, knöpfte ihn sich vor, kniete sich in ihn hinein. Dicht presste er die Sprechmuschel an den Mund – genau wie später auf der Bühne das Mikrophon – und pries die kanadischen Immobilien. Er sagte nichts anderes als wir – Urbanisation, Ferienparadies, die Aktie nagelneu und der Käufer ein Mann der ersten Stunde –, denn auch er hatte nur den dürftigen Prospekt. Aber wie anders klang es bei ihm, wie fantastisch interpretierte er ihn, wie poetisch erhöhte er die wenigen Angaben! Ich spürte, ohne es zu hören, wie die Willenskraft des Gesprächspartners erlahmte.«

Was man aus solchen Lebens-Ereignissen lernt, ist auf jeden Fall Toleranz. Man hört auf, jemanden, der Versicherungsvertreter ist, allein schon deswegen für einen Unmenschen zu halten. Man lernt vielmehr, dass jemand vielleicht Gründe haben kann, so zu sein, wie er ist, und dass er trotzdem mitunter seine menschlichen Qualitäten behält. Wer oft etwas Neues und – gemessen an den eigenen Wertvorstellungen – Unkorrektes wagt, lernt auf diese Weise, die Fehlerhaftigkeit des Menschen an sich selbst zu erkennen. Was haben wir davon, wenn wir uns beständig selbst (und jeder den anderen) deswegen verteufeln? Offenbar gehört diese Fehleranfälligkeit zu unserer Natur. Wer sie ein paarmal so erlebt hat, erwartet auch von anderen Menschen keine Vollkommenheit mehr. Auf meine eigene Weise war ich in der Regel bemüht, mich anständig zu verhalten. Aber es war mein eigener Anstand (oder das was ich dafür halte), den ich gesucht habe; ich weigerte mich immer, das zu übernehmen, was andere für anständig halten.

Was man normalerweise als Fehler bezeichnet, kann man auch Findungsprozesse nennen. Es wird ja niemanden überraschen, dass mir das eine oder andere Ereignis in meinem Leben im Nachhinein peinlich ist. Der Sänger sozialkritischer Lieder wie »Willy« und »Hexeneinmaleins« fuhr in den 70ern mit einem »Firebird«, mit einem Straßenkreuzer des US-amerikanischen Autokonzerns General Motors, vor dem Konzertsaal vor – ein Riesenschlitten, auf dem ein großer Adler aufgemalt war. Dann stieg er in einem bodenlangen Nerzmantel aus. Freilich war ich auch damals eher der Verschwender, der aus einer Laune heraus sein Geld so schnell wieder ausgab, wie es hereingeflossen war. Ich hatte nie eine Begabung für das »raffende Kapital«, habe nie Wertpapiere besessen, nie versucht, mir Geld, das ich nicht selbst erarbeitet hatte, mit Hilfe von Zins und Zinseszins anzueignen. Nicht unbedingt, weil ich ein guter Mensch bin, sondern eher, weil mich dergleichen überhaupt nicht interessiert. Ich liebe das Geld nicht und muss manchmal schmerzlich feststellen, dass das Geld mich deshalb auch nicht liebt. Vor ein paar Jahren habe ich in einem meiner Konzerte geäußert, in den Großbanken müssten wohl große Wecker-Fans sitzen, da sie das Motto »Genug ist nicht genug« so akribisch umgesetzt hätten. Dieser Liedtitel ist ja in der Tat recht vieldeutig. Für mich bedeutete er stets »Nicht genug Leben«, vielleicht auch »Nicht genug Mut und Engagement«. Wenn man dieses Motto allerdings aufs Geld überträgt, ist es gefährlich wie alles, was man ins rein Materielle ummünzt. Ich war immer eher erlebnisraffend. Das war es, wovon ich nie genug bekommen konnte.

Ich hatte in früheren Zeiten auch einen ausgeprägten Hang zum Gangstertum. Ich führe das unter anderem darauf zurück, dass ich in meiner Jugend die Vorstellung hatte, im Gangstermilieu, also in der nichtbürgerlichen Welt, könne ich meinen Traum von Anarchie leben. Als ich dann in meiner Jugend wegen Plünderung der Kasse bei einem Pferdewettunternehmen im Gefängnis landete und tatsächlich mit dieser nichtbürgerlichen Welt in Berührung kam, bemerkte ich allerdings, dass diese Typen zwar recht spannend waren, aber in ihrem Innersten auch große Spießer. Die wollten halt auf nichtlegale Weise zu einem Spießerleben kommen. Fasziniert war ich auch lange Zeit von Zuhältern. Auch der Nerzmantel hatte damit zu tun. Ich war ganz stolz, wenn mir jemand aus dem Milieu sagte: »Du schaust ja aus wie ein Zuhälter.«

Dabei interessierte mich nicht so sehr der Kontakt zu schönen Frauen, sondern tatsächlich das Zusammensein mit »starken Männern«. Diese Männer haben für mich eine Selbstverständlichkeit ausgestrahlt, die ich lange sehr bewundert habe. Das ganze Milieu hatte für mich offenbar etwas von »Räuberromantik«. Ich bewunderte bei den Zuhältern auch den verschwenderischen Umgang mit Geld. In meinem Roman »Uferlos« habe ich eine solche Szene beschrieben.

Ich war mit ein paar Zuhältern auf dem Oktoberfest gewesen, und als wir heim wollten, war kein Taxi zu finden. Dann fuhr jemand mit einem Auto vorbei, auf dem stand: »Zu verkaufen, 2500 Mark.« Da hielten die Zuhälter den Wagen einfach an und legten zusammen: jeder einen 500-Mark-Schein. Wir fuhren mit dem Wagen in eine Diskothek und ließen ihn dort einfach stehen. Vielleicht würde sich ein neoliberaler Banker heute genauso verhalten.

Ich nehme an, diese peinliche Vorliebe für Protzen und Prassen hatte auch mit meiner Jugend zu tun. Meine Eltern hatten nie sehr viel Geld. Freunde berichten, dass ich als junger Mann wohl öfters gesagt haben muss: »Ich komme irgendwann mal zu Geld, zu viel Geld!« Eigentlich wollte ich wie ein Rockstar leben, aber meine Liebe zur Poesie zog mich in eine ganz andere Richtung. Ich lebte eine lange Zeit im Widerspruch zu meinen Texten, und eben das beweist, dass ich diese Texte aus einer ganz anderen Quelle geschöpft haben dürfte. Die Person, die ich damals nach außen hin verkörperte, lebte in einer Rolle; in meinen schönsten Texten dagegen war ich ganz ich selbst. Das einzige, was man mir im Nachhinein noch zugute halten kann, ist meine Ehrlichkeit. Ich habe nie heimlich Geld angelegt oder ein protziges Auto vor der Öffentlichkeit versteckt. Ich habe mein Gegockel offen zelebriert und mich damit auch der berechtigten Kritik vieler Fans ausgesetzt.

Ich will natürlich meine eigene Ungenügsamkeit, meine Sehnsucht nach »mehr« nicht in Bausch und Bogen verdammen. Natürlich habe ich durch meine Sehnsucht nach Ekstase auch viel erfahren. Es spricht sich leichter, wenn man – was in meinem Fall nicht unbedingt selbstverständlich war – überlebt hat. Aber ich bereue dieses Leben nicht grundsätzlich, auch nicht die Tatsache, dass ich Drogen genommen habe. Ich bedauere, dass ich mich zum Schluss noch einmal wiederholt habe, dass ich einige schon gemachte Erfahrungen noch einmal aufwärmen musste, wodurch dann auch alles so erbärmlich geworden ist. Ich hätte früher mit den Drogen abschließen sollen, um in eine neue Phase meines Lebens eintreten zu können.

Und so komme ich letztendlich zu dem Schluss, es wäre besser gewesen, darauf zu verzichten, wenn man die Vorteile und die Nachteile abwägt. Aber sollte man das immer?

Noch vor einigen Jahren habe ich stolz und stur gesagt: Es war wichtig, dass ich Drogen genommen habe, denn ich habe dadurch viel gelernt und bin zu dem geworden, der ich jetzt bin. Dahinter steckt eine latente Überheblichkeit, die besagt, dass man sicher wisse, dass derjenige, der man gerade ist, die bestmögliche Version seiner selbst sei. Aber vielleicht wäre ich viel weiter, ginge es mir viel besser, wäre ich weiser und weniger getrieben, wenn ich statt eines Lebens mit Drogen ein anderes geführt hätte. Es war mir immer schon wichtig, solchen versteckten Überheblichkeiten auf die Schliche zu kommen. Im Alter wird das geradezu lebenswichtig. Im Alter bleibt einem nur die Möglichkeit, bescheiden zu werden. Sonst wird man ein aufgeblasener, rechthaberischer alter Mann, anstelle eines alten Narren. Diesen Status anzuvisieren habe ich mir allen Ernstes vorgenommen. Mal sehen, ob's was wird.

Jeder Mensch hat ein Gewissen. Man kann es wegtrinken, wegkoksen oder auf andere Weise verdrängen. Aber verschwunden ist es deshalb noch lange nicht. Wer sich einmal die Zeit nimmt, mit sich allein zu sein und in sich zu gehen, der spürt deutlich, dass er nach einer Zeit des übermäßigen Wohlstands ein schlechtes Gewissen haben müsste, allein schon deshalb, weil gleichzeitig auf der Welt Hunderttausende an Hunger sterben. Ich jedenfalls verspürte dieses schlechte Gewissen oft, denn ich lebte über weite Strecken sehr verschwenderisch – geradezu unverschämt verschwenderisch. Vielleicht wollte ich mein schlechtes Gewissen auch durch meinen immensen Konsum und durch Rauschmittel betäuben – um es dann im Endeffekt durch eben diese »Maßnahmen« immer aufs Neue zu belasten. Wenn es mir nicht gut ging, geriet ich in einen Kaufrausch. Zu Hause angekommen, hatte ich dann ein schales Gefühl und wollte die Waren am liebsten wieder zurückbringen. Das einzig Gute auch hier: Indem ich fast alles, was ich anderen hätte vorwerfen können, schon selbst durchlebt habe, bin ich toleranter geworden. Ich verstehe die Beschwerden, Süchte und Bösartigkeiten der Menschen.

Eine weitere Schattenseite von mir ist, dass ich im Auto ungeheuer aggressiv werden kann. Nicht in meinem Fahrverhalten zum Glück, aber in meiner Wortwahl. Ich schimpfe dann regelmäßig in den gröbsten Ausdrücken vor mich hin – natürlich auf Bayerisch, das geht am besten. Wenn meine Kinder mit mir fahren, sind sie manchmal völlig fertig: »Aber Papa, der hat dir doch gar nichts getan!« – »Ach, die blöde Sau soll da wegfahren!« Auch daran merke ich, was für ein großes Aggressionspotenzial in mir ist. Sicher gibt es da auch sanfte und vornehme Seiten, aber die sind alles andere als selbstverständlich, sie müssen hart erarbeitet werden. Hannes Wader hat einmal etwas gesagt, das mich unheimlich beeindruckt hat: »Ich bin Rassist.« Nachdem sich meine Verwunderung über diesen Satz gelegt hatte, fügte er hinzu: »Ich muss jeden Tag aufs Neue an mir arbeiten, um diesen Rassismus zu bekämpfen.« Es ist großartig, dass er das gesagt hat, denn es zeigt, dass Hannes Wader damit eine zutiefst irritierende Wahrheit einzugestehen vermag.

Ich erzähle auch manchmal Witze, die alles andere als korrekt sind. Ich finde, man muss sich das zugestehen dürfen, gerade unter Freunden. Es ist ungeheuer befreiend und schafft einen Ausgleich, da man doch sonst in der Öffentlichkeit immer sehr kontrolliert reden muss. Man muss auch einmal aus dieser politischen Correctness ausbrechen, die ja auch wieder eine Ideologie ist. Wichtig ist natürlich, dass man berücksichtigt, mit wem man spricht. Als junger Mann gehörte die Redewendung »Bis zur Vergasung« zu meinem Sprachschatz. Bis mich einmal ein freundlicher älterer Herr darauf aufmerksam machte: »Aber Herr Wecker, wissen Sie denn, woher dieser Ausdruck kommt?« Er stammte natürlich aus der Nazizeit. Daraufhin habe ich ihn mir konsequent aberzogen. Man kann sich aber auch andere Dinge abgewöhnen, einfach aus Zärtlichkeit den anderen Menschen gegenüber, die man nicht verletzen möchte.

Ich bin natürlich mir selbst und anderen gegenüber auch deshalb etwas großzügiger, weil ich während meiner Kindheit und Jugend von meinen Eltern immer aufgefangen wurde, wenn ich Mist gebaut hatte. Als ich das erste Mal wegen Diebstahls im Gefängnis war, habe ich meinen Eltern damit ja ungeheuer wehgetan. Erst jetzt, da ich selber Vater bin, kann ich mir so richtig vorstellen, wie schrecklich das gewesen sein muss. Ich erinnere mich noch gut an den ersten Besuch meiner Eltern bei mir im Gefängnis, damals, als ich das Geld im Wettbüro gestohlen hatte. Meine Mutter sagte: »Ach Bub, was hast du uns denn angetan!?« Sie weinte. Es war eine sehr typische und durchaus verständliche Reaktion für sie. Mein Vater aber drückte sie sacht zur Seite und sagte: »Konstantin, ich hab dir doch schon früher immer gesagt, zwischen Künstler und Verbrecher ist nur ein kleiner Unterschied. Wie es aussieht, taugst du nicht zum Verbrecher.« Es gibt vielleicht fünf, sechs Sätze meines Vaters, die sich mir tief eingeprägt haben und die mir im weiteren Leben eine enorme Hilfe waren. Dieser gehört sicher dazu.

Einen anderen solchen Satz sagte mein Vater, nachdem ich auf dem Oktoberfest angepöbelt worden war. Ich hatte damals intensiv Bodybuilding betrieben, fühlte mich ganz schön kräftig und ungeheuer gut aussehend, und vielleicht dachte der andere deshalb, ich sei ein Schlägertyp. Tatsächlich war ich aber völlig ungeübt in körperlichen Kämpfen. Abgesehen von ein paar Schulhof-Raufereien kannte ich so etwas überhaupt nicht. Als mich dieser Typ also auf der Wies'n anpöbelte, habe ich förmlich gerochen, dass ich gegen ihn keine Chance gehabt hätte – und bin abgehauen. Ich kam heim zu meinem Vater und sagte zu ihm: »Vater, ich schäme mich so, weil ich einfach abgehauen bin. Ich komme mir so feig vor. Der war auch noch kleiner als ich, vielleicht wäre ich doch stärker gewesen.« Darauf sagte mein Vater: »Konstantin, wenn du jetzt im Dschungel gewesen wärst und wärst einem Tiger entkommen, dann hättest du mir das sicher ganz stolz erzählt. Es gibt Menschen, die sind Tiger, und andere sind Ameisen oder Schafe. Sei froh und glücklich, dass du intelligent genug warst, vor einem Tiger davonzulaufen.« Ich habe diese Belehrung nie vergessen.

Natürlich hat es auch Nachteile, in einem derart guten Elternhaus aufwachsen zu können. Wenn man in das Alter kommt, in dem man gerne rebelliert, weiß man gar nicht, wogegen man aufbegehren soll. Nicht einmal in puncto Spießigkeit boten mir meine Eltern irgendeine Angriffsfläche. Das Spießertum, über das ich mich in meinen Liedern immer lustig gemacht habe – zum Beispiel in »Stilles Glück und trautes Heim« –, war eher mein eigenes. Gerade in meiner »wilden« Phase hatte ich eine tiefe Sehnsucht in mir nach einem geregelten, gut bürgerlichen Leben. Ich beneidete alle, die einmal pro Woche zu ihrem Stammtisch oder in ihren Turnverein gegangen sind – Menschen, die vielleicht umgekehrt mich beneidet haben wegen meines freien Lebens.

NUR DIE SICH MISSTRAUEN, BRAUCHEN NORMEN ZUM SEIN

Endlich bist du wieder unten,
wieder mitten im Geschehn.
Hast dich plötzlich losgebunden,
um als Mensch zu überstehn.

Wieder barfuß auf dem Boden,
wieder dort, wo uns die Welt,
losgelöst von Muss und Moden,
ansatzweis zusammenhält.

Und jetzt liegt da dieser Zettel
zwischen deinen Wertpapiern:
Heute nehm ich mir das Leben,
um es nie mehr zu verliern.

Kann auch ohne eure Titel
und Verträge überstehn.
Hab die Schnauze voll von Zielen,
will mich erst mal suchen gehn.

Nur die sich misstrauen,
brauchen Normen zum Sein
und verteilen als Schuld,
was sie sich nicht verzeihn.

Doch wie immer sie dich
auch schuldig schrein,

nur du hast das Recht,
dein Richter zu sein.

Endlich stehst du zu den Bieren,
die man nur im Stehen trinkt,
siehst, wie glücklich ein Verlierer
ohne Kampf nach oben sinkt.

Suchst dir fünf Uhr früh am Bahnhof
einen Freund für einen Tag.
Ganz egal, was er dir gibt,
wenn er sich selbst nur etwas mag.

Und dann rinnt dir, weil du zitterst,
ein Glas Wein übers Gesicht,
fällst vom Stuhl und blickst nach oben
und entdeckst ein Stückchen Licht.

Dir verschwimmen Hirn und Sinne,
schwankst aufs Klo, schließt nicht mal zu,
überläßt dich deinem Dasein
und bist endlich wieder du.

MAN MUSS ZUERST EIN EGO HABEN, um es dann verlieren zu können. Manche spirituelle Schulen tun den zweiten Schritt vor dem ersten und fordern pauschal, das Ego abzutöten. Ich halte das für bedenklich. Bekanntlich war mein Ego als Jugendlicher sehr stark, gar »heilig«. Jetzt, wo ich um einiges älter geworden bin, hat das etwas nachgelassen, schon weil einem unweigerlich die eigene Sterblichkeit bewusst wird. Ein normaler junger Mensch hält sich ja für unsterblich, sonst stimmt was nicht mit ihm. Es ist das unverbriefte Vorrecht der Jugend zu sagen: »Es geht nur um mich, und Recht habe nur ich.« Vielleicht besteht darin auch ein notwendiger Schutz, weil die eigene Persönlichkeit noch ungefestigt ist und alles, was von außen an Informationen und Suggestionen auf einen eindringt, die eigenständige Entwicklung zu stören vermag. Für mich als Künstler war der Geniekult, das Gefühl, mit allem Recht zu haben, mit Sicherheit ein Schutz. Ich hatte ein paar extrem bewunderte Vorbilder, Göttinnen und Götter, aber hätte ich alle, die ich mittlerweile bewundere und verehre, schon als junger Mann verehrt, ich glaube, ich hätte mich nicht getraut, noch irgendetwas zu schreiben. Mit der Zeit wandelt sich dann die Perspektive. Man spürt, dass man dem Leben noch einen anderen Sinn geben muss, als hemmungslos sein Ego auszuleben.

Für mich trat die Wende im Gefängnisjahr 1995 ein. Ich hatte damals ein beinahe mystisches Erlebnis. Plötzlich traten mir meine eigenen Handlungsweisen auf eine ungeheuer intensive und plastische Weise vor Augen, und zwar so, dass ich sie aus der Perspektive jener Menschen, die ich durch mein Verhalten verletzt hatte, anschauen konnte. Normalerweise neigt man ja dazu, das eigene Handeln zu beschönigen, oder man sucht nach zig Rechtfertigungen. Hat man beispielsweise Streit mit einer Freundin gehabt, rennt man am liebsten gleich zu einem Freund, der einem bestätigen soll, dass man eindeutig im Recht gewesen war. Eigentlich ahnt man schon, dass etwas nicht stimmen kann, wenn in so vielen Fällen nur eine einzige Person, nämlich man selber, Recht hat. Denn würde man so dringend so viele Verbündete benötigen, wenn man seiner selbst so sicher wäre?

Einige religiöse Traditionen sagen ja, dass man unmittelbar vor seinem Tod die entscheidenden Situationen seines Lebens noch einmal durchmacht. In einigen Berichten über Nahtoderlebnisse ist auch davon die Rede, dass dies aus einer objektiveren Perspektive geschehen kann. Es wäre hilfreich, wenn das möglichst vielen Menschen viel früher passieren würde, damit sie in ihrem Leben aufräumen und mit anderen ins Reine kommen können, bevor es zu spät ist. Das zu erleben, ist nämlich tatsächlich sehr unangenehm. Man schlüpft gleichsam in ein anderes Bewusstsein hinein und erlebt sich in einer Weise, wie man nie gedacht hatte, sich erleben zu müssen. Ich habe damals im Gefängnis wie in einem sehr lebendigen 3-D-Film und mit allen Sinnen Szenen wiedererlebt, in denen ich andere Menschen schlecht behandelt habe. Es waren oft Konflikte, bei denen ich sicher gewesen war, im Recht zu sein. Ich habe gespürt, wie viel Angst ich Menschen, die mich geliebt haben, mit der vehementen Art meines Auftretens eingejagt habe. Ich habe gemerkt, wie sehr ich diese Menschen verletzt habe. Es war mir unmöglich, diesem Eindruck zu entkommen, denn ich *war* in diesem Moment der andere.

Diese Erfahrung hat mein Leben verändert. Es hat meine ganze Selbstherrlichkeit zu Fall gebracht. Na ja, wenigstens in diesem Fall. Seitdem weiß ich, dass bei einem Streit selten nur einer Recht hat. Freilich ist es schwierig, zum Beispiel einem Neonazi zuzugestehen, dass er teilweise richtig liegt. Dazu ist seine Ideologie zu unmenschlich, auch historisch zu falsch.

Aber wenn man bereit ist, in seine Geschichte einzutauchen, wird man auch ihn zu verstehen lernen. Was nicht heißt, dass man seine Weltanschauung deswegen billigen muss.

Von extremen Beispielen abgesehen, versuche ich immer, einem anderen Menschen zuzubilligen, dass er aus seiner Erfahrungswelt heraus argumentiert und damit vielleicht auch einen Fetzen Wahrheit erhaschen kann. Ich jedenfalls habe aus dieser Gefängnis-Erfahrung eine enorme Kraft bezogen. Ich zögere nicht, von einem spirituellen Erlebnis zu reden, von einer sehr wichtigen Art der Selbstbegegnung.

Wer so unmoralisch lebt wie ich, muss natürlich ein paar starke moralische Prinzipien haben. Es gibt ein paar, die mich mein ganzes Leben lang gestützt haben: zum Beispiel wahrhaftig zu bleiben in dem, was ich künstlerisch produziere. Ich hätte eher meinen Körper verkauft, als eine einzige Textzeile von mir zu verraten. Während meiner »Karriere« als Sexfilmstarlett hab ich das ja auch mehr oder weniger getan. Wer sich nicht auf Gesetzestafeln verlässt – oder auf moralische Instanzen wie Staat oder Kirche – , steht natürlich vor der Aufgabe, jeden Tag aufs Neue selbst herausfinden zu müssen, was richtig ist und was falsch. Gleichzeitig bin ich nicht der Typ, der sich bei jeder seiner Handlungen vorher genau überlegt, ob er auch so handeln »darf«. Ich bin oft ins kalte Wasser gesprungen oder habe vollendete Tatsachen geschaffen, bis mir dann mein Gegenüber signalisierte, dass ich eine Grenze überschritten hatte.

In Kneipen, wenn ich heimgehen wollte, bin ich zum Beispiel oft einfach aufgestanden und habe gesagt: »So, jetzt gehen wir.« Meistens sind mir die Menschen, mit denen ich da war, dann gefolgt. Dabei wäre ich nicht beleidigt gewesen, wenn jemand gesagt hätte: »Nein, ich bleibe lieber noch.« Wenn man aber daran gewöhnt ist, die Führung zu übernehmen, und wenn andere einen darin bestärken, wird es mit der

Zeit immer schwerer zu spüren, dass da vielleicht ein scheuer Mensch sitzt, der sich unwohl fühlt oder schlicht Angst davor hat, mir zu widersprechen. Vielleicht ist das meine Art herauszubekommen, wo es Grenzen gibt, vielleicht sogar eine Art »Unverschämtheit«. Ich weigerte mich, wegen Verhaltensweisen verschämt zu sein, die andere sich nicht zugestanden hätten. Nun, wichtig ist für mich geworden, andere Menschen nicht zu verletzen, und diese Erkenntnis ist vielleicht sogar eine der wichtigsten Einsichten, zu der mir auch diese Gefängnis-Erfahrung verholfen hat.

Ich schreibe über das, was in mir brennt. Ich kann wohl Verantwortung für die literarische, nicht aber für die moralische Qualität meiner Texte übernehmen. Mit der Moral lebte ich die meiste Zeit auf Kriegsfuß. Moral muss man als Wahrheit von innen erfahren. Es wäre falsch, daraus eine Lehre zu machen, die für andere verbindlich ist. Lyrik steht für sich selbst und spiegelt wider, was man für sich selbst erfahren hat. Auch politische Lyrik ist in diesem Sinn noch Lyrik, also Erfahrenes, das ich weitergeben möchte, kein Credo weltanschaulicher Rechtgläubigkeit, das zum Denkgefängnis werden kann. Ich möchte ungern Verantwortung für die Wirkung meiner Kunst übernehmen, denn das Geschriebene zielt ja gerade darauf ab, dass der Hörer, der Leser die Verantwortlichkeit bei sich selbst entdeckt.

Das schließt aus, dass ich mich daran ergötzen würde, wenn Fans meine Lebensweise kopieren. Wenn es eine »Botschaft« bei mir gab, dann lautete sie immer: »Folge nicht mir, folge dir!« Sich selbst, so wie man ist, annehmen zu können – in seiner ganzen Brüchigkeit und Versehrtheit – und dann den Weg zu gehen, zu dem einen die ureigensten Impulse drängen, dazu möchte ich Menschen ermutigen. Dies ist vielleicht auch der fundamentale Unterschied zwischen Literatur und Popkultur. Der Popkünstler will ja erreichen, dass sich Konsumenten so anziehen wie er, so aussehen wie er und denselben Hobbys frönen. Mir würde dergleichen lächerlich erscheinen. Wer Wecker verstanden hat, wird nicht versuchen, wie Wecker zu sein. Das ist auch sicher gesünder für ihn.

Früher habe ich bei Interviews gern gesagt: »Ich bereue nichts, weil ich durch alles, was ich erlebt habe, zu dem geworden bin, der ich jetzt bin.« Heute sehe ich das ein bisschen anders. Doch, ich bereue. Ich würde vieles heute anders machen. Was ich bereue, sind oft Verhaltensweisen, in denen ich eine Möglichkeit zerstört habe, Liebe entstehen zu lassen – zum Beispiel durch Schroffheit und lieblose Worte. Ich war oft oberflächlich, ich hoffe nicht in meiner Kunst, aber in meiner Lebensführung. Ich war streitsüchtig, rechthaberisch und eitel. Aber ich bin froh, dass ich selbst zu dieser Erkenntnis gelangt bin, auch wenn ich jetzt nicht frei von all diesen Torheiten bin, und dass ich meine Fehler nicht erst durch Vergleich mit dem Sündenkatalog eines Beichtspiegels entdeckt habe. Wenn es einen Sinn im Leben gibt, dann vermutlich den, durch Fehler und daraus resultierende Erkenntnisse weiterzukommen. Vielleicht können diese Erkenntnisse dann auch für andere hilfreich sein – sei es direkt, indem Menschen meine Lieder und meine Äußerungen aufnehmen, oder indirekt, weil auf geheimnisvolle Weise alles mit allem verbunden ist.

Vielleicht aber gibt es auch keinen für uns erkennbaren Sinn. Und das Leben ist, um es mit Camus zu sagen, absurd. Dieser wunderbare Denker Camus, den Iris Radisch in ihrer atemberaubend klugen Biographie einen religiösen Atheisten nennt, dessen Kirche die Literatur und dessen Liturgie das Paradox ist, dieser Albert Camus hat den denkwürdigen Satz geschrieben: »Von der größten Hoffnungslosigkeit soll man nicht erlöst werden, denn sie selbst ist die Hoffnung.«

WER SICH FÜGT, DER LÜGT

Noch kriegt ihr mich nicht dran,
es gibt noch viel zuviel zu tun.
Auf diesem Lorbeer, der erstickt
und träge macht, will ich nicht ruhn.

Mich lockt das Ungetane. Und
zum Sterben bleibt noch soviel Zeit.
Die Sattheit, die man uns verspricht,
bezahln wir nur mit Einsamkeit.

Da ist ein Himmel, und der will
schon lange eingenommen sein.
An diesem Höhenflug der Lust
muss ich doch auch beteiligt sein.

Ich weiß, ihr hättet mich sehr gerne
redlich, reif und situiert.
Lasst euren Käse reifen.
Ich bleib lieber weiter unkastriert.

Ich steh doch immer wieder auf,
auch wenn bis jetzt noch vieles mies war.
Ab heute wird nichts mehr versäumt:
Wer nicht genießt, ist ungenießbar.

Ich will die Feigheit brennen sehn.
Man muss sich wehrn, solang man kann.
Denn wer sich fügt, der fängt bereits
ganz insgeheim zu lügen an.

Die Herren pokern. Ihre Welt
friert unsre Herzen langsam ein.
Jetzt kann nur noch die Fantasie
die Sterbenden vom Eis befrein.

Es kann nicht gut sein, wenn man friert.
Jetzt muss was Warmes, Weiches her.
Die kalte Last der Sittsamkeit
wird mir schon lange viel zu schwer.

Ich steh doch immer wieder auf,
auch wenn bis jetzt noch vieles mies war.
Ab heute wird nichts mehr versäumt:
Wer nicht genießt, ist ungenießbar.

Wenn man meine politische Sozialisation betrachtet, so habe ich mit zwölf, dreizehn Jahren als Anarchist angefangen, um den Grad meiner Unangepasstheit danach schrittweise zu steigern. Ich hatte die Anarchie ganz instinktiv ergriffen, ohne damals überhaupt genau zu wissen, worum es dabei ging. Eine Welt ohne Herrschaft, ohne Herrscher, ohne Nazilehrer, ohne rote Ampeln, ohne Schulpflicht, am liebsten eine Welt ohne Winter im Beipack – ja ich habe da einiges vermengt, was mir wichtig war und was ich als »Anarchist« zu ändern hoffte. Als ich anfing, politisch zu denken, gab es die Studentenbewegung noch nicht, auch die politischen Demonstrationen in den Schulen begannen erst Jahre später. Wichtig waren im Nachhinein betrachtet nicht so sehr die Inhalte meiner anarchistischen Überzeugungen (die waren damals noch sehr unausgereift) als vielmehr meine Entschlossenheit, die Außenseiterrolle zu ergreifen. Mit meinen politischen Ansichten eckte ich nämlich nicht nur bei den Lehrern, sondern auch bei vielen Mitschülern an. Später, als ich schon über zwanzig war, befasste ich mich dann auch mit marxistischer Theorie, ging auch auf ein paar Demos, jedoch nie besonders eifrig und schon gar nicht in dem Ausmaß, wie es ideologisch geschulte Studenten damals taten.

Einer meiner ersten politischen Lehrer war Erich Fromm, den ich sehr geliebt habe. Auch Bücher wie: »Der Tod der Familie« von Alice Cooper – nein, nicht der Sänger – fand ich sehr spannend, es war charakteristisch für die Tabufreiheit jener Zeit. Aber eigentlich schnupperte ich recht unsystematisch in allerlei Lektüre hinein, die man damals in den Studentenkreisen so las und weiterreichte – neben meiner Belletristik und Poesie natürlich. Schon wegen meiner »schöngeistigen« bourgeoisen Interessen war ich nicht der typische linke Student, wie manche wegen meines späteren politischen Engagements vielleicht meinen könnten. Für mich war es schon damals wichtiger, mich nonkonform zum Mainstream zu verhalten als konform zu einer noch so rebellischen Weltanschauung. Auch wenn das oft schmerzhaft war.

Meine frühen politischen Lieder haben das öffentliche Bild von mir ja stärker geprägt als fast alles, was danach kam: »Frieden im Land«, »Der alte Kaiser«, »Hexeneinmaleins« und vor allem »Willy«. Alle diese Lieder waren aber nicht die Frucht einer allzu großen politischen Informiertheit, sie entsprangen eher einem Gespür für Gerechtigkeit. Ausschlaggebend war auch hierfür mein antifaschistisches Elternhaus, das mich ermutigte, gegen jede Art von Unterdrückung und Unrecht in Opposition zu gehen. Das Image, das mir aufgrund von nur relativ wenigen Liedern verpasst wurde, engte mich dermaßen ein, dass ich mich genötigt sah, gegen mein Rebellenimage zu rebellieren. Ich hatte in den 70ern ein Programm, das mit dem Satz begann: »Ich bin's nicht. Ich bin auf keinen Fall der oder das, was Sie erwartet haben.« Gemeint war: Ich kann all das, was ihr in mir seht, keinesfalls erfüllen. Lasst mich doch bitte frei bleiben, immer im Fluss, immer anders. Erlaubt mir, mich immer neu zu erfinden. Es ist schrecklich, immer der zu sein, der erwartet wird.

Ich will in diesem Zusammenhang auch einmal von der Entstehung meines berühmten »Willy« erzählen, auch deshalb, weil ich sehr oft danach gefragt werde. Das Lied ist während einer Probe entstanden. Im Nebenraum stand ein Klavier, und ich ging in der Pause hinüber, um ein bisschen zu improvisieren. Mir war schon ein halbes Jahr lang diese Zeile im Kopf herum gegangen: »Gestern ham's an Willy derschlag'n«. Ich wusste überhaupt noch nicht, was für eine Art von Lied daraus werden sollte. Es hätte durchaus auch ein lustiges werden können, eine Kabarettnummer. Ich setzte mich also hin, und nach einer Viertelstunde war das Lied fertig. Ich spielte es dann meinen Musikern vor und nahm es zunächst noch gar nicht so ernst. Ich habe noch abgewiegelt: »Es ist eigentlich noch gar nicht fertig, die Klavierbegleitung ist improvisiert, und auch am Text müsste man noch viel arbeiten.«

Beim Spiel merkte ich aber, wie die Musiker immer stummer wurden. Und genauso wie ich das Lied beim ersten Mal vorgetragen habe, ist es dann geblieben. Erst durch die Erschütterung der anderen bin ich überhaupt auf die Idee gekommen, dass mir da ein eindrucksvolles, die Menschen berührendes Lied gelungen sein könnte. Lange wollte ich es nicht einmal auf meiner LP »Genug ist nicht genug« veröffentlichen. Ich sagte zu meinem Produzenten: »Wen interessiert denn so was? Es ist doch nur eine private Geschichte von mir und einem Freund.« Der Produzent und meine Kollegen mussten mich quasi dazu zwingen, es auf Platte einzuspielen.

Und nun lasse ich hier auch einmal die Katze aus dem Sack, was die Person des Willy betrifft. Er ist sicherlich eine Mischung aus zwei Personen in mir selbst (auch hier wieder die eingangs erwähnte Dichotomie): dem ängstlichen und zaudernden Konstantin und dem wagemutigen, zu Wutausbrüchen neigenden. Inspiriert allerdings ist dieser Willy durch die Person meines Freundes Günter, mit dem ich die meiste Zeit damals verbracht habe. Wir haben zusammen in diversen WGs gewohnt, und bei einem unserer Streifzüge durch das nächtliche Schwabing, das damalige Künstlerviertel Münchens, wurde er von ein paar rechtsradikalen Schlägern festgehalten und an der Wange mit einem Rasiermesser aufgeschlitzt. Ich konnte mich durch einen Sprung in ein Straßencafé retten, er aber blieb, trotzig und mutig, stehen und stellte sich der Übermacht, wie ich nachher erfahren hatte. Der Tod des Willy ist eine poetische Überhöhung des Geschehens, aber jede Zeile in diesem Lied ist in diesen Jahren intensiv gelebt und erlebt worden.

Ich empfand mich ja damals in keiner Weise als »Missionar« oder politischer Prediger. Meine Haltung war sogar: Erwartet bitte nicht von mir, dass ich Verantwortung dafür übernehme, was meine Lieder auslösen. Ich setze sie in die Welt, ich singe sie, aber was Ihr daraus macht, ist Eure Sache. Vor allem meinem Hedonismus wollte ich damals durch eine wie auch immer geartete Verantwortlichkeit keine Schranken auferlegen. Heute sehe ich das ein bisschen anders. Ich habe schon das Gefühl, dass ich meinem Publikum gegenüber eine Verantwortung trage. Viele der Zuhörer und Konzertbesucher lieben meine Werke ja schon sehr lange und sind geneigt, viel von mir anzunehmen – auch weltanschaulich. Wozu ich aber nicht bereit bin, ist der Mehrheit quasi nach dem Mund zu singen – nicht mal der Mehrheit meiner Fans. In diesem Sinn gilt immer noch die Zeile: »Ich singe, weil ich ein Lied hab, *nicht weil es euch gefällt.*«

Ich wurde ja schon sehr früh aus den eigenen Reihen angefeindet, weil ich mich weigerte, mich zu wiederholen, also Erwartungen zu erfüllen, die ich teilweise selbst mit meinen Liedern geweckt hatte. Insbesondere galt das für den »Willy«. Bald darauf habe ich die LP »Liebesflug« produziert, sehr poetische Lieder, in denen Politik nur am Rande vorkam. Gerade die linken Kritiker, von denen man ja annehmen müsste, dass sie mir sehr nahe standen, haben mich dafür in der Luft zerrissen. Man warf mir »Innerlichkeit« vor, so als sei es ein Qualitätsmerkmal, äußerliche Lieder zu schreiben. Ich reagierte darauf mit einem gesunden Trotz. »Ihr könnt mich gern haben, vielleicht bin ich für euch der Sänger des ›Willy‹, aber jetzt bin ich eben der Sänger von ›Liebesflug‹.« Dennoch haben mich die Verrisse natürlich geschmerzt. Erst viele Jahre später habe ich in einer Kritik so eine Art Ehrenrettung erlebt. Der Journalist schrieb sinngemäß, dass ich damals schon einen Trend vorweggenommen hätte: die Hinwendung zur Innerlichkeit eben, die damals noch nicht einmal in der Luft gelegen hatte.

Ich habe mich stilistisch und inhaltlich sehr oft umorientiert, ganz bewusst, denn ich wollte meine Programme ja auch für mich selbst spannend gestalten. Aus demselben Grund wird man von mir auch nie ein Lied auf gleiche Weise interpretiert hören wie am Konzerttag zuvor. Ich liebe es, mich in immer neueren musikalischen Varianten zu verlieren, manchmal stellt dies zweifellos auch nicht unbedingt eine Verbesserung dar. Aber die Konzertabende müssen lebendig bleiben, sonst öden sie mich an. Und mein Publikum vermutlich auch, obwohl ich schon manchmal hören musste, ich solle das Lied doch gefälligst so spielen, wie es auf der CD zu hören ist. Darauf kann ich nur antworten, dass ich keine Ahnung mehr habe, wie ich den Song damals eingespielt habe. Und ich höre mir auch meine eigenen Schallplatten und CDs später nicht mehr an. Sicher, kurz nach der Aufnahme eines neuen Albums erfreue ich mich noch ein paar Wochen daran. Meistens aber ärgere ich mich, denn man müsste jedes Album eigentlich erst aufnehmen, wenn man die Lieder ein Jahr lang live gespielt hat. Aber da geht es wohl allen Musikern nicht viel anders.

Schon mein Lied »Wenn der Sommer nicht mehr weit ist« erregte – man möchte es ja heute kaum mehr glauben – in den stark politisierten 70ern erbitterten Widerstand. »Hör auf mit dem Kitsch!«, rief mir jemand aus dem Publikum zu, und ich musste mich manchmal regelrecht für dieses poetische Lied entschuldigen – nach dem Motto: »Lass es mal über dich ergehen, der ›Willy‹ kommt schon noch!« Als ob der Sommer, die Lust und die Sonne Werkzeuge der Konterrevolution wären!

Marx bezeichnete ja die ästhetische Kultur als »Blumen an der Kette«. Diese Ideologie mag meine Kritiker damals noch beeinflusst haben. Alles Schöne erschien demgemäß verdächtig, weil sein Genuss die revolutionäre Entschlossenheit des

Proletariats zu untergraben drohte. Aufgrund meiner musikalischen Sozialisation – speziell mit klassischer Musik – ging ich mit völlig anderen Voraussetzungen in die Liedermacherkarriere hinein als die meisten meiner Kollegen. Mein sehr verehrter Freund und Mitstreiter Hannes Wader sagte mir, dass ihm bereits die sechs Saiten seiner Gitarre zu viel gewesen seien. Drei hätten auch genügt, um auszudrücken, was er auszudrücken hatte. Ein karger Minimalismus war bei jener Liedermacherschule angesagt, die vom amerikanischen Folk herkam und – das betraf vor allem Franz Josef Degenhardt – von Georges Brassens. Und dann kam ich daher: ein Bayer am Klavier, mit einer äußerst attraktiven Cellistin in der Band und unglaublichem Pathos. Das hatte auch Hannes anfänglich mir gegenüber sehr misstrauisch gemacht. Er brauchte eine Weile, um etwas aufzutauen. Mir blieb im Endeffekt aber gar nichts anderes übrig. Das war nun einmal das, was ich gelernt hatte. Mit dieser Musik bin ich sozialisiert worden, mehr mit Orff und Puccini als mit Bob Dylan und den Beatles. Und für mein Pathos, auch wenn es mich manchmal regelrecht überrollt hatte, hab ich mich nie geschämt. Pathos ist Leidenschaft, und ich konnte und kann mir eine leidenschaftslose Musik einfach nicht vorstellen. Wenigstens nicht mit mir als Künstler.

Auch meine körperliche Präsenz war etwas, an das die Szene damals nicht gewöhnt war. Ich habe ja damals Bodybuilding betrieben, nicht so wie heute in schicken Fitness-Clubs, sondern eher heimlich in Hinterhofgaragen, und sah aus wie ein Schrank. Der linke Liedermacher präsentierte sich aber korrekterweise ausgemergelt und verhärmt. In der 68er-Zeit hatte man ganz andere Sachen im Kopf als den eigenen Body zu *builden*, da wollte man nur diskutieren. Selbst ein Anflug von Kränklichkeit war en vogue, denn man bewies damit, wie sehr man an den gesellschaftlichen Verhältnissen litt. Es war beinahe das Gegenteil des heute ausufernden Gesundheits- und Selbstoptimierungs-Kults. Dieter Hildebrandt, mein leider inzwischen verstorbener, grenzenlos bewunderter Freund, sagte damals: »Wenn man den Conny anschaut, dann meint man, dass er nicht Klavier spielt, sondern Klaviere trägt.« Dieter war übrigens der Einzige, dem ich erlaubt habe, Conny zu sagen. Man hätte ihm auch nichts verbieten können.

Im Grunde bin ich aber stolz darauf, dass es mir immer wieder gelungen ist, mein Publikum zu überraschen. Meine Produktionen in den letzten 40 Jahren waren ja extrem unterschiedlich. Man würde – abgesehen von meiner Stimme, die sich zwar auch im Laufe der Jahre stark verändert hat, aber doch immer nach Wecker klingt – gar nicht annehmen, dass sie vom selben Künstler stammen. Und die meisten meiner Hörer sind mir, glaube ich, treu geblieben. Und das darf man an dieser Stelle auch mal sagen: Ich bin stolz auf mein kluges und selbstbewusstes Publikum. Klar, einige sind abgesprungen, wenn ich etwas gemacht habe, das ihnen gar nicht gepasst hat. Aber die meisten haben gesagt: »Auch wenn es ungewohnt ist, hören wir es uns doch einfach mal an. Vielleicht hat es ja auch was für sich.« In meinem Lied »Wut und Zärtlichkeit« steht der Satz: »Menschen müssen sich verwandeln, um sich selber treu zu sein.« Das ist wohl ein Lebensmotto von mir gewesen, das ich erst spät so klar formuliert habe.

Wie heißt es bei Brecht so treffend: »Ein Mann, der Herrn K. lange nicht gesehen hatte, begrüßte ihn mit den Worten: ›Sie haben sich gar nicht verändert.‹ ›Oh!‹, sagte Herr K. und erbleichte.«

Alles, selbst die schönste und wichtigste Weltanschauung, wird für mich schal und beengend, wenn sie zum »Muss« wird. Das, was man früher gewesen ist und was die Öffentlichkeit daraus gemacht hat, formt gleichsam die Gitterstäbe des Gefängnisses, in dem man festsitzt. Und die zuvor frei und begeistert gewählte Weltanschauung droht zur Attitüde zu werden. Natürlich habe ich es in der Frühphase meiner Karriere auch ein bisschen damit übertrieben, genau das Gegenteil dessen zu tun, was von mir erwartet wurde. So trug ich den bereits erwähnten Nerzmantel in einer Zeit, in der eigentlich Patchwork-Hippie-Kleidung angesagt war. Ich wollte niemals ein Mitläufer sein – nicht einmal im selbst gewählten »Lager«. Auch das kann zur Attitüde werden. Für einen rebellischen Jugendlichen eine sicher reizvolle und völlig legitime Art, sein Dagegensein zu zeigen. Später sollte man sich überprüfen, ob das Äußere noch mit einer ehrlichen inneren Haltung einhergeht.

Zu einem bewusst politischen Menschen, der nicht nur aus dem Bauch heraus handelte, sondern seine Haltung dann auch theoretisch zu begründen wusste, wurde ich erst viel später. Mit »Sage nein!«, einem antifaschistischen Lied aus dem Jahr 1993, habe ich zum ersten Mal wirklich bewusst ein Lied zum Zweck der Agitation verfasst. Damals war ich sehr aufgewühlt von den Bildern brennender Asylbewerberheime in Ostdeutschland gleich nach dem Fall der Mauer.

Das nächste prägende politische Ereignis war meine Irak-Reise unmittelbar vor Ausbruch des Irak-Krieges im Jahr 2003. Ein Großteil der Presse hat mich dafür verrissen. Gleich nach meiner Landung hat mich ein Fotograf zusammen mit Saddam Hussein abgeschossen. Natürlich stand ich vor einem Saddam-Plakat, es war damals schwer, an irgendeinem Ort zu stehen, an dem sein Bild nicht präsent war. Ich hatte geahnt, dass es eine Hetzkampagne gegen mich geben würde, aber das war mir egal, weil ich diese Reise mit Mitgliedern der »Kultur des Friedens« notwendig fand. Es war wie ein Sprung ins kalte Wasser.

Man musste sich diese Reise ja von der Regierung genehmigen lassen, das ging damals gar nicht anders. Aber wir waren als Friedensgruppe gekommen und wollten auch nicht den dortigen Politikern unsere Aufwartung machen. Wenn wir den Wunsch gehabt hätten, mit Saddam Hussein zu sprechen, hätte das wahrscheinlich geklappt, aber das kam für uns gar nicht infrage. Trotzdem wurden wir vom Flughafen mit einem Regierungsauto abgeholt und gleich im besten Hotel in Bagdad untergebracht. Das war uns peinlich, und wir saßen – sechs Leute – in einem der Hotelzimmer zusammen und beratschlagten, was zu tun sei. Ich wollte auf keinen Fall wieder mit einer verdunkelten Limousine durch Bagdad fahren. Etwas Spannenderes, als in dieser politischen Situation in Bagdad zu sein – aus Sicht der USA gleichsam im Herzen der Finsternis –, konnte es doch gar nicht geben. Und da sollten wir uns abschirmen lassen vor den Menschen dieser Stadt? Henning Zierock, der unermüdliche streitbare Spiritus Rektor der »Kultur des Friedens«, meinte völlig zu Recht, die Leute würden uns von Anfang an misstrauen, wenn wir mit der Regierungslimousine ankämen. Und in diesem Luxushotel wollte ich auf keinen Fall länger bleiben. Wir wollten in ein anderes, einfacheres Hotel, von dem wir wussten, dass die anderen Friedensgruppen dort residierten.

Am nächsten Tag stand ein VW-Bus vor der Tür – nicht verdunkelt – und fuhr uns an den gewünschten Ort. Das bedeutete, dass man unser Gespräch im Hotelzimmer abgehört hatte. Offenbar fühlten sich die Behörden aber bemüßigt, uns jeden Wunsch zu erfüllen. Natürlich hat die Regierung auch versucht, westliche Besucher für ihre Zwecke einzuspannen und damit Stimmung gegen einen möglichen Einmarsch der Amerikaner zu machen. Es ist gar nicht zu leugnen, dass wir uns da auf dünnem Eis bewegt haben. Alle Unannehmlichkeiten wurden aber bei weitem aufgewogen durch das außergewöhnliche Konzert, das ich dann in Bagdad spielen durfte – zusammen mit Musikerinnen und Musikern des dortigen Symphonieorchesters. Das muss man sich einmal vorstellen, es gab wirklich ein Orchester, das westliche Musik spielte. Und ein Ballett gab es auch. Ich habe die Choreografin kennen gelernt, sie erzählte mir von diesem ehrgeizigen Projekt und sagte dann mit todtrauriger Stimme, dass dies wohl nach dem Einmarsch der Amerikaner für immer gestorben sein würde. Ein alter irakischer Poet sagte mir: »Wenn die Amerikaner gegen uns Krieg führen, wird das Tor zur Hölle aufgemacht.« Genau das ist passiert.

Damals stand auf der Bühne noch eine riesige Pappfigur, Saddam Hussein mit Maschinengewehr. Christoph, mein Toningenieur, der mich auf vielen abenteuerlichen Konzerten schon begleitet hat und bis heute unseren Sound kompetent fährt, hat die Figur kurzerhand vor dem Soundcheck von der Bühne getragen. Er berief sich darauf, dass wir Friedensbotschafter und Pazifisten wären, der martialische Saddam sei uns deshalb nicht zuzumuten. Am nächsten Tag erfuhren wir, dass auf das Entfernen von Regierungspropaganda im Irak eigentlich die Todesstrafe steht.

Die Art, wie wir wegen dieser Reise von der Presse behandelt wurden, hat dann aber meine schlimmsten Befürchtungen übertroffen. Es war eine absolute Frechheit, uns zu unterstellen, wir wollten das Regime Hussein unterstützen. Nach unserer Rückkehr wurden wir in die Sendung »Beckmann« eingeladen, anfangs nur Eugen Drewermann, ich und der sehr ehrenwerte Schauspieler Dieter Pfaff. Eine halbe Stunde vor Beginn der Sendung teilte uns Beckmann dann mit, dass er noch einen Überraschungsgast eingeladen habe, eine Exil-Irakerin. Man konnte sich natürlich denken, worauf das hinauslief. Diese Frau ist damals durch die Talkshows getingelt und hat jedem, der es hören wollte oder auch nicht, erzählt, wie wichtig es sei, dass die Amerikaner den Irak bombardierten. So etwas lässt sich ja aus dem sicheren Exil heraus gut fordern. Damit wollte das deutsche Fernsehen, bis auf wenige Ausnahmen der amerikanischen Propaganda treu ergeben, die Alternativlosigkeit des amerikanischen Einmarsches psychologisch vorbereiten.

Dieter Pfaff sagte auf die Frage von Beckmann noch, er finde unsere Irak-Reise großartig. Eugen Drewermann hat mit seinem ungeheuren Wissen und seiner bewundernswerten Rhetorik ein Plädoyer für den Pazifismus gehalten. Die Exil-Irakerin hat dagegen, wie schon erwartet, Stimmung gegen uns gemacht. Viele dieser Exilanten sind ja reiche Leute, die ihre Pfründe wiederhaben wollen und hoffen, die USA könnten ihre alten Privilegien wieder herbeibomben. Unsere Medienlandschaft macht aus diesen Menschen – wie auch im Fall der Exil-Kubaner – grundsätzlich Helden, denen man eine unantastbare Autorität zugesteht. Es war geradezu lächerlich, ausgerechnet mir, einem Kritiker von Macht und Gewalt, zu unterstellen, ein diktatorisches Regime unterstützen zu wollen. Und von Journalisten, die nicht einmal vor Ort gewesen sind, wollte ich mir schon gar nicht vorschreiben lassen, wie ich mich zum Thema Irak zu stellen hätte.

Es gab in Bagdad ein sehr schönes Dichter-Café, überhaupt gab es dort eine großartige Szene von Poeten und Intellektuellen. Die Bevölkerung hat uns außergewöhnlich freundlich und herzlich bei sich aufgenommen. Man hat uns im Café nicht einmal erlaubt, unseren Tee zu bezahlen. Und auf dem Markt bekamen wir all unsere Waren geschenkt. Einer fragte mich im Café: »Wer bist du?« – diese Frage ist in Arabien Tradition gegenüber Fremden. Ich sagte: »Ich bin ein Dichter und Sänger aus Deutschland.« Er forderte mich auf, etwas zu singen, woraufhin ich aufstand und a cappella »Wenn der Sommer nicht mehr weit ist« anstimmte. Sicherlich hat mich dort als Künstler niemand gekannt, aber die Freude war meinen Zuhörern anzusehen. Später wurde ich im deutschen Fernsehen dafür mit Hohn und Spott übergossen: »Der will die Welt retten, indem er in einem Café in Bagdad ›Wenn der Sommer nicht mehr weit ist‹ singt – peinlicher Auftritt!«

Im dem Hotel, in dem wir uns nunmehr eingemietet hatten, trafen wir Friedensgruppen aus aller Welt: aus Israel, aus den USA, aus Europa ... Jeden Abend sangen wir dort zusammen Lieder, da spielte es gar keine Rolle mehr, dass wir uns sprachlich nicht immer gut verständigen konnten. Die Musik führt immer zusammen. Sie kennt keine Trennungen und schon gar keinen Hass. Wir waren ein Haufen von vielleicht fünfzig, sechzig Friedensbewegten, die sich wechselseitig Mut zusprachen – eigentlich eine schon verwirklichte Utopie auf kleinem Raum. Ich möchte diese Erfahrung keinesfalls missen. Die USA marschierten allerdings ein paar Wochen später tatsächlich im Irak ein, das war leider keine Überraschung. Ein paar von uns blieben trotzdem da: als lebende Schutzschilde – ungeheuer mutig! Ein besonders schlauer Journalist hat uns dort gefragt: »Glaubt ihr denn wirklich, dass ein armseliges Häufchen den Einmarsch der Amerikaner verhindern kann?« – »Nein«, haben wir gesagt, »aber wir waren da, das ist auch eine Botschaft.« Hier galt mehr denn je: »Es geht ums Tun und nicht ums Siegen.«

Das Wort »Gutmensch«, das man mir in diesem Zusammenhang gern anheftet, wurde schon in der Nazizeit verwendet, um Regimegegner lächerlich zu machen. Von der neoliberalen Propaganda wird es gern eingesetzt, um jedes Engagement für eine gerechtere und menschlichere Welt in den Schmutz zu ziehen. Als sei es vorzuziehen, in einer Welt zynischer »Schlechtmenschen« zu leben. Ich glaube, man braucht gar kein Verschwörungstheoretiker zu sein, um zu der Annahme zu kommen, dass solche Begriffe in Think Tanks ersonnen und in Umlauf gebracht werden, um eine mögliche neue Protestkultur schon im Keim zu ersticken. Menschen, die sich für ethische Ziele einsetzen, sollen das Gefühl haben, dem Zeitgeist in peinlicher Weise hinterherzuhinken – verfolgt vom professionellen Spott der dienstbeflissenen Meinungsmacher.

Der Zeitgeist hat sich zum Glück wieder etwas gedreht. Nach der Wende galt jemand wie ich, der immer noch an ursprünglich sozialdemokratischen Idealen festhielt, als weltfremder Träumer. Der Kapitalismus hatte seine absolute Hochblüte erreicht, und der ganze Osten stand wie ein riesiger, neuer Markt zur Ausplünderung bereit. Ich erinnere mich noch an eines meiner ersten Konzerte nach der Wende in Leipzig. Es war im Sommer, trotzdem machten sich in den Konzertpausen im Theater Pelzverkäufer breit. Die Tierfelle wollte man Not leidenden Ossis gern andrehen – wahrscheinlich gleich in Kombination mit lukrativen Kreditverträgen.

Ich bin damals fast wie Jesus im Tempel tobend durch die Menschenmenge gelaufen und habe gerufen: »Was macht ihr in meinem Konzert? Ihr habt hier nichts zu suchen!«

Viele Leute dachten damals wohl aus ehrlicher Überzeugung: »Was wollt ihr denn mit eurem sozialromantischen Genörgel? Es läuft doch alles prächtig. Jeder kann Kohle machen, wenn er sich nur ein bisschen anstrengt.« Plötzlich hatte dann auch jeder seine Telekom-Aktie, damit fing es an. Jemand wie ich, der eine Aktie aufgrund einer unüberwindlichen Abneigung nicht einmal mit einer Pinzette anfassen würde, galt als äußerst uncool. Mit meinen Utopien hatte ich nicht den Hauch einer Chance – ein »Alt-68er« und »Liedermacher-Urgestein«, das nicht einsehen wollte, dass seine Zeit vorbei war. Auch die Friedensbewegung schrumpfte damals immer mehr zusammen. Ich erinnere mich, dass ich einmal in Stuttgart mit 20 Leuten in der Fußgängerzone stand – mit Kerzen in der Hand. Die Passanten haben uns angeschaut wie Irre. Merkwürdigerweise hat mir die Aktion trotzdem Freude gemacht, wie alles, was sich zutiefst richtig anfühlt. »Und stünd ich ganz allein ...« heißt es in meinem Lied »Ich möchte weiterhin verwundbar sein«. Dieser Vorsatz wurde in der Nach-Wende-Zeit auf eine harte Probe gestellt.

2011 spielte ich mit Jo Barnikel auf einer Occupy-Demonstration am Münchener Odeonsplatz drei neue Lieder: »Absurdistan«, »Das Lächeln meiner Kanzlerin« und »Empört euch«. Mehr als etwa 200 Leute konnten wir aber nicht zur Empörung anstiften. Dabei hatten wir keinen Eintritt verlangt, und in München habe ich schon ein größeres Stammpublikum. In den Englischen Garten kamen schon einmal 120 000 Leute, als es hieß, ich würde umsonst spielen. Eigentlich hatte ich am Odeonsplatz schon ein paar tausend erwartet. Während ich also meine Lieder spielte, kamen die vornehmen Damen mit ihren Einkaufstaschen aus der Brienner Straße vorbei, blieben kurz stehen und dachten wohl: »Och süß, Occupy!« Ohne einen gewissen Humor könnte ich solche Situationen nicht ertragen. Es ist wichtig, sich bei alldem selber nicht zu ernst zu nehmen, und man darf nicht vergessen, wir Musiker und alle Beteiligten hatten einen Riesenspaß zusammen und waren froh, uns wieder mal begegnen zu können. Es gibt für alles eine Zeit, und in Deutschland ist die Zeit für eine größere Protestbewegung offenbar noch nicht gekommen.

Occupy in Frankfurt 2012 hatte schon eine andere Größenordnung, aber die Behörden haben das Demonstrationsrecht auf beispiellose Weise ausgehebelt. Fast alles wurde im Vorfeld verboten. Und zum ersten Mal in meiner Künstlerkarriere hat man mir per Gerichtsbeschluss das Singen verboten. Nicht im Irak, nicht in der DDR, aber in der Bundesrepublik Deutschland. Außerhalb des Demo-Bereichs fand zur gleichen Zeit ein Weinfest statt. Auf dem hat ein Schlagersänger gut hörbar seine Werke zum Besten gegeben, während man mir den Mund verboten hat. Ich bekam damals sogar eine Nachricht von der Polizei auf dem AB meines Handys: »Wir möchten Sie nur darauf hinweisen, Herr Wecker, es ist untersagt worden, dass Sie singen. Wir werden eingreifen, wenn Sie singen sollten!« Ich dachte mir hinterher: Vielleicht war es von dem Polizisten sogar nett gemeint gewesen. Vielleicht war es ein verkappter Fan von mir, der mich vor einer Dummheit bewahren wollte.

Wir wurden dann von der Polizei eingekesselt, und zum Glück hatte ich meinen Presseausweis dabei. Der hat mir geholfen, da wieder rauszukommen. Viele der jungen Leute, die mit mir demonstriert haben, ließen sich wegtragen. Ich fühlte mich nicht ganz wohl, als ich meinen Mitstreitern sagen musste: »Leute, es tut mir leid, aber ich bin 65 und kriege Probleme mit dem Rücken, wenn ich mich da raustragen lasse.« Das haben die auch verstanden. Ich bin wirklich dankbar dafür, dass ich so viele engagierte junge Leute bei Occupy kennen lernen durfte. Es hilft mir, daran zu glauben, dass der friedliche Protest in Deutschland eine Zukunft hat, auch wenn das Eingreifen der Polizei von Jahr zu Jahr martialischer wird.

Wie schreibt Lothar Zenetti so treffend in einem Gedicht, das ich vor ein paar Jahren vertont habe:

Wenn keiner ja sagt, sollt ihr's sagen.
Wenn keiner nein sagt, sagt doch nein.
Wenn alle zweifeln, wagt zu glauben.
Wenn alle mittun, steht allein.

REVOLUTION BEGINNT INNEN

Der alte Kaiser steht im Garten und wirft Schatten.
So überflutet ihn der Mond. Der Kaiser träumt:
In die vergoldeten Paläste strömten Ratten,
und in den Sälen seien wilde Pferde aufgezäumt.

Die ritten Tote, und ein dumpfes Klagen
zerriß die Erde, und der Kaiser flieht
und schreit zum Mond hinauf: Dich muss ich haben.
Und hofft auf einen, der ihn in den Himmel zieht.

Schlaf, Kaiser, schlaf,
denn morgen werden sie kommen.
Du hast ihnen viel zuviel
von ihrem Leben genommen.

Der alte Kaiser steht im Garten und wird älter
und ängstigt sich und hebt verwirrt die Hand.
Die kaiserlichen Nächte werden kälter,
ein harter Atem überfällt das Land.

Schon schmieden sie am Horizont die Schwerter,
der Glanz der fetten Zeiten ist verpufft.
Der Kaiser spürt: er war schon mal begehrter,
und gräbt sich eine Kuhle in die Luft.

Schlaf, Kaiser, schlaf,
denn morgen werden sie kommen.
Du hast ihnen viel zuviel
von ihrem Leben genommen.

Der alte Kaiser steht zum letzten Mal im Garten.
Noch ein paar Stunden, und der Kaiser war.
Er läßt die Arme falln, die viel zu zarten,
und wittert und ergibt sich der Gefahr.

Die Tränen der Paläste werden Meere.
Sogar die Ratten fliehen mit der Nacht.
Und mit der neuen Sonne stürmen stolze Heere
die alte Zeit und ringen um die Macht.

Stirb, Kaiser, stirb,
denn heute noch werden sie kommen.
Du hast eben viel zuviel
von ihrem Leben genommen.

WENN ICH IN KONZERTEN SAGE, wir brauchen keine Reformen, sondern eine Revolution, so meine ich das durchaus ernst, auch wenn die Leute es für lustig halten. Die Menschen denken bei Revolutionen immer an Laternenpfähle und an Guillotinen. Das ist aber nicht das Wesen einer Revolution, es waren immer nur ihre Auswüchse. Die Revolution beginnt mit einem Umstrukturieren nicht nur des eigenen, sondern auch des gesellschaftlichen Denkens. Und sie sollte beginnen – das muss ich immer wieder betonen – mit dem Zusammenwachsen einer neuen Spiritualität mit einer engagierten sozialen Politik. Mit Spiritualität meine ich natürlich keine kirchlich gebundene Religiosität und auch keinen wie immer gearteten Fundamentalismus, wie ich an anderer Stelle in diesem Buch ausführlich dargelegt habe. Spiritualität, wie ich sie verstehe, eröffnet vielmehr die Chance, sich selbstständig zu revolutionieren, sein eigenes Denken permanent zu hinterfragen beziehungsweise es durch Stille und Schweigen erst zu entdecken. Das bedeutet auch, sich der Betriebsamkeit zu widersetzen, die uns mitreißt und mit der wir uns abzulenken versuchen.

Ich war nie der Meinung, dass gewaltsame Revolutionen wirklich einen Sinn haben. Ich glaube, es war gerade die mangelnde Scheu vor Gewalt und die unterbliebene Auseinandersetzung mit dem Thema Frieden, was die Menschheit in die Situation gebracht hat, in der wir uns jetzt befinden. Wir stehen unmittelbar vor dem Abgrund, und es ist schon lächerlich, stolz darauf zu sein, dass die Menschheit ein paar Raketen ins All geschickt hat, während sie gleichzeitig dabei ist, ihren Heimatplaneten zu zerstören. Wir zerstören die Umwelt durch unsere Achtlosigkeit und unseren Überkonsum. Wir zerstören das Leben unserer Kinder durch unsere ausschließlich leistungsbezogene und selektionsorientierte Art schulischer Erziehung. Und wir zerstören die Länder des globalen Südens systematisch mit Hilfe von Schulden und Zinsen. Wir tun dies auch, indem wir immer genau an der falschen Stelle viel Geld ausgeben, für Rüstung vor allem. Mit einem Bruchteil der für Waffen ausgegebenen Gelder könnten alle satt werden. Hervorragend analysiert die bestechend kluge Journalistin Daniela Dahn die Situation, in der sich unser »Rechtsstaat« befindet, in ihrem neuen Buch: »Wir sind der Staat«. Ein Auszug: »Priorität im Rechtsdenken hat nicht das Recht auf Arbeit und Kultur, das Recht auf Gesundheit in einer intakten Umwelt, das Recht auf Leben und Altern in Würde, eben das Recht auf Freiheit und Unabhängigkeit, sondern das Recht auf Einfluß durch Eigentum.« Darüber denkt nur selten jemand nach, und wenn er es doch tut, bleibt dieses Nachdenken folgenlos.

»Lass uns dann wenigstens Spaß haben« oder »Wir können sowieso nichts dagegen tun« sind in vielen Milieus verbreitete Haltungen. Ich glaube, dass man tatsächlich etwas dagegen tun kann. Und zwar zunächst nicht, indem man andere »ermahnt«, sondern indem man sich bemüht, all das Ungereimte, das in unserer Gesellschaft passiert, tatsächlich tief in sich zu spüren. Und zwar so, wie man Hunger und Schmerz spürt, dann bekommt man auch eine Ahnung davon, wie wir mit allem verbunden sind, was lebt. Ich glaube, das war auch schon immer besonders die Aufgabe der Künstler. Hermann Hesse zum Beispiel hat sich nicht so oft zu politischen Themen geäußert. Wenn er es aber dennoch tat, war es immer sehr aufrecht. Zum Beispiel stammt von ihm der Satz »Ich bin auf der Seite des menschlichen und nicht auf der Seite des politischen Denkens«. Wie wichtig das ist, merken wir vor allem dann, wenn sich »Revolutionäre« zur Durchsetzung ihrer Interessen derselben üblen Mittel bedienen, die sie an ihren Gegnern kritisieren. Das Verhalten der Gewaltregime des ehemaligen Ostblocks war ein Beispiel für »politisches Denken«. Das menschliche Denken führt unweigerlich dazu, dass wir uns verbunden fühlen. Dabei ist es wichtig, sich mit dem Herzen auf etwas einzulassen; tun wir es nur intellektuell, kann es passieren, dass wir mit noch so klugen, analytischen Sätzen eher das Trennende stärken.

Ich glaube nicht an Gewalt, und ich begrüße es, dass die überwältigende Mehrheit der auch jungen Mitstreiter in den verschiedenen modernen Protestbewegungen friedlich bleibt. Umso empörender ist es aber, dass die einzige Methode, die gewaltfrei Demonstrierenden überhaupt noch bleibt, nämlich die Blockade, heute kriminalisiert wird. Dürfen wir uns wirklich nur noch Händchen haltend in irgendwelche Ecken stellen, während Nazis, gut abgeschirmt von der Polizei, an uns vorbeimarschieren und das »Horst-Wessel-Lied« singen? Das kann es ja wohl nicht sein. Gewaltfrei zu sein, bedeutet nicht, auf jegliche Vehemenz zu verzichten. Und der Satz »Es geht ums Tun und nicht ums Siegen«, den ich für mein Lied über die »Weiße Rose« verfasst habe, soll nicht so ausgelegt werden, dass wir von vornherein aufgegeben haben.

Zur Demokratie gehört der Ungehorsam. Natürlich muss jeder für sich selbst entscheiden, inwieweit er die Gesetze brechen will – und damit auch die Strafen auf sich nehmen, die der Staat verhängt. Ich würde mich scheuen, andere zu einem solchen Rechtsbruch aufzufordern. Etwas anders verhält es sich bei Ordnungswidrigkeiten. Wer auch mal falsch parkt und dafür gelegentlich einen Strafzettel kassiert, warum sollte der davor zurückschrecken, etwas viel Wichtigeres zu tun, nämlich Nazis blockieren? Mit meinem Gewissen hätte ich da jedenfalls keine Probleme. Es liegt wohl in der Natur jeder staatlichen Ordnung, dass sie uns Bürger zum Gehorsam erziehen will. Widerstand gegen Missstände ist bei Politikern immer nur dann hoch angesehen, wenn es um die Zustände in anderen Ländern geht, die Polizeigewalt in der Türkei oder die Einschränkung der Meinungsfreiheit in Russland. In Deutschland haben wir für die betuchtere Mehrheit überwiegend erträgliche Zustände. Die Politik fordert uns nun zum Gehorsam auf, damit das alles so bleiben kann und wir nicht in chaotische Zustände abrutschen, wie sie in anderen Ländern herrschen. In Wahrheit ist es umgekehrt: Damit wir unsere demokratischen und sozialen Errungenschaften erhalten können, müssen wir ungehorsam sein, denn die neoliberalen Oligarchen und die gewaltbereiten Faschisten würden ihre antidemokratischen Vorstellungen nur allzu gern zu unserem Schaden durchsetzen.

Auf den Staat als Verbündeten können wir uns dabei am allerwenigsten verlassen. Macht korrumpiert, wie vor allem die Entwicklung von SPD und Grünen in den letzten 15 Jahren gezeigt hat. Auf die Partei »Die Linke« setze ich derzeit noch einige Hoffnung, aber auch sie ist von derselben Dynamik der Assimilierung durch den Politikbetrieb bedroht. Sehr wichtig wird es sein, die vielen sozialen Bewegungen noch mehr miteinander zu vernetzen und zugleich den Kontakt zur parlamentarischen Opposition nicht abreißen zu lassen. Man hat bei den Anti-Nazi-Blockaden gesehen, was eine gute Planung mit einer guten Vernetzung – auch über die neuen Medien – bewirken kann. Diesbezüglich ist das Potential, meine ich, noch längst nicht ausgeschöpft. Man sollte auf Protestveranstaltungen gehen, so oft man kann – nicht nur, weil man vielleicht was bewirken kann, sondern auch, um sich selbst und die anderen mit Kraft aufzutanken.

Gleichzeitig muss man gerade bei Demonstrationen sehr aufpassen, nicht den miesen Tricks der Gegner aufzusitzen. Ich war oft genug auf solchen Veranstaltungen, um zu wissen, dass da »Agents provocateurs« zugange sind. Sie reizen die Leute zum Steinewerfen, nur damit die Medien am nächsten Tag wieder Bilder »gewaltbereiter Chaoten« haben, die gegen die Protestbewegungen verwendet werden können. Ich habe bei einer Demo gegen die Sicherheitskonferenz in München selbst gesehen, wie einer aus der Polizeireihe ausgeschert ist, sich einen Kapuzenpullover übergezogen hat, außen am Demonstrationszug vorbeigegangen ist und die Demonstranten dann von hinten angefeuert hat, mehr Gewalt anzuwenden.

Denkt man an das Revolutionsjahr 2011, in dem in verschiedenen Teilen der Welt viel los gewesen ist, und an die neuen Protestbewegungen in Griechenland, Spanien und Portugal, ist die Lage nicht wirklich hoffnungsvoll. Zumindest in Deutschland nicht. Man hat ja besonders bei Occupy Frankfurt 2012 gesehen, mit welcher Brutalität und Rücksichtslosigkeit sich das Kapital wehrt. Aber all denen, die behaupten »Es hilft ja doch nichts« möchte ich sagen: Ich habe dort in Frankfurt eine unheimlich schöne Zeit verbracht. Man trifft dort genau die Menschen, mit denen man eigentlich gern zusammen ist, und man findet nicht nur kämpferische Verbitterung vor, sondern auch viel Freude, Spaß, Freundschaft. Perfiderweise werden diese Menschen aber von den Medien weitgehend ignoriert. Deshalb habe ich auch ein gewisses Verständnis für junge Menschen, die sogenannten Chaoten, die sagen: »Wenn wir nicht irgendwas zerschlagen, sehen die uns doch gar nicht.« Mein Weg ist das nicht, aber die Verantwortlichen in der Politik haben sich diese Dynamik teilweise selbst zuzuschreiben.

In »Der alte Kaiser« beschreibe ich ja sehr drastisch ein morsches System, das kurz vor seiner Erstürmung steht: »Stirb, Kaiser, stirb! Morgen schon werden sie kommen. Du hast ihnen viel zu viel von ihrem Leben genommen!« Ich habe das Lied Anfang der 70er geschrieben, als ich ein Foto des Kaisers Haile Selassie sah, allein auf der Terrasse seines Schlosses. Damals waren ein paar linke Aktivisten entrüstet darüber, dass ich in diesem Lied auch Mitgefühl mit einem Diktator zeigte. Tatsächlich muss man sehen, dass auch Herrschende in dem System, das sie mitgestalten, gefangen sind. Das sollte uns aber nicht daran hindern, ihnen Grenzen aufzuzeigen, ihre Paläste und Bastionen zu erstürmen. Mit friedlichen Mitteln freilich. Wir wollen auch diejenigen, die wir ablehnen, nicht an den Laternenpfählen aufhängen. Ich sage das immer dazu, wenn ich »Der alte Kaiser« in letzter Zeit wieder öfter singe. »Der Kaiser«, das ist heute kein bestimmter Politiker, das ist der Kapitalismus selbst, der den Menschen schon viel zu viel von ihrem Leben genommen hat. Und auch der spürt in den letzten Jahren: »Er war schon mal begehrter.«

Ich bin für eine Revolution, aber zunächst für eine Revolution des Geistes. Es muss eine Revolution sein, die anders ist als all jene, die wir in den letzten Jahrhunderten erlebt haben. Man kann nicht mit einer kriegerischen Revolution ein friedliches Zeitalter einläuten. Es muss eine Revolution sein, die nicht in Gleichschaltung und Kollektivismus ausartet, sondern eine Revolution der Einzelnen, in der jeder jedem auch seinen spezifischen Wahnsinn lässt. Natürlich muss es Grenzen der Toleranz geben. Es gibt wahrscheinlich in jedem Land der Erde zehn bis fünfzehn Prozent extremistische Verblendete, Nazis und Rassisten. Wie gehen wir mit denen um? Sind wir zu sanft, kann es uns passieren, dass sie uns auf der Nase herumtanzen. Behandeln wir sie mit Härte, mit Verboten und Strafen, besteht die Gefahr, dass wir unsere eigenen Methoden den ihren zu sehr annähern, ihnen zu ähnlich werden. Ich habe, ehrlich gesagt, keine Pauschallösung für dieses Dilemma. Das Einzige, was wir schon jetzt tun können und müssen, ist Arbeit auf den Gebieten des Geistes, der Kultur und der Bildung leisten. Vielleicht gelingt es dann mittelfristig, von diesen zehn bis fünfzehn Prozent einen Großteil nicht nur im Zaum zu halten, sondern umzustimmen.

Leider ist das Niveau nicht nur der Fernsehprogramme, sondern auch der öffentlichen politischen Debatte dermaßen gesunken, dass diese Absicht vorerst Wunschdenken bleibt. Ein kapitalistisches System, das nach außen hin den Faschismus bekämpft, mit diesem aber im Verborgenen erschreckende Schnittmengen besitzt, ist natürlich an wirklicher Aufklärung nicht interessiert. Ich meine damit vor allem das Prinzip gnadenloser Selektion zwischen den »Stärkeren« und den »Schwächeren« in einem System, die Entmenschlichung und Ausgrenzung von Gruppen, die nach Auffassung der Herrschenden nicht über den erwünschten »Pool« von Eigenschaften verfügen. Im Deutschland des 21. Jahrhunderts sind das vor allem Hartz-IV-Betroffene, Flüchtlinge, Muslime und noch einige andere. Im Grunde ist dem Kapitalismus egal, welches System unter ihm regiert, Demokratie oder Faschismus, Hauptsache, es bleibt unter ihm. Solange sich die gelenkte Demokratie im Sinne der Profiteure als zweckmäßig erweist, darf sie ruhig noch eine Weile bleiben.

Ich habe die Gewaltfreiheit schon seit einiger Zeit für mich entdeckt und bin immer noch überzeugt davon. Vielleicht ist es aber auch ein Privileg der günstigen Geburt, diese Gewaltfreiheit überhaupt erst kennen lernen und einüben zu dürfen. Aus diesem Grund scheue ich mich, gewalttätige Revolutionäre zu verurteilen. Ich bin nicht aufgewachsen wie sie, habe nicht dieses Ausmaß an Entrechtung und Ausplünderung erleben müssen wie etwa jemand, der in Südamerika groß geworden ist. Bei uns in Deutschland wird man nicht auf Schritt und Tritt von einem Gewaltstaat drangsaliert. Staatliche Gewalt zeigt sich bei uns überwiegend auf subtile und abstrakte Weise. Wir lesen beispielweise in der Zeitung darüber, wie unser Computer überwacht wird. Wir ärgern uns darüber, aber es berührt uns nicht direkt. Wenn man dauernd von der Polizei angehalten und gedemütigt wird, dann fühlt sich das schon anders an.

Ob ich in einem solchen Fall den Mut hätte, gewaltfrei zu widerstehen, müsste sich erst noch zeigen. Jutta Ditfurth behauptet ja, dass alle sozialen Errungenschaften der Menschheit ausschließlich durch Gewalt erreicht worden sind. Ich bin mir dessen nicht so sicher, denn man muss die Frage stellen: Wie weit sind wir mit Gewalt und Gegengewalt tatsächlich gekommen? Diese Welt sieht nicht so aus, dass ich geneigt wäre, die Methoden, die zu ihrem jetzigen Zustand geführt haben, zu idealisieren. Noch immer sterben täglich 70 000 Kinder an Hunger. Unsere Umwelt haben wir schon zum großen Teil zugrunde gerichtet, und selbst die Sklaverei ist keineswegs abgeschafft. Sie hat nur ihr Gesicht verändert, knechtet Millionen Menschen mittels Verschuldung, Zins und Zinseszins.

Ich denke, damit etwas erreicht werden könnte, müssten die Menschen jahrzehntelang im Geist des zivilen Ungehorsams erzogen werden. Das passiert natürlich aus gutem Grund nicht. Wenn es breiten Bevölkerungsschichten möglich wäre, Strategien einzuüben, wie sie zum Beispiel Gandhi angewandt hat, dann könnte man jede Gewaltherrschaft brechen. Seine Gewaltfreiheit hatte im besten Sinne »gewaltige« Konsequenzen. Und der Sieg, den er mit seinen Mitstreitern errungen hat, ist auch die einzige Form von Sieg, die wir uns überhaupt wünschen können. Alles andere liefe darauf hinaus, dass die alte Herrscherkaste durch eine neue, ebenso korrupte und gewalttätige, ersetzt wird – der Effekt, den George Orwell in seinem Roman »Animal Farm« beschrieben hat.

Humanitäres Engagement ist für mich eine Brücke zwischen gesellschaftlichem Engagement und Spiritualität. Das konkrete tätige Mitgefühl ist quasi die Schnittmenge aus beiden Welten. Gern wird unter Aktiven ja auch darüber ein Bruderkrieg ausgefochten: Genügt es, den Armen Brot zu geben oder muss man das System angreifen, das ihnen die Chance verweigert, sich dieses Brot auf menschenwürdige Weise anzueignen? Meine Antwort ist: beides. Ich misstraue allen Ideologen, die humanitäres Handeln ausschließlich unter dem Gesichtspunkt sehen, dass dadurch »das System« stabilisiert wird. Ich kann einem Hungernden nicht Brot verweigern – mit der Begründung, dass irgendwann später mal eine große Weltrevolution kommen wird, die ihn für immer satt machen wird. Ich werde auch einem Bettler nichts verweigern, weil eventuell eine sogenannte Bettlermafia hinter ihm steht, wie es immer wieder gern in der Boulevardpresse kolportiert wird.

Natürlich wird hier von Marxisten gern der Vorwurf erhoben, Notleidende würden durch milde Gaben dermaßen eingelullt, dass der Impuls zum gesellschaftlichen Umsturz verpufft. Ich glaube aber nicht, dass revolutionäre Energie durch einen Tropfen auf den heißen Stein erkalten kann – und ich glaube nicht daran, dass hungernde, ausgemergelte und kranke Menschen die idealen Revolutionäre sind. Vielmehr hat Not, wenn sie einen gewissen Grad erreicht, einen demoralisierenden Effekt. Sie befördert die politische Apathie, statt sie zu beseitigen – die stille Menge der kaputt reglementierten »Hartz-Vierer« zeigt dies! Sie gehören zum Beispiel zu der Gruppe, die sich am allerwenigsten an den Bundestagswahlen beteiligen. Eine der großen gesellschaftlichen Revolten meiner Lebenszeit, die der »68er«, wurde von Menschen gemacht, die materiell satt waren, jedoch hungrig nach Gerechtigkeit, die Zugang zu Bildung hatten und nicht absorbiert waren von ihrer Angst um die nackte Existenz.

Es geht mir als Künstler wie als politisch Denkendem in erster Linie darum, Mut zu machen: Mut, zu sich selbst zu stehen und danach zu handeln. Doch woraus soll sich dieser Mut speisen? Viele Menschen, die ich mit meinen Liedern und Büchern erreiche, haben schon sehr viel versucht, um an einer gerechteren Welt mitzubauen. Sie gehen zu jeder Wahl und kreuzen dort eine oppositionelle Partei an. Sie beteiligen sich an Unterschriftenlisten und Demonstrationen, spenden Geld und Energie und bleiben frustriert mit dem Gefühl zurück, dass all diese Anstrengungen die Mächtigen nicht im Geringsten beeindruckt haben. Im Gegenteil, die Verhältnisse sind in vielerlei Hinsicht noch schlimmer geworden.

Ich kann dazu nur sagen: Die werden beeindruckt sein, wenn wir mehr werden. Ich begegne so vielen aufrechten und engagierten Menschen – Künstlern, Aktivisten, aber auch Menschen, die »normalen« Berufen nachgehen und sich, jeder an seinem Platz, der Unmenschlichkeit widersetzen. Die meisten von ihnen verlässt manchmal der Mut, weil sie meinen, mit ihrer Arbeit nicht genug bewirkt zu haben. Ich bin jedoch sicher: Ohne all diese wunderbaren Menschen wäre die Welt nicht nur ärmer, die Verhältnisse wären schlimmer, als sie es jetzt sind. Es gäbe ja sonst niemanden mehr, der – wie Dietrich Bonhoeffer sagte – »dem Rad in die Speichen greift«; der den Verfall aufhält oder zumindest verlangsamt; der ein Beispiel gibt, wie Menschlichkeit in einer ihr eigentlich feindlich gesinnten Umgebung aussehen kann.

Und was ein Einzelner bewirken kann, konnte man 2013 am Beispiel des mutigen Edward Snowden sehen, der mit seinen Enthüllungen eine Weltmacht ins Schwitzen brachte und der Weltöffentlichkeit die Augen über das Bespitzelungssystem der NSA öffnete. Freilich, nicht jeder sitzt auf einem Posten, auf dem er – wie Snowden – zum »Weltstar des Widerstands« werden kann. Aber niemand ist so machtlos, dass er nicht in irgendeiner Form etwas bewirken kann. Jemand sitzt zum Beispiel im Finanzamt und schafft es, durch Recherchen milliardenschwere Steuersünder auffliegen zu lassen. Oder jemand ist Lehrerin, Lehrer und weckt in Hunderten von Schülern die Begeisterung für die Literatur oder für die Demokratie. Wer spürbar zu sich selbst und zu seiner Idee steht, kann in anderen Begeisterung entfachen. Nichts anderes versuche ich ja auch in meiner Rolle als engagierter Künstler. Ich versuche zunächst zu erreichen, dass meine Zuhörer (wieder) zu sich selbst finden. Nur auf dieser Basis ist wirklicher – auch politischer – Erfolg möglich. Denn welchen Sinn macht die schönste Revolution, wenn wir es nicht selbst sind, die sie durchführen?

Ich bin – entgegen meinem Image als »Revoluzzer« – in mancherlei Hinsicht auch ein konservativer Mensch. Ich liebe die Musik von Puccini und die Lyrik von Eichendorff, und ich glaube, man kann meiner Arbeit diese Treue zum Klassischen und Wertbeständigen auch anmerken. Ebenso wie Kunst schon um ihres handwerklichen Gelingens willen auch konservativ sein darf, braucht sie ein rebellisches Element, um lebendig zu bleiben. Ich glaube, wer nicht dazu bereit ist, zumindest mit einem Teil seines Wesens immer Rebell zu sein, der läuft am Leben vorbei. Ich will mir das Wort »Revolution«, ebenso wie das Wort »Pazifismus«, nicht mit Blick auf den Missbrauch dieses Begriffs rauben lassen. Wer kann schon nach den rückschrittlichen Kapriolen der Regierungen Schröder und Merkel das Wort »Reform« noch hören? Revolution bedeutet, in der Lage zu sein, sich selbst und sein Leben immer wieder umzuwälzen. Auf dieser Basis kann und soll dann längerfristig auch die Umwälzung der gesellschaftlichen Verhältnisse erfolgen. Nur dafür lasst uns leben!

UTOPIEN: UNTERWEGS ZUM »NICHT-ORT«

Entzündet vom Weltenbrand
Ins Ich gepflanzt
Ewig in Rhythmen gebannt
Aus Klängen gestanzt

Tauchst in die Fluten Du ein
Bis alles erlischt
Würdest gern Brandung sein
Endest als Gischt

Dem Ganzen entzweit, doch ganz
Auf dich gestellt
Bleibt nur dein brüchiger Tanz
Auf den Wogen der Welt

Und dieser Taumel, der Trott
Der so verzehrt
Nur weil sich irgendein Gott
Durch dich erfährt?

Trotzdem was hält dich im Spiel
Welcher Verdacht
Leiht dir noch Licht und Ziel
In deiner Nacht?

Welches geheime Wort
Äonenfern
Schwingt sich im Geiste fort
Durch Stunde und Stern?

Weshalb auch mancher Moment
Liebeverwebt
Der dir auf einmal bekennt
Warum es dich lebt?

Und so lugst du am Bug
Fährst nie im Hafen ein
Als wäre es Gnade genug
Segel im Winde zu sein

WAS VON MENSCHEN GESCHAFFEN WURDE, kann auch von Menschen verändert werden. Selbst ein Irrtum, der sehr lange aufrechterhalten wurde, kann korrigiert werden. Arno Gruen, der schon erwähnte bedeutende Psychoanalytiker, wurde einmal zu seiner nie ermüdenden Hoffnung auf eine friedlichere Welt interviewt. Es war während der Pazifismuskonferenz in Tübingen 2006, die ich mit Henning Zierock initiiert hatte, nicht zuletzt, um den großen alten Mann endlich persönlich kennen zu lernen. »Aber Herr Professor, seit 6000 Jahren sind die Menschen so«, wandte der Journalist ein. »Ja, und seit 6000 Jahren machen sie es falsch«, war Gruens Antwort. Genau so ist es. Seit Tausenden von Jahren herrschen auf der Erde Gesellschaftssysteme, die das Gegeneinander und die Konkurrenz fördern, nicht das Miteinander; den Krieg, nicht den Frieden; die Zerstörung, nicht den Aufbau; die Unterdrückung weiblicher Werte und den Triumph der vermeintlich männlichen.

Wobei zum Beispiel Ernst Bloch in seinem Großwerk »Das Prinzip Hoffnung« durchaus auch die Geschichte der positiven Gegenbewegungen zu dieser negativen Geschichte vorgelegt hat, eine Art von »Enzyklopädie« dieser besseren Geschichte. Der Wunsch nach einem friedlichen und freiheitlichen, nach einem freundlicheren und erfüllteren Leben, das die Wohlfahrt aller Menschen mit einschließt, durchzieht die Geschichte der Menschheit. Er lässt sich nachweisen in der Philosophie, Literatur, Malerei und Musik, er lässt sich nachweisen in den Religionen und Gesellschaftsentwürfen, er lässt sich nachweisen sogar in den »banalsten« Alltagsbedürfnissen der Menschen, nachweisen auf der Kirmes und im Zirkus, in Kinderspielen und trivialsten Tagträumereien. Bloch hatte den Bogen gespannt von Platon bis zum Bauernkrieg, vom Goethe-Gedicht bis zur »Bäckerblume«, von Karl Marx bis Karl May, von Rousseau bis zur russischen Revolution. »Der Mensch lebt noch überall in der Vorgeschichte [...], alles und jedes steht noch vor der Erschaffung der Welt, als einer rechten«, heißt es auf der letzten Seite seines »Prinzip Hoffnung«, und Bloch endet mit dem Satz, dass erst nach Erschaffung einer »rechten Welt« etwas entstehen könnte, »das allen in die Kindheit scheint und worin noch niemand war: Heimat«.

Was wir am Zustand der Welt kritisieren, sollte uns nicht dahin bringen, zu resignieren und diese katastrophalen Fehlleistungen einer wie immer gearteten »menschlichen Natur« in die Schuhe zu schieben. 6000 Jahre Fehlentwicklung sind im Vergleich zu 100 000 Jahren Menschheitsgeschichte gar nicht einmal so lang. Es sind ja immer die Herrschenden, die besonders daran interessiert sind, uns einzureden, dass ihr Handeln selbstverständlich »alternativlos« sei. Angeblich ist es ja natürlich, die Natur zu zerstören, und unvermeidlich, Menschen verschiedener Weltanschauungen und Nationen immer wieder zu Hass, Terror und Krieg anzustacheln. Mit dieser Fiktion ziehen sich die Weltenlenker billig aus der

Verantwortung und manipulieren uns, Verhältnisse hinzunehmen, die eigentlich nicht hinnehmbar sind. Der Neoliberalismus will uns seine eigene Natur – die rücksichtslose Durchsetzung eines ökonomischen »Survival of the fittest« – als »Natur des Menschen« verkaufen. Ich weigere mich, mir das einreden zu lassen. Ich habe kleine Kinder und weiß: Der Mensch ist ein empathisches Wesen, fähig zu Liebe und Mitgefühl, und zwar von Geburt an. Fragwürdig ist nicht dies, sondern die Tatsache, dass viele Menschen als Erwachsene nicht mehr die empathiefähigen Lebewesen sind, als die sie zur Welt gekommen waren. In diesem Zusammenhang empfehle ich wärmstens die Lektüre der Bücher Arno Gruens. Zum Beispiel »Der Verlust des Mitgefühls«.

Um die Welt verändern zu können, braucht es aber Vorstellungen davon, wie diese veränderte Welt aussehen könnte. Mit anderen Worten: Utopien. Mit meinem Eintreten für Utopien bin ich ja oft angeeckt – bei der ideologischen Linken, weil meine Visionen einer besseren Zukunft nicht genau auf deren Linie war; und bei den Neoliberalen, weil die überhaupt kein Interesse an einer anderen Welt haben als der, die ihrem Profit dient und die sie der Menschheit aufgezwungen haben. Ich glaube, es ist ungemein wichtig, eine Utopie zu entwickeln, selbst wenn sie in mancher Hinsicht vielleicht noch nicht präzise genug ist. Sie repräsentiert etwas Geistiges, an das wir uns halten können in einer allzu verdinglichten Welt.

Selbst Wohlmeinende argumentieren ja oft: Warum nicht das Naheliegende tun, anstatt sich mit Vorstellungen zu befassen, die vermutlich nie oder wenn, dann erst sehr spät, realisiert werden können? Täten wir nicht besser daran, einen Weg der kleinen Schritte zu gehen? Ich sehe keinen Widerspruch zwischen großen Zielen und kleinen Schritten. Die letzteren sollten wir selbstverständlich unternehmen, aber: Damit sie überhaupt in die richtige Richtung führen, brauchen wir eine Idee. Diese große Idee könnte zum Beispiel eine Revolution des Mitgefühls sein. Daran müssen wir stets im Widerspruch zu einem System festhalten, das eher dazu geeignet ist, uns Mitgefühl abzutrainieren. In der Toskana habe ich unlängst wieder einen italienischen Vater gesehen, der sein Kind verprügelte. Es war wohl auf die Straße gerannt – unbedacht zwar, aber es war ja noch ein Kind. Ich kann mich mit dem Schlagen als einer kalt ausgeführten Form der Bestrafung nicht anfreunden – wie »gut« auch die damit verbundenen Absichten sein mögen.

Oscar Wilde sagte: »Eine Weltkarte, in der das Land Utopia nicht verzeichnet ist, verdient keine Beachtung, denn sie lässt die Küste aus, wo die Menschheit ewig landen wird.« Im letzten Jahr, als ich auf Konzerttournee war, habe ich viel darüber nachgedacht, wie weit ich in meinem ganzen Leben Utopien gefolgt bin. Utopie heißt ja wörtlich übersetzt »Nicht-Ort«. Wie kann ein Ort, der nicht (oder noch nicht) Realität ist, ein Leben beeinflussen? Und kann man sich an etwas festhalten, das nicht fest ist, das vielmehr zu verschwimmen scheint am Horizont des Möglichen? Ich habe dem Festen und Starren nie so recht getraut, weder politischen Ideologien noch kirchlichen Dogmen. Eher ist es das Geistige, immer in Bewegung befindliche, was mich bewegt. Mein Gott ist nichts fest Umrissenes, woran ich mich klammern kann, und wenn ich meditiere, flüstert er mir nicht ins Ohr, was ich zu tun und zu lassen habe.

Und ist es nicht so, dass gerade die Unerreichbarkeit der Utopie ihr großer Vorteil ist? So kann sie sich verändern, mit einem selbst wachsen, und man läuft nie Gefahr, dass sie irgendwann der Menschheit als starre Ideologie um die Ohren geschlagen wird. Kein noch so klug durchdachtes System ist es wert, auch nur ein einziges Menschenleben dafür zu opfern. Hier folge ich gerne dem in den 60er-Jahren zu Unrecht verpönten Albert Camus. Die Geschichte hat ihm, im Gegensatz zu seinem erbitterten Gegner Sartre, Recht gegeben. Oder könnte noch jemand irgendeinen Grund nennen, der die Gräueltaten Stalins rechtfertigen würde?

> Und so lugst du am Bug
> Fährst nie im Hafen ein
> Als wäre es Gnade genug
> Segel im Winde zu sein

Als Mensch gleiche ich einem Schiff, das seinen Kurs in jedem Augenblick selber finden muss – immer unterwegs zu diesem Nicht-Ort. Mir ist jedes Gedankengebäude suspekt, das nicht erlebt und erfahren, sondern ausschließlich erdacht wurde. Manche mitfühlende Krankenschwester und mancher Altenpfleger erscheinen mir wertvoller und für die Gesellschaft wichtiger als große, hochintelligente Theoretiker, die von ihrem Schreibtisch um der »gerechten« Sache willen Menschen opfern.

Ich bin schon lange fasziniert von der Idee, dass es Parallel-Universen geben könnte, in denen es alles, was hier existiert, auch gibt – nur in unterschiedlichen Spielarten. Sicher, das ist nur ein Gedankenspiel, aber ein durchaus reizvolles. Vielleicht sind unsere Utopien in einem dieser Universen Realität. Wissen wir vielleicht von Möglichkeiten, die vom jetzt faktisch Gegebenen abweichen, aus anderen Realitäten, die neben unseren existieren? Utopien werden nicht vielleicht irgendwann da sein, sie sind bereits da. Und manchen Menschen fällt der Zugang zur Welt »drüben« vielleicht besonders leicht.

Es gibt auch auf unserer gewöhnlichen Realitätsebene eine Unzahl von Parallelwelten. Wenn ich mit einem Freund über Rilke spreche, dann befinden wir beide uns in einem Universum, das mit unserer gewöhnlichen Realität nicht mehr viel zu tun hat. Auch der Mönch, von dem ich in diesem Buch mehrfach gesprochen habe, befindet sich in einem eigenen Universum, dem seines Ordens. Wenn er etwa in einem Schweigekloster war und durch die Pforten in die Welt »draußen« tritt, ist er wahrscheinlich völlig verwirrt und überfordert von einer Atmosphäre, die wir für normal halten. Wenn schon auf der Erde so viele verschiedene Welten koexistieren – wie viel mehr muss es im Universum insgesamt geben, und wer sagt uns, dass wir nicht mit ihnen kommunizieren können? Ich wollte mir diese Verrücktheiten immer schon erlauben. Manchmal ist es leichter, in Bildern zu denken, auch wenn sie wissenschaftlich gesehen sicher fragwürdig sind. Das muss nicht heißen, dass sie falsch sind, und sie helfen einem zu einem besseren Verständnis dieser so verwirrenden Realität.

Bestimmte Menschen – und sie gehören für mich zu den Wertvollsten – leben heute schon in Utopia, mitten im doch sehr beklagenswerten Jetzt. Es gibt Menschen, die auf so naive Weise anständig sind, dass sie das Böse um sich herum nicht zu sehen scheinen. Es ist einfach nicht Teil ihrer Welt. Vielleicht besteht darin auch die Größe bestimmter spiritueller Meister wie Jesus oder Buddha, dass ihr Blick die Verstrickungen, in denen du gefangen bist, durchdringt und sofort zu dem wunderbaren Kern vorstößt, der in dir ist. Sie sehen, was du sein könntest oder im Innersten schon bist. Das ist die Parallelwelt, in der sie leben und die für die meisten unsichtbar ist. Von diesem anderen Universum aus, in dem wir alle unversehrt sind, kann aber Heilung ausgehen.

Ich möchte an dieser Stelle auch einmal eine Lanze für alle »Naiven« brechen, denn der Vorwurf der Naivität kommt ja unweigerlich, sobald sich jemand weigert, nur die vordergründige Realität zu sehen und zu akzeptieren. Zurzeit haben die »Nüchternen« und die »Realisten« mal wieder Hochkonjunktur. In der Berichterstattung über Proteste – beispielsweise von Studierenden oder arbeitslosen Jugendlichen in Südeuropa – wiederholt sich immer der besserwisserische Hinweis, die Betreffenden sollten sich doch bitteschön endlich der Realität stellen. Diese Realität bedeutet dann immer: Es ist kein Geld da. Wir haben es hier aber nicht mit einem Naturphänomen zu tun, sondern mit einer von interessierten Kreisen inszenierten Realität. Die Banker und Spekulanten, die Gewinner des herrschenden Wirtschaftssystems, leben in einer völlig anderen Realität, in der alles möglich erscheint und sich die Welt wie eine willige Geliebte ihren Wünschen fügt.

Wie schon beschrieben, wurde ich zum Beispiel anlässlich meiner Irak-Reise 2003 mehrfach als »naiv« abgekanzelt. Aber wie naiv muss man sein, um zu glauben, dass ein grauenvoller Krieg einem geschundenen Land Demokratie bringen könne! Wie viel Naivität gehört dazu, in Afghanistan Menschenrechte herbeibomben zu wollen! Und umgekehrt gefragt: Wenn all das *nicht* naiv gewesen ist, ist es dann nicht eher so, dass wir bewusst über die wahren Ziele dieser Kriege getäuscht wurden? Dass es nie um Menschenrechte ging, sondern immer nur um wirtschaftliche Interessen?

Die gängige Definition von Naivität leitet sich vom französischen Adjektiv »naif« ab, was so viel heißt wie kindlich, ursprünglich, einfältig, harmlos oder töricht. Im deutschen Sprachgebrauch »werden Menschen als naiv bezeichnet, denen die notwendige Einsicht in ihre Handlungen fehlt, und die über einen begrenzten geistigen Horizont verfügen. Oft gilt ›naiv‹ als Synonym für leichtgläubig, leicht verführbar oder unwissend«. Nach dieser Definition, das ist klar, will natürlich niemand in den Verdacht geraten, naiv zu sein. Aber diese Auslegung ist selbst schon Ausdruck einer pseudorealistischen, in Wirklichkeit zynischen Weltsicht. Mir scheint der Hinweis angebracht, dass der Begriff auch im Deutschen einmal eine ganz andere Deutung erfahren hat.

Friedrich Schiller zum Beispiel schrieb einen Aufsatz »Über naive und sentimentalische Dichtung«. Für ihn ist das Naive das Ursprüngliche, das nach eigenen Gesetzen und innerer Notwendigkeit in sich selbst Ruhende. Für diesen Dichter ist das Naive naturhaft, intakt und zutiefst wahrhaftig. Das Wort »naiv« kommt ja auch vom lateinischen »nasci«(= »geboren werden«). Das heißt also: Das Naive ist das Ur-Ursprüngliche par excellence! Den ewigen, schon zu seiner Zeit ihr ätzendes Unwesen treibenden Zynikern schrieb Schiller ins Stammbuch:

Sobald wir aber Ursache haben zu glauben, dass die kindische Einfalt zugleich eine kindliche sei, dass folglich nicht Unverstand, nicht Unvermögen, sondern eine höhere (praktische) Stärke, ein Herz voller Unschuld und Wahrheit, die Quelle davon sei, [...] so ist jener Triumph des Verstandes vorbei, und der Spott über die Einfältigkeit geht in Bewunderung der Einfachheit über. Wir fühlen uns genötigt, den

Gegenstand zu achten, über den wir vorher gelächelt haben, und, indem wir zugleich einen Blick in uns selbst werfen, uns zu beklagen, dass wir demselben nicht ähnlich sind.

Sicherlich war es dieser Begriff der Naivität, den mein Vater ein Leben lang im Herzen und in die Welt getragen hat. Kurz vor seinem Tod winkte er mich ganz nah zu sich heran, blickte mich lange mit seinen großen, dunklen Augen an und flüsterte mir zu: »Sag mal, Konstantin, wie kann man eigentlich diese Welt überstehen, ohne naiv zu sein?« Diese Art von Naivität, ein Aufgehobensein im Ursprünglichen, eine lebendige Brücke zur Weltsicht eines Kindes, zum Einssein mit der Natur, die will ich mir gerne und den zynischen Realisten zum Trotz ans Revers heften lassen.

»Das Mitgefühl ist die in uns eingebaute Schranke zum Unmenschlichen.« Diesen bemerkenswerten Satz schreibt Arno Gruen in seinem bahnbrechenden Buch »Der Verlust des Mitgefühls. Über die Politik der Gleichgültigkeit«. Zum Glück gibt es auch heute noch Leute wie ihn, diesen großen, liebenswürdigen Weltweisen und Lehrer des Mitgefühls, dem ich an dieser Stelle meine herzlich naiven Grüße übersende. Es geht ums Tun und nicht ums Siegen! Menschen wie er aber haben unzählige Herzen erreicht.

Sich auf Utopien einzulassen, setzt auch Mut voraus, und die »Darübersteher« versuchen, uns ihren diesbezüglichen fundamentalen Mangel gern als »Realismus« zu verkaufen. Es kostet Mut, zum richtigen Zeitpunkt in eine neue Existenzsituation zu springen. Wenn man den Sprung in etwas völlig Neues wagt, etwas, das man sich im bisherigen Leben nie gestattet hat, dann wird man feststellen, dass einem plötzlich auch all die Herrlichkeiten dieser neuen Wirklichkeit offen stehen. Wenn ich eine neue Bewusstseinsstufe erreichen will, muss ich zuvor einen realen Schritt in meinem Leben vollzogen haben, sonst lerne ich nichts kennen als das Vorhersehbare. Es gibt Menschen, die sich nie für etwas Neues öffnen. Sie errichten mit ihrem Intellekt immer neue Gedankengebäude, die für sie zu Gefängnissen werden und die sie vor dem frischen Wind des noch Ungetanen und Unerhörten abschirmen. Nicht jede unbedachte Tat führt zu befriedigenden Ergebnissen, und doch gilt: »Es fruchtet kein Denken ohne die Tat.«

EINE NEUE POLITIK BRAUCHT SPIRITUALITÄT

Einfach wieder schlendern,
über Wolken gehn
und im totgesagten Park
am Flussufer stehn.

Mit den Wiesen schnuppern,
mit den Winden drehn,
nirgendwohin denken,
in die Himmel sehn.

Und die Stille senkt sich
leis' in dein Gemüt.
Und das Leben lenkt sich
wie von selbst und blüht.

Und die Bäume nicken
dir vertraulich zu.
Und in ihren Blicken
find'st du deine Ruh.

Muss man sich denn stets verrenken,
einzig um sich abzulenken,
statt sich einem Sommerregen
voller Inbrunst hinzugeben?

Lieber mit den Wolken jagen,
statt sich mit der Zeit zu plagen.

Glück ist flüchtig, kaum zu fassen.
Es tut gut, sich sein zu lassen.

Einfach wieder schlendern
ohne höh'ren Drang.
Absichtslos verweilen
in der Stille Klang.

Einfach wieder schweben,
wieder staunen und
schwerelos versinken
in den Weltengrund.

»I̲r̲g̲e̲n̲d̲w̲a̲n̲n̲ k̲a̲n̲n̲ m̲a̲n̲ s̲i̲c̲h̲ n̲i̲c̲h̲t̲ m̲e̲h̲r̲ mit dem Trivialen beruhigen«, schreibt Kierkegaard, und jeder, der die oberflächlichen Beruhigungsangebote unserer Gesellschaft durchschaut hat, wird dem zustimmen. Unzufrieden sein mit dem Leben, mit den Normen der Gesellschaft, mit der Unfähigkeit, Demokratie zu praktizieren, mit der schrecklichen Profilierungssucht und Gier, deretwegen wir die Erde und ihre Bewohner zerstören, ist erst mal nicht ein Zeichen für einen psychischen Defekt, sondern der Beginn der menschlichen Intelligenz. Auch die Schwermut, von der ich schon ausführlich gesprochen habe, weist uns ja immer wieder darauf hin, dass das wirkliche Leben nicht im Äußerlichen angesiedelt ist und dass man das Unvergängliche und Göttliche nur im eigenen Selbst zu finden vermag.

Wer sich ausschließlich auf das verlässt, was einem die jeweilige Gesellschaftsform, das jeweilige politische Staatsgefüge zu sagen hat, wird wohl ziemlich ungläubig der Tatsache gegenüberstehen, dass er in den tiefsten Tiefen seines Wesens ein Selbst hat, das »weit über seine individuellen Bedürfnisse hinausgeht und ihn verbindet mit einer Welt jenseits konventioneller Normen«. So drückte es der US-amerikanische Universal-Philosoph Ken Wilber aus, unter anderem Autor der gewichtigen Bücher »Halbzeit der Evolution« und »Eros Kosmos Logos«. Ich glaube, dieses Verdrängen der eigenen Wirklichkeit, der Spiritualität, ist hauptsächlich verantwortlich für die Unzufriedenheit unserer gegenwärtigen Kultur. Wer an der Welt leidet, wird gerne verlacht. Man wirft solchen Menschen vor, ihr Mitgefühl sei Attitüde. Das mag bei einigen zutreffen, andere dagegen klammern sich so stark an das Leiden, dass sie sich anders nicht mehr definieren können. Aber es gibt nun mal auch jene, die, warum auch immer, so entschieden hinabgestiegen sind in den Urgrund des eigenen Wesens, dass sie die Verbundenheit mit allem, was ist, erspüren können. Nicht intellektuell, sondern so, wie man Hunger und Durst empfindet.

Ab diesem Augenblick ist nichts mehr, wie es mal war. »Ein kräftiges Leid erspart oft zehn Jahre Meditation«, sagt C. G. Jung, und der französische Philosoph Cioran schreibt einen Satz, der für mich in den letzten Jahren immer lebendiger wurde: »Geschwätz ist Konversation mit Menschen, die nicht gelitten haben.« Wenn man die Augen öffnet, wird man merken, wie viel Leid in dieser Welt ist. Ich meine jetzt nicht nur das Leid der ökonomisch Unterdrückten, sondern das alltägliche Leid, das alle in jedem Augenblick wie ein Blitzschlag treffen kann. Leid gehört zum Leben, und man kann das wie Camus in der Absurdität des Lebens begründet sehen – oder aber als eine Möglichkeit, sich und das Wesentliche des Lebens zu entdecken. Manchmal kann Leid eine Gnade sein, der erste Schritt zur Einsicht. Ich sage das nicht, weil ich beschlossen habe, ab jetzt nicht mehr zu lachen, keinen Blödsinn mehr zu machen und das Leben nicht mehr zu genießen. Nur: Ich kann nicht bewusst fröhlich sein mit der gebührenden Tiefe, wenn ich Elend, Leid und Tod aus meinem Leben ausklammere. Um nicht in ihm stecken zu bleiben, müssen wir das Leiden verstehen, es in Augenschein nehmen, zu seinen Wurzeln stoßen. Dazu bedarf es der sogenannten inneren Arbeit.

Und hier gerät man schnell in den Verdacht, ins Esoterische abzudriften. Nicht ganz zu Unrecht, denn einer der größten Fehler der meisten Esoteriker und Anhänger der »new spirituality« ist es, den Erkenntnissen der Wissenschaft, des objektiv Beweisbaren, aus dem Weg gehen zu wollen. Zwar ist ohne Frage die herrschende Meinung immer noch bestimmt von einem streng wissenschaftlichen Weltbild, und echte mystische und kontemplative Erfahrungen werden fälschlicherweise als Rückschritt in einen infantilen Narzissmus gedeutet, aber ebenso einseitig ist der Versuch, alle wie auch immer gearteten inneren geistigen Erlebnisse als Schritte zur Erleuchtung auszugeben. So wie unsere rein szientistisch und materiell bestimmten Meinungsmacher keine subjektive Wahrheit gelten lassen wollen, vertrauen jene ausschließlich dem eigenen Erleben und dem Irrationalen und sprechen objektiven Wahrheiten jeden Geltungsanspruch ab. Aber man entwickelt sich nicht weiter, wenn man die Vernunft ausschaltet, sondern nur, wenn man sie transzendiert, sie also mit einbezieht und über sie hinausschreitet.

Der Neurowissenschaftler V. S. Ramachandran schreibt in seinem sehr lesenswerten Buch »Die Frau, die Töne sehen konnte«:

Wenn wir erfahren, dass unser bewusstes Selbst ›nur‹ aus dem seelenlosen Hin und Her der Atome und Moleküle in unserem Gehirn entsteht, sind wir häufig betroffen, obwohl es nicht den geringsten Grund dafür gibt. Viele namhafte Physiker des letzten Jahrhunderts – Werner Heisenberg, Erwin Schrödinger, Wolfgang Pauli, Arthur Eddington und James Jeans – haben uns darauf hingewiesen, dass die fundamentalen Bausteine der Materie, wie zum Beispiel die Quanten, selbst höchst geheimnisvoll, wenn nicht sogar gespenstisch sind und Eigenschaften haben, die fast schon ins Reich der Metaphysik gehören. Daher brauchen wir nicht zu fürchten, dass das Selbst, nur weil es aus Atomen besteht, irgendetwas von seinem Nimbus des Wunderbaren und Ehrfurchtgebietenden einbüßen könnte. Wenn Sie möchten, können Sie dieses Gefühl der Ehrfurcht und des andächtigen Staunens Gott nennen.

Wie käme ich dazu, auf die Errungenschaften der Aufklärung, des Menschenrechts-Liberalismus, der Naturwissenschaften, der westlichen Psychologie zu verzichten, um in ein mythisches Denken zurückzufallen? Aber es gibt keine Alleinherrschaft des Wissens – und ebenso wenig möchte ich verzichten auf die aus der Stille und dem Nichtdenken geborene Weisheit eines Meister Eckhart, einer Theresa von Avila, eines Krishnamurti oder Ramana Maharshi. Es ist an der Zeit, die Wahrheiten zu integrieren. Es ist an der Zeit, die Kriege zu beenden – die in unseren Herzen, in unseren Köpfen und die auf den Schlachtfeldern. All diese Kriege sind in Wirklichkeit ein einziger großer Krieg in uns selbst, entstanden aus der Angst, seine Vorstellung von sich und der Welt zur Verwandlung freizugeben. Gilt das wirklich für alle Kriege? Ich weiß es nicht, und sicher sollte ich mich davor hüten, die Weltgeschichte auf eine einzige Ursache zu reduzieren. Quasi als Gegenentwurf zu manchen Marxisten, die alles nur aus ökonomischen Gesetzmäßigkeiten herleiten wollen.

Leider gibt einem die heutige weltpolitische Situation kaum Anlass zur Hoffnung auf einen geistigen Wandel. Das Denken in mythischen Kategorien des Kampfes zwischen Gut und Böse wird fast unwidersprochen hingenommen. Als dieser Versuch gegen den Kommunismus unter Ronald Reagan gestartet wurde, gab es noch weltweit Proteste. Heute sind wir indoktriniert genug, um die wenigen, die noch protestieren, als unbelehrbare Pazifisten zu beschimpfen und als ewig Gestrige zu verspotten oder mit Berufsverbot zu belegen. Nun haben wir wieder einen Krieg, in dem die Gegner ausschließlich als »Kämpfer« bezeichnet werden und die eigenen Kämpfer als »Soldaten«. In dem jeder Staatsterror »Kampf gegen den Terrorismus« genannt wird. »In diesem Durcheinander wird Gewalt immer wieder geboren werden«, schreibt Eugen Drewermann in seinem wegweisenden Buch »Krieg ist Krankheit, keine Lösung«.

Es hilft nichts, dass wir gewöhnt sind, die staatlich organisierte Gewalt von vornherein für legal zu halten und damit auch schon mit dem Schatten des Legitimen zu versehen, während wir die noch nicht staatlich gebundene Gewalt prinzipiell als das Zügellose und Anarchische begreifen. Auf diese Weise äußern wir nicht Rechtsempfinden, sondern nur den Respekt vor faktischen Organisationsformen; dieses Recht steht aber von vornherein auf Seiten der Herrschenden. Macht und Recht sind indessen zweierlei.

»Darf man Menschen mit Waffen der Moderne ausstatten, deren Mentalität sich im Paläolithikum aufhält?«, fragt Drewermann an anderer Stelle, und ich frage mich, wie wir diesen geistigen Rückschritt wieder umkehren können. Wie können wir uns wehren? Einerseits ist es notwendig, mit klarem Verstand die wirklichen politischen und vor allem ökonomischen Hintergründe und Zusammenhänge nüchtern zu durchschauen, jenseits aller Propaganda. Darüber hinaus bin ich der festen Überzeugung, dass eine wirklich neue, friedliche Politik ohne eine neue Spiritualität nicht möglich ist. Eine Spiritualität allerdings, die alle Grenzen der Religionen aufhebt, weil sie das Göttliche nicht auf Altären sucht, sondern im Menschen selbst. Wir müssen wieder zu sprechen bereit sein über die Untrennbarkeit des Menschen von der Welt, über die Verbindung unserer biologischen Existenz mit dem Universum, über unsere geistige Verbundenheit mit allem, was lebt. Wir müssen wieder zu sprechen beginnen von der Liebe und der Schönheit des Daseins, die nur in der Stille erfahren werden kann. Eichendorff hat in seinen Gedichten an besonders »magischen« oder gefühlsintensiven Stellen gerne diese »Stille« beschworen. Zum Beispiel in seiner von Schumann so kongenial vertonten »Mondnacht«: »Es war, als hätt der Himmel/die Erde still geküsst ...« Oder in seinem Gedicht »Weihnachten«: »Markt und Straßen stehn verlassen,/still erleuchtet jedes Haus ...«

Als geübtem Wanderer zwischen den Welten wird mir gerade in jüngster Zeit immer wieder deutlich vor Augen geführt, wie scheinbar unüberwindbar der Graben zwischen dem »politischen« und dem »spirituellen« Lager ist. Auch in persönlichen Kontakten erlebe ich immer wieder, dass gerade die sogenannte linke Szene, die ich ja nicht ohne Grund noch am ehesten als meine politische Heimat betrachte, vollkommen »zu« ist gegenüber allem Spirituellen. Viele, die meine politischen Lieder wie »Willy« oder »Sage nein!« mögen, meditieren nicht, sprechen nicht von Gott und empfinden meine in Interviews in letzter Zeit verstärkt auftretenden Bekenntnisse zur Spiritualität geradezu als Verrat an angeblich von mir selbst propagierten Idealen. Unter esoterischen Überfliegern andererseits ist jedes politische Engagement verpönt; es gilt als »unbewusst«, Veränderungen irgendwo anders als in der sorgsam kultivierten Innenwelt anzustreben. Einzig in der Friedensbewegung finden sich Verbindungen zwischen beiden Welten, ansonsten ist die Debatte von Häme einerseits und borniertem Desinteresse andererseits geprägt.

Vor allem bestimmten orthodox-verhärteten Marxisten scheint jeder Zugang zur geistigen inneren Welt verschlossen, auch wenn sich, wie ich es oft persönlich erlebt habe, ihre Sehnsucht dagegen auflehnt, dass einzig das Sein das Bewusstsein bestimmen soll. Ihnen, man könnte auch sagen den Talmimarxisten wie den Stalinisten, war auch die Psychoanalyse stets ein Dorn im Auge – umso mehr die Entdeckung der eigenen Seele als sinnstiftendes Element der Menschwerdung. Seit Ernst Bloch die Jungsche Psychologie als reaktionär, also antirevolutionär, weil irrational denunzierte, begann eine bis heute anhaltende Verweigerungshaltung gegenüber dem Kampf um die persönliche Identität, gegenüber dem nicht verzweckbaren Weg nach innen – eine Verweigerungshaltung, die sich bis heute in den Köpfen der gesellschaftlich und politisch Engagierten als Brandmauer gegen jeden Ansatz von Spiritualität festgesetzt hat. Es geht mir hier bestimmt nicht darum, Ernst Bloch abzukanzeln. Im Gegenteil, er war ein Marxist, der das Seelische und Emotionale immer wieder mit einbezog. »Geist der Utopie« und »Das Prinzip Hoffnung« belegen das eindrucksvoll. Und so sehr ich Jung schätze und ihn auch zitiere, manches an seiner Tiefenpsychologie ist durchaus hinterfragenswert. Dennoch gebe ich Bloch nicht recht, wenn er sagt – so im ersten Band seines Großwerkes »Prinzip Hoffnung« –, dass Jung in seiner Seelenkunde alles aufs »Urzeitliche reduziere« und die menschliche Hoffnung »archetypisch eingekapselt« hätte, also nur eine Rückwärtsrichtung kenne. Mit seinem Begriff der »Individuation« hatte Jung ganz im Gegenteil auch das Zukünftige, das Noch-Nicht-Erreichte, im Auge, auf das unsere Seele zustrebt. Und gemeinsam war beiden, über alle Gräben hinweg, dass sie dem Seelischen und den emotionalen Triebkräften eine sehr große Rolle zusprachen in ihren Theorien.

Etwas anders verhält es sich bei unserer spätbürgerlichen, spätkapitalistischen Leistungsgesellschaft. Geübt darin, Waren herzustellen, um sie darauf wieder zu vernichten, bekämpft sie dieses verständliche Verlangen nach *religio* natürlich nicht, sondern vermarktet sofort jedes Aufkeimen spirituellen Begehrens, um es dadurch gleich darauf der Beliebigkeit anheimfallen zu lassen, ins Gewöhnliche zu zerren, als käuflich zu korrumpieren. Gleichzeitig misstraut sie natürlich jedem, der sich dieser Vermarktbarkeit verweigert und sich dem Gebrüll der marktschreierischen Welt durch Innenschau in der Stille entzieht. Diese im wahren Sinn des Wortes authentischen Menschen, Individualisten, die sich der Normierung und dem Massengeschmack verweigern, werden gerne der Lächerlichkeit preisgegeben und als Sonderlinge an den Pranger gestellt.

So sehr mir *auch* das irdische Dasein und die Befreiung der Sinnlichkeit von moralischen Zwängen und religiösen Fundamentalismen am Herzen liegt, so sehr ich die Notwendigkeit, sich gerade jetzt in politisch verhängnisvolle Mechanismen einzumischen propagiere – so sehr plädiere ich dafür, das eigene Selbst nicht zu verleugnen. Ich möchte dazu ermutigen, Selbstbestimmung der Fremdbestimmung entgegenzusetzen und sich dem zu öffnen, was jenseits des diskursiven Verstandes in uns wohnt, dem Mysterium durch stille Einkehr zu begegnen. Unsere Aufgabe ist es, Spiritualität – frei von esoterischen Vermarktungsmechanismen und Elfenbeinturmelei – zuzulassen, sie wiederzuentdecken und ins Diesseits zu befördern.

Wegen des Irrationalitätstraumas hat man im Nachkriegsdeutschland versucht, die Kunst nur noch rational zu gestalten. Das musste natürlich schiefgehen und führte oft zu bemühten, uninspirierten und staubtrockenen Kunstschöpfungen. Zumindest aber dominierte der Realismus, der eine Reihe guter Bücher hervorgebracht hat, jedoch nicht in der Lage war, Verzauberung einzufangen und auf etwas zu verweisen, das größer ist als der isolierte menschliche Verstand. Kunst ist für mich ihrem Wesen nach mystisch und drängt nach Vereinigung, der Vereinigung der einzelnen Töne in einer übergreifenden Harmonie, der Vereinigung von Künstler und Publikum im gemeinsamen Konzerterlebnis, der Vereinigung des Komponisten mit einer nicht definierbaren »Quelle«, aus der alle Inspiration herkommt. Die Ratio dagegen trennt und spaltet, was eigentlich zusammengehört, in Begriffe und Einzelteile auf. Hier bin »ich«, dort bist »du«; hier ist das Instrument, dort der Ton, den das Instrument erzeugt, und als drittes gibt es das Ohr des Zuhörers, das den Ton wahrnimmt. In Wirklichkeit gibt es nur das *eine* Klingen, und in manchen Momenten auf der Bühne kann ich spüren, dass Künstler und Publikum zu einem gemeinsamen Körper, zu einer gemeinsamen Seele verschmelzen. Es mag kitschig klingen, aber ich bezeichne es manchmal als einen regelrechten »Liebesakt« mit dem Publikum, als einen Energieaustausch, der mich nährt und mir Kraft gibt. Wenn ich eine Zeit lang keine Konzerte mehr gebe, fehlt mir diese beglückende Erfahrung.

Es besteht also kein Anlass, sich für dieses Emotionale zu schämen. Auch sind rationale und spirituell unbeleckte Leute nicht notwendigerweise die besseren Menschen. Ich kenne sehr viele, die politisch engagiert sind und sich zugleich offen zu Religion, Mystik oder Spiritualität bekennen. Sie sind vielleicht nicht *trotz* ihrer spirituellen Neigungen politisch engagiert, sondern *gerade deshalb*. Wir können ja bei den Aktivisten, auch bei Linken, immer wieder erkennen, wie sie sich ruhelos und verbissen an ihren Feindbildern aufreiben und dabei denen, die sie zu bekämpfen meinen, charakterlich immer ähnlicher werden. Wenn politisch engagierte Menschen sich immer wieder einmal Ruhe gönnen, nach innen gehen und sich mit dem sogenannten Bösen in sich selbst beschäftigen würden, könnten sie dadurch eine Befreiung von ihren Feindbildern erleben. Wichtig ist, immer wieder dieses mystische Einheitsgefühl zu spüren. Wir hängen alle so unauflöslich miteinander zusammen, dass es vollkommen sinnlos ist, uns gegenseitig die Köpfe einzuschlagen.

Die institutionalisierten Religionen sind dabei nicht hilfreich, da sie ja ihrem Wesen nach eine Gemeinschaft begründen, die zwischen den Dazugehörigen und denen »da draußen«, zwischen Rechtgläubigen und Ungläubigen unterscheiden. Daher bin ich bekanntlich nur sehr bedingt ein

Freund der Religionen, aber ich halte viel von der Suche nach jener anderen Wirklichkeit, die in unserem Inneren verborgen ist. Sie unterscheidet sich gewaltig von der anderen trügerischen Wirklichkeit, der wir Menschen oft aufsitzen und die uns von interessierten Kreisen auch immer wieder suggeriert wird. Letztlich suggerieren wir sie uns aber auch selbst. Wir bauen uns eine Scheinwelt, die einzig und allein dazu dient, uns von der Wahrheit in unserem Inneren abzulenken und zu isolieren.

Diese Wahrheit offenbart sich uns am reinsten in der Stille. Deshalb gehört die Lautstärke auch zu den gefährlichsten Waffen im Arsenal dieses »Lebens in der Lüge« (Václav Havel), zu eigentlich allen Lügen, die man uns aufdrängen will und mit denen wir uns zufriedengeben sollen. Wir werden verfolgt von Tönen. Wir gehen irgendwohin – in ein Kaufhaus, in einen Fahrstuhl oder in ein Restaurant – und werden gezwungen, Musik zu hören. Ich habe mich in einem Gedicht mal gefragt, wohin dieser ganze musikalische Schrott eigentlich entsorgt werden kann. Ins Weltall? Man muss sich nur einmal in einer Stadt auf eine Bank setzen, die Augen schließen und bewusst dem Lärm zuhören, der uns dort umgibt. Normalerweise nehmen wir das Getöse gar nicht mehr wahr, weil es eben unablässig da ist. Wenn du dagegen einmal versuchst, dich an einem solchen Ort meditativ zu konzentrieren, erschrickst du über den Lärm. Jedes Mal, wenn ich in die Toskana fahre, wo ich ja seit dreißig Jahren ein Haus in der Einöde habe, brauche ich zwei Tage, um mich allein an diese ungeheure Stille zu gewöhnen. Lautstärke fordert dich dazu auf, dich abzulenken, dich nicht wirklich dir selbst, der Welt, dem Leben zuzuwenden – denn das geht nur in der Stille.

Daher ist es sowohl für einen spirituellen als auch für einen politischen Menschen immer wieder enorm wichtig, in die Stille zu gehen. Das ist viel mehr als nur eine Marotte politisch untätiger Esoteriker. Albert Schweitzer spricht von »tätiger Hingabe an die Welt«. Woher soll aber diese Hingabe kommen, wenn uns eine Käseglocke aus sinnlosen Geräuschen und hohlen Phrasen vom unmittelbaren Erleben dieser Welt abschirmt? Das ist ja auch die eigentliche Bedeutung des Wortes »Sünde«. Das Wort bedeutet nichts anderes als abgesondert sein von der Wirklichkeit, wie ich sie vorhin beschrieben habe. Vom Urgrund des Seins, der in unserer Kultur als »Gott« bezeichnet wird, den man aber auch ganz anders benennen kann.

Wer sich vom Lärm (und damit meine ich auch den Geräuschsmog fremder und eigener unproduktiver Gedanken) vereinnahmen lässt, wird nie einen dieser Momente der Einheit erleben, die man als Essenz von Mystik bezeichnen kann. Wir alle haben solche Momente sicherlich schon einmal erlebt: in der Kindheit oder in der Liebe zum Beispiel. Solche Erlebnisse tragen uns weit hinaus über Raum und Zeit. In diesen seltenen Augenblicken spüren wir den Urgrund unserer Sehnsucht, einen Moment der Ewigkeit zu erfahren. Diese Ewigkeit hat natürlich – und das ist der Grund für unsere Angst vor ihr – nichts mehr mit unserem »Ich« zu tun. Das ist dann verschwunden, bedeutungslos geworden. Die Frage ist also nicht, ob solche Momente existieren, sondern, ob wir sie zulassen können. In unserer Alltagsgeschäftigkeit laufen wir Gefahr, uns um Ewigkeiten zu betrügen.

Ohne Zweifel haben wir aber alle diese Sehnsucht in uns – zumindest unbewusst. Und das ist es vielleicht, was man als Suche nach dem Glück bezeichnen könnte. Leider versucht die Gesellschaft, uns in eine völlig gegensätzliche Richtung zu ziehen. Sie will uns klarmachen, dass unser Glück nur von dem abhängt, was wir haben und was wir konsumieren können. Der postmoderne Mensch definiert sich ausschließlich durch das, was er besitzt. Wenn ihm dies genommen wird, hat er gar nichts mehr. Daher gehört es zu den wichtigsten Herausforderungen, die unsere Zeit an uns stellt, der Ökonomisierung aller Lebensbereiche etwas entgegenzusetzen.

Dies funktioniert sicher nicht – wie immer wieder gefordert wird – durch die Vermenschlichung des Kapitalismus. Der lässt sich nämlich nicht vermenschlichen, da er die Interessen des Kapitals nach maßloser Selbstvermehrung grundsätzlich höher bewertet als das Recht der Menschen auf Glück und Selbstentwicklung. Selbstverständlich hat das mit der von Marx so klar analysierten Aneignung des gesellschaftlichen Mehrwerts zu tun. Auch wenn mir Hardcore-Marxisten mitunter gehörig auf die Nerven gehen – Tatsache ist, dass keiner den Kapitalismus so klug und richtig entlarvt hat wie Karl Marx und dass er ein bahnbrechendes Werk hinterlassen hat, dessen Gültigkeit sich gerade in diesen Zeiten bestätigt. Der einzelne Mensch ist Mittel zum Zweck, damit Firmen aus selbst inszenierten »Standortwettbewerben« siegreich hervorgehen können. Ein »menschlicher Kapitalismus« ist wegen der antihumanistischen Grundausrichtung dieses Systems immer nur sehr bedingt, deshalb bestenfalls nur zeitweise und bestenfalls nur als zeitweilige Abmilderung seiner Brutalität möglich – so wie es in den amerikanischen Südstaaten auch mildere Formen der Sklaverei gab.

Kapitalismus muss überwunden werden, in seinen äußerlichen Organisationsformen, aber auch in unserem Geist, den er – wie fast alles auf der Welt – erfolgreich kolonialisiert hat. Nichts fördert geistige Unabhängigkeit besser, befreit gründlicher von Gier, Konsumsucht und Duckmäusertum als richtig verstandene Spiritualität. Es kann keine wirklich humane und tief greifende Revolution geben, deren Herz und Seele nicht Spiritualität ist. Der Kern spirituellen Welterlebens ist das Wissen um die Verbundenheit. Ein Einzelner, der um die wechselseitige Abhängigkeit aller Wesen und Naturphänome weiß, wird sich außerstande sehen, mutwillig gegen das Wohl des Anderen zu handeln. Deshalb gibt es auch noch eine andere Form von Dummheit als diejenige, die sich in einem niedrigen IQ äußert. (Es mag ja selbst Börsenspekulanten mit einem hohen Intelligenzquotienten geben.) Ich meine den fundamentalen Mangel an sozialer und spiritueller Intelligenz, ich meine die Weigerung zu verstehen, dass wir alle zusammengehören. Camus fasste das kurz zusammen in dem Satz: »So was macht ein Mensch nicht.«

Ich traue mir nicht zu, im Alleingang ein Modell zu entwickeln, das den Kapitalismus zu überwinden und die Welt zu retten in der Lage wäre. Und ob gleich die ganze Welt zu retten ist, sei sowieso dahingestellt. Wohin und zu was sollte man die Menschen denn retten? Aber gerechter könnte man sie machen, diese zutiefst ungerechte Welt. Und das kann nur durch die geistige Kraft und die tätige Fürsorge vieler mitfühlender Menschen gemeinsam geschehen. Die spirituelle Lehrerin Ma Jaya Sati Bhagavati sagte in einem Interview: »Fang ganz klein an. Schau wie es sich anfühlt, für etwas Sorge zu tragen. Und lass es Nahrung finden. Lass es wachsen. Ja, es überwältigt einen. Aber in mir ist eine solche Leidenschaft für das, was man tun kann! Und wenn wir untergehen, dann gehen wir unter – aber nicht, ohne es zu versuchen.« Auch ein noch so ausgefeiltes spirituelles Weltbild bleibt steril, wenn es nicht in die menschliche Tat mündet. Die große indische Denkerin Vimala Thakar schreibt:

In dieser Epoche ein spirituell Suchender ohne soziales Gewissen zu sein, ist ein Luxus, den wir uns schwerlich leisten können. Und es ist die ärgste Torheit, ein sozialer Aktivist ohne exaktes Verständnis der inneren Funktionsmechanismen des menschlichen Verstandes zu sein.

Der Vogel der großen Revolution des Mitgefühls braucht also zwei Flügel, um abheben zu können: einen politisch-weltlichen und einen spirituell-geistigen. Wer politisch arbeiten möchte, muss bereit sein, sich immer wieder auf sich selbst zu besinnen, er muss fähig werden, in sich und seine psychischen Verstrickungen einzusteigen, seine wahre Identität zu entdecken, Eitelkeiten zu enttarnen, Lügen aufzudecken. Wir sind so uneins mit uns selbst, dass wir immer noch bereit sind, zu glauben, nur die anderen seien gewalttätig und wir allein zum Frieden bereit. Wie wäre es, wenn sich jeder von uns für einen kleinen Teil – nur ein paar Quadratmeter – jener anderen, betrogenen und ausgeplünderten Welt tätig verantwortlich fühlte, die wir überheblich die »Dritte« genannt haben. Dies wäre ganz im Sinne von Albert Schweitzers Ethikbegriff der »tätigen Hingabe im engsten Bereich«.

Die beste Definition von Freiheit ist, die Angst zu verlieren. Janis Joplin sang ja: »freedom is just another word for nothing left to lose«, und etwas Ähnliches meinte ich in meinem »Willy« mit dem Satz: »Freiheit, des hoaßt koa Angst hab'n vor nix und neamands.« Es gibt ein Foto von Sophie und Hans Scholl auf dem Gefängnishof, kurz vor ihrem Tod. Sie rauchen zusammen eine Zigarrette. Das Foto ist unglaublich schön, weil die Gesichter der beiden so gelöst sind. Sie lachen sich an, und man würde nie annehmen, dass sie kurz vor ihrer Hinrichtung stehen. Warum ist auf den Gesichtern von Sophie und Hans Scholl so wenig Angst? Vielleicht weil sie so überzeugt von dem waren, was sie getan haben. Wahrscheinlich auch – vor allem bei Sophie – weil der christliche Glaubenshintergrund eine große Rolle gespielt hat. Man sieht auch an diesem Beispiel: Der mystische Weg nach innen hat nichts mit päpstlicher Sexualmoral zu tun oder mit jenen »Göttern«, von denen ich wünschte, sie mögen »zugrunde gehen«. Der wirklich spirituelle Mensch ist »der Welt gestorben« und findet gerade dadurch die Kraft, die Welt zu gestalten.

VORBOTEN EINER NEUEN WIRKLICHKEIT

Wenn unsre Brüder kommen
mit Bomben und Gewehren,
dann wolln wir sie umarmen,
dann wolln wir uns nicht wehren.

Sie sehen aus wie Feinde,
sie tragen Uniformen,
sie sind wie wir verblendet
und festgefahrn in Normen.

Auch wenn sie anders sprechen,
wir wolln mit ihnen reden. Es solln die Präsidenten
sich doch allein befehden!

Jedoch, bevor sie kommen,
wär's gut, sich zu besinnen.
Ein jeder muss die Liebe
mit sich allein beginnen.

Wenn unsre Brüder kommen
mit Bomben und Gewehren,
dann wolln wir sie umarmen,
dann wolln wir uns nicht wehren.

EINES DER WICHTIGSTEN BÜCHER von Arno Gruen heißt »Ich will eine Welt ohne Kriege«. Allein dieser Titel ist schon mutig, denn ich sehe die naserümpfenden Besserwisser ein solches »Gutmenschenprodukt« schon mit Häme übergießen. Gruen wollte mit diesem Buch vor allem auch jungen Menschen Mut machen, sich wieder zu engagieren. Es erreichte mich 2010, zu einem Zeitpunkt, an dem ich schon etwas verzweifelt war an der Hemmungslosigkeit, mit der sich unsere Politik, fast unbehelligt von Kritik und Widerstand, an der Militarisierung Europas beteiligt. Wünscht sich ein Kind eine Welt ohne Kriege, wird es von Erwachsenen als naiv abgetan, genauso wie der Jugendliche oder alte Friedensaktivist, der für Frieden demonstriert. »Aber was ist naiv an solchen Wünschen?«, schreibt Gruen. »Was ist lächerlich daran, sich eine Welt ohne Gewalt vorzustellen? Warum wird ein von Liebe bestimmtes menschliches Zusammenleben als naiver Traum abgetan?«

Henry Miller, der einzige tatsächliche Held meiner Jugendzeit, schreibt in »Rimbaud oder vom großen Aufstand«: »Vielleicht fehlt uns ein Träumer, und wir wissen noch nicht einmal, dass er uns fehlt [...] der Träumer, der wahre begeisterte Irre, der Einsame, der wirklich Verlassene, der einzige tatsächliche Rebell.« Träume können subversiver sein als politische Ideologien, deshalb sind sie für die selbsternannten Realisten so gefährlich.

Ob das auch für Lieder gilt? Ist das vielleicht der Grund, warum man mich beim Fernsehen zwar immer wieder gern zu Talkrunden einlädt, mir aber nur äußerst selten die Gelegenheit bietet zu singen? Arno Gruen: »Die Quelle von Feindseligkeit und Gewalt liegt in einer Kultur, die Leistung und Besitz über alles stellt und es Menschen kaum möglich macht, ein Selbst zu entwickeln, das auf Vertrauen und Mitgefühl beruht.« Dem ist nichts hinzuzufügen.

Der Begriff »Pazifismus« ist selbst für viele politisch bewusste Menschen noch immer eine Provokation. Ich verwende ihn hauptsächlich deshalb, weil ja selbst die größten Kriegstreiber immer wieder von sich behaupten, dass sie für den Frieden sind. Der Begriff wird geradezu inflationär verwendet. Die einen wollen Frieden mit Waffen schaffen, die anderen ein Land »befrieden«. Eigentlich gibt niemand von diesen Menschen offen zu, dass er einen permanenten Kriegszustand wünscht, denn daran kann man nun mal prächtig verdienen. Vor allem das verhältnismäßig kleine Deutschland, als teilweise drittgrößter Waffenexporteur der Welt. Ich habe festgestellt, dass ich, wenn ich mich als Pazifisten bezeichne, sofort eine Diskussion auslöse und zu Widerspruch reize. Darf man das wirklich noch in einer Zeit, in der die Situation an vielen Orten der Welt geradezu nach »humanitären Einsätzen« schreit, also nach Interventionen, die mit Gewalt andere Gewalt zu beenden suchen? Die Gespräche, die ich darüber mit klugen Menschen führte, haben meinen Horizont beträchtlich erweitert.

Ich habe festgestellt, dass gerade Leute, die sich aktiv in der Friedensbewegung engagieren, kein Probleme damit haben, sich als Pazifisten zu bezeichnen. Warum? Ich glaube, sie merken durch ihre Arbeit, dass Pazifismus etwas Tätiges ist, das nichts mit einem untätigen Warten auf friedliche Zeiten zu tun hat. Wer in Krisengebieten vor Ort ist, um sich für Frieden einzusetzen, braucht allemal mehr Mut als diejenigen, die in Deutschland vom Schreibtisch aus die Notwendigkeit von Kriegen erklären. Ich habe ja schon darüber berichtet, dass ich im Irak mit Menschen zusammen war, die als lebende Schutzschilde im Land geblieben sind. Ich habe hohen Respekt vor Frauen wie der Journalistin Ellen Diederich, einer unermüdlichen Friedensarbeiterin und Aktivistin der ersten Stunde, die über Jahrzehnte immer wieder in Krisengebiete gefahren ist und dort versucht hat, gewaltfrei für den Frieden zu kämpfen. Oder vor meiner Freundin Heike Hänsel, entwicklungspolitische Sprecherin der Linksfraktion, die mit uns im Irak war und die unter anderem an der palästinensisch-israelischen Grenze tagelang mit Menschen aus beiden »Lagern« kampiert hat. Ihnen fiele es sicher nicht schwer, sich als Pazifistinnen zu definieren. Vielleicht fällt dies Männern ja besonders schwer, weil sich diese nicht so gern dem Verdacht aussetzen, »Weicheier« zu sein.

Mein Lied »Wenn unsere Brüder kommen« wurde ja sogar von Joan Baez gecovert und auf Deutsch weltweit gesungen. Was ich darin beschrieben habe, ist eine Utopie, gewiss. Aber das Schöne an einer Utopie ist ja eben, dass sie auch dann Gültigkeit hat, wenn sie sich nicht so schnell realisieren lässt. Sie ist etwas, das sich viele Menschen im Laufe eines langen Zeitraums erarbeiten können. Schon heute gibt es gewiss Personen, die Gewaltfreiheit in sich selbst so gründlich verwirklicht haben, dass sie sich lieber töten lassen würden, als jemand anderen zu töten. Ich bin noch nie in einer solchen Situation gewesen und zweifle, ob ich zu einer solchen Konsequenz fähig wäre. Man erfährt ja immer wieder von entsetzlichen Gräueltaten, von Menschen, die Angehörige anderer Ethnien ohne einen Funken Mitgefühl niedermetzeln, sie ausmerzen, als wären sie Ungeziefer. Ich bin unsicher, ob ich als Betroffener nicht doch zur Waffe greifen und mich wehren würde.

Und mehr als früher beschleicht mich das Gefühl, dass es eine absolut richtige Haltung für alle Eventualitäten gar nicht geben kann. Aber man muss sich für eine entscheiden, um irgendwie klarzukommen mit der Fülle der Möglichkeiten. Für den Pazifismus habe ich mich entschieden, weil diese Haltung meinem Verständnis und meiner Kenntnis am nächsten kommt. Auch meiner persönlichen Geschichte – der eines Menschen, der nach dem Grauen der beiden Weltkriege in Europa zur Welt kam. Je älter ich werde, umso vorsichtiger werde ich zu behaupten, dass eine Idee – welche auch immer – die für alle Zeiten, in allen Fällen und für alle Menschen einzig richtige sein könne. Und dennoch: Ja, ich bin Pazifist und gedenke, es bis an mein Lebensende zu bleiben.

Ich wehre mich vor allem gegen manipulative Fragen, wie sie früher zum Beispiel den Kriegsdienstverweigerern gestellt wurden: Wenn jemand versuchen würde, Ihre Frau zu vergewaltigen, würden Sie diese dann nicht verteidigen? Es ist doch ein Unterschied, ob ich mich selbst entscheide, dass ich mich schützend vor einen Menschen stelle, oder ob ich einem General oder Führer vertraue, der mir erzählt, das Vaterland müsse verteidigt werden. Ich misstraue zutiefst der militärischen Hierarchie und der bellizistischen Logik der Politik. Wir werden ohnehin von den Medien viel belogen. Wenn Krieg wäre, würde man uns wahrscheinlich nur noch belügen. Ohne massive Propaganda könnte man eine Bevölkerung ja gar nicht dazu bringen, einem Krieg zuzustimmen. Man muss sie erst in einem längeren »Meinungsbildungsprozess« aufwiegeln und für einen militärischen Einsatz begeistern. Gerade die großen weltpolitischen Prozesse bleiben für den Bürger vor dem Fernsehschirm sehr abstrakt. Es ist ihm fast unmöglich, aufgrund der selektierten Informationen zu entscheiden, wo Recht und wo Unrecht liegt, wer der Angreifer ist und wer sich lediglich verteidigt. Im Kriegsfall, in der selbst gewählten Unterwerfungssituation als Soldat, wäre ich genötigt, einem

Politiker oder einem Offizier zu vertrauen, der mir erzählt, es sei notwendig, diesen Menschen zu erschießen, der vor mir steht und den ich nie im Leben gesehen habe. Nein, in diese Situation möchte ich niemals kommen oder mich durch pauschalen Vorweg-Gehorsam in diese unmenschliche Situation hineinmanövrieren lassen.

Häufig wird mir ja unterstellt, es bestünde ein Widerspruch zwischen meinem Pazifismus und der Aggressivität meines Auftretens – etwa auf der Bühne. Nun ist mir durchaus bewusst, dass – wie an einer früheren Stelle schon angemerkt – ein Krieger in mir lauert. Dass ich also auch deswegen Pazifist geworden bin, um mich vor mir selbst zu schützen. All das sei zugestanden. Freilich: Manches, was politische Gegner an mir »aggressiv« nennen, möchte ich eher kraftvoll nennen. Wenn jemand eine etwas mächtigere Statur hat als andere Liedermacher und mit mehr Vehemenz auftritt, wird ihm schon unterstellt, sein Pazifismus sei nur Fassade. Ich finde nicht, dass jemand, der für den Frieden ist, zu einem durchweg sanften Wesen verpflichtet ist. Dass er nur mit leiser Stimme sprechen und mit Birkenstock-Sandalen durch die Gegend schleichen dürfte. Ohne mich mit Gandhi vergleichen zu wollen – so etwas würde ich im Traum nicht wagen –, meine ich doch, dass er kein Leisetreter war. Er dürfte in seiner Auseinandersetzung mit den Engländern eine überwältigende Kraft ausgestrahlt haben, so klein und dünn er auch war. Nicht jedes kräftige »Zu-sich-selbst-Stehen« muss gleich Aggressivität sein. Ich glaube, es ist ganz gut, wenn jemand wie ich mit aller Gewalt für Gewaltfreiheit eintritt.

Carl Friedrich von Weizsäcker sagte, ein radikaler Pazifismus sei das »christlich einzig Mögliche«. Sicher ist, dass

Religion – wenn man sie richtig versteht, nämlich als etwas, das innen erlebt wird und einem nicht durch Dogmen aufgedrängt wird – überhaupt nicht kriegerisch sein kann. Es sind immer nur Machtapparate, die den Menschen bestimmte Religionen aufdrängen wollen und die zum Krieg bereit sind. Daher ist mir eine Religion am liebsten, die im Grunde gar keine Religion ist, also keine starren Strukturen und Hierarchien ausgebildet hat. Der Buddhismus kommt dieser Vorstellung vielleicht am nächsten, obwohl sich einige seiner Vertreter ebenfalls die Finger schmutzig gemacht haben. Im Grunde ist der Buddhismus eine praktische Psychologie, die den Menschen helfen soll, sich von Leid zu befreien. Ethik wird nicht als göttliches Gebot verstanden, dem man sich, ohne es zu hinterfragen, einfach zu unterwerfen hat. Man handelt ethisch, um sich und anderen Leid zu ersparen, denn niemand kann ein Verbrechen begehen, ohne dabei sich selbst (und dem Ganzen) zu schaden.

Eine andere Utopie, für die ich mich immer wieder rechtfertigen muss, ist der Anarchismus. Es gibt kaum einen politischen Begriff, der mehr missverstanden wird. Schon in jungen Jahren habe ich mich dagegen gewehrt, dass Anarchie mit Terror und Gewalt gleichgesetzt wird. Das ist nicht ihr Wesen, Anarchie ist vielmehr der Versuch, ein herrschaftsfreies Leben zu gestalten. Und dazu gehört eigentlich sehr viel Formwille, denn das Zusammenleben ohne Machtstrukturen will ja gestaltet werden. Was noch unbedingt dazugehört, ist Liebe – etwas, das man der Anarchie gerne abspricht, weil sie ja als Weltanschauung der Chaoten und Bombenbastler gilt. Anarchie muss eine liebevolle Gesellschaft sein, sonst funktioniert sie nicht. Ich muss zugeben, dass ich mich mit der anarchistischen Ideologie kaum auseinandergesetzt habe. Das macht auch Sinn, denn ich glaube, dass »anarchistische Ideologie« ein Widerspruch in sich ist. Deshalb gibt es auch keine umfassende geordnete Theorie dazu – vergleichbar mit dem »Kapital« von Karl Marx. Anarchie muss lebendig bleiben und in der Praxis immer wieder neu entdeckt und erschaffen werden. Sie ist eher eine poetische Parabel für ein freies Leben selbstbestimmter Menschen, das meines Erachtens unbedingt erstrebenswert ist.

Wieder gilt: Wir sollten nicht dem Propagandagerede aufsitzen, wonach es eine »natürliche« menschliche Konstante sei, dass es Herrscher und Beherrschte gibt. Was die Menschheit Tausende von Jahren falsch gemacht hat, kann jetzt endlich in einen Prozess der Veränderung eintreten. Schließlich ist die Geschichte von Herrschaft und Hierarchien auch eng mit dem Patriarchat verflochten, und das zeigt spätestens ab der zweiten Hälfte des 20. Jahrhunderts Auflösungserscheinungen. Wir müssen vielleicht ziemlich weit in die Geschichte zurückgehen, um zu einem völlig anderen Entwurf von Gesellschaft vorzudringen, von dem wir uns Ideen holen könnten. Das Matriarchat zum Beispiel war keineswegs nur ein umgekehrtes Patriarchat, eine »Herrschaft der Frauen«. Es muss eine Ordnung gewesen sein, die sich stärker an Organisationsformen der Kooperation und eines liebevollen Miteinanders orientiert hat, mit der Mutter als Oberhaupt der Familie und einer Kindererziehung, die nicht in einer eng umgrenzten Kleinfamilie, sondern von der ganzen Gemeinschaft vollzogen wurde.

Die Tatsache, dass wir jetzt eine Bundeskanzlerin haben, ändert nichts daran, dass sie als Frau im Rahmen eines autoritären, patriarchalischen Systems agiert. Wirkliche Anarchie wäre formlose Ordnung. Jacques Élisée Reclus, ein französischer Anarchist des 19. Jahrhunderts, nannte sie die »höchste Form der Ordnung«. Der Gedanke der formlosen Ordnung gefiel mir schon immer, vielleicht weil meine ganze Lebensweise mich daran erinnerte. Eine anarchistische Partei zu gründen, wäre sinnlos und widersprüchlich. Um die Gesellschaft lebendig zu halten, braucht es eine in Bewegung bleibende Empörung. Henry Miller hat den schönen Satz gesagt: »Als Künstler hat man quasi die Verpflichtung, Anarchist zu sein. Es gibt gar keine andere Möglichkeit.« In diesem Sinn war meine Begeisterung für den Anarchismus auch eher instinkthaft und emotional und weniger durchdacht.

Die 68er-Bewegung war anfangs noch sehr anarchistisch und mit viel Lust und Spaß verbunden. Jeder wollte sich so frei wie möglich entwickeln. Später kamen dann die ersten Kadergruppen, und da war es sowohl mit der Freiheit des Denkens als auch mit dem Spaß vorbei. Meine Feinde waren zwischen 1970 und 1980 weniger die Konservativen als die KPD/ML, die Marxisten-Leninisten, die Trotzkisten und andere *Isten*. Die haben mich auf der Bühne ausgebuht und mir das Leben schwergemacht, denn sie wollten von mir exakt ihre jeweilige Ideologie in Liedform hören. Ich habe damals gelernt, dass die Ideologisierung wie auch jede Form von Fundamentalismus die Todfeinde der Kunst sind. Sie ersticken jede Poesie, jede freie künstlerische Entwicklung. Und obwohl ich mich grundsätzlich eher zu linken Positionen hingezogen fühle, bilden die, wenn sie zu dogmatisch daherkommen, keine Ausnahme.

Scheinbar noch utopisch, aber nichtsdestotrotz wünschenswert wäre eine Welt, in der keine Gewalt mehr gegen Tiere ausgeübt wird. Wer gibt uns eigentlich das Recht, sie so unglaublich achtlos und grausam zu behandeln? Auf einem Bauernhof läuft das wenigstens noch ehrlich ab. Da lernt man von Kindesbeinen an: Wenn du Fleisch essen willst, musst du auch in der Lage sein, ein Tier selbst zu schlachten. Ich würde gern einmal ausprobieren, wie viele Fleischesser auf der Welt dann noch zum Schlachtermesser greifen würden. Ich selbst gebe ja zu, dass ich diesbezüglich inkonsequent bin. Ich esse ab und zu noch Fleisch, öfters Fisch, doch selber ein Huhn schlachten könnte ich nicht. Wahrscheinlich könnte ich nicht einmal angeln. Ich habe mich einmal vor 30 Jahren an einer Hochsee-Angeltour in Afrika beteiligt, bei der die Einheimischen für Touristen Fische fangen. Es ist uns gelungen, einen riesigen Kingfisch herauszuziehen, fünf Meter lang. Mir wurde ganz schön mulmig, als er da im Trockenen zappelte. Und dann begann er auch noch, in allen Regenbogenfarben zu leuchten. Es war, als ob der Fisch »um Hilfe geleuchtet« hätte. Diese Episode habe ich dann für mein Lied »In diesen Nächten« verwendet, in dem von Fischen die Rede ist, »die noch mal leuchten, kurz bevor sie enden«. Seitdem ist mir jede Form der Jagd zuwider, und ich kann mir nicht vorstellen, wie man daran Spaß empfinden kann.

Offenbar halte ich mich derzeit vor allem an meine Zeile »Sei ein Heiliger, ein Sünder«. Ich bin eigentlich Vegetarier, der sich ab und zu Ausrutscher erlaubt. Aber ich arbeite an mir. Ich habe mir ein paar grauenvolle Videos zur Massentierhaltung angeschaut, und je mehr ich darüber weiß, desto weniger schmeckt mir Fleisch. Ich glaube, es wäre falsch zu versuchen, von einem Tag auf den anderen alles richtig zu machen. Der Vegetarismus könnte dann zur Attitüde werden, könnte mich intolerant machen und schwere Rückschläge nach sich ziehen. In den 70er-Jahren trank man in politisch bewussten Kreisen prinzipiell nur Kaffee aus Chile, das entsprach der heutigen »Fair-Trade«-Bewegung. Das war ja auch vernünftig, aber man wurde sofort beschimpft, wenn man einmal von einem Rechtgläubigen mit dem falschen Kaffee ertappt worden war. Ich glaube, einige haben da eine Show aufgeführt, vor allem vor sich selbst.

Das Richtige muss in unserem Leben wachsen, und das benötigt manchmal Zeit. Wichtig ist, dass wir nicht wegschauen, dass wir zum Beispiel das Elend der Kühe bei den Schlachttransporten wahrnehmen, auch wenn es weh tut. Mir kamen bei solchen Bildern die Tränen. Mir das Leid der Tiere bildlich vor Augen zu führen, hat bei mir mehr bewirkt als ein bloß rationaler Entschluss. Wer Vegetarier ist, tut gut daran, sich gegenüber Nicht-Vegetariern nicht so zu verhalten, dass bei ihnen eine Trotzhaltung hervorgerufen wird. Es gibt ja unglaublich dämliche Sprüche von überzeugten Fleischessern: »Wenn es kein Fleisch mehr gibt, dann essen wir Vegetarier.« Wir sollten mit jedem, der unserer Meinung nach »noch nicht so weit« ist, so reden, dass ihm die Chance zum Umdenken eingeräumt wird. Das gilt für die Utopie einer Welt ohne Gewalt gegen Tiere wie für jede andere Utopie. Vieles braucht seine Zeit, um in möglichst vielen Menschen zu reifen, bevor eine wirkliche kollektive Veränderung möglich ist.

Ob bei sich selbst oder bei anderen – es geht nicht mit Gewalt. Trotz ihrer eigentlich richtigen Haltung bewirken manche radikale Tierschützer genau das Gegenteil. Sie bringen die Menschen gegen sich selbst auf, anstatt gegen das Unrecht an Tieren. Nur die Kraft der Versöhnung und der Vergebung kann etwas Nachhaltiges bewirken. Dieser Bereitschaft zur Versöhnung muss eine klare Analyse vorausgehen. Sie sollte auch nicht dazu führen, dass man seine eigene Haltung aufgibt und sich die gegnerische Meinung zu eigen macht. Manchmal kann sogar Zärtlichkeit, auch wenn es schwerfällt, der richtige Weg sein, jemanden von der Unrichtigkeit seines Handelns zu überzeugen. Als ich 1996 mit einem schwarzafrikanischen Chor aus Kamerun auf Tour war, wurden wir in einer Stadt in Ostdeutschland gefragt, ob wir einem Jugendzentrum, dessen »Schützlinge« rechtsradikalem Gedankengut nahe standen, einen Besuch abstatten wollten. Ich fand das sehr interessant und fragte meine Freunde aus Kamerun, ob sie mitkommen wollten. Wir waren geschützt, und Gewalt war nicht zu erwarten.

Zwei der Sänger begleiteten mich dann. Sie kamen in Kameruner Tracht, und wir standen einem feindseligen Haufen junger Leute gegenüber, die uns spöttisch angrinsten.

Nach ein paar einführenden Worten des Leiters des Zentrums und einigen belanglosen Wortgefechten, fragte ich einen der Wortführer, ob er denn bereit wäre, einen meiner Sänger in den Arm zu nehmen. Er schüttelte sich demonstrativ angeekelt und sagte unter beifälligem Gemurmel der anderen: »Nie. Ich nehm keinen Schwarzen in den Arm.« Darauf rief mir einer zu: »Du würdest einen von uns doch auch nicht in den Arm nehmen.« Gelächter allerseits. Daraufhin trat ich auf den jungen Mann zu, spontan und ohne mir etwaige Konsequenzen überlegt zu haben, nahm ihn in den Arm und drückte ihn an mich. Für einen endlos erscheinenden Augenblick war eine atemlose Stille im Raum.

Dann sagte er zu mir den Satz, den ich niemals in meinem Leben vergessen werde: »Das hat in meinem ganzen Leben noch nie jemand mit mir gemacht.« In seinem ganzen Leben – ich war erschüttert. In was für einem Elternhaus musste der junge Mann aufgewachsen sein, wenn ihn nie jemand in den

Arm genommen hat? Man verzeihe mir die Polemik, aber was soll denn dabei herauskommen, wenn nicht ein Rassist, ein Gewalttäter, ein Nazi? Ich wage zu behaupten, ohne diese verdammte »schwarze Pädagogik« zu Anfang des 20. Jahrhunderts, ohne diese autoritäre, Menschen zu Untertanen abrichtende, lieblose, entzärtlichte Erziehung wäre das Dritte Reich nicht möglich gewesen. Es wäre einfach nicht denkbar gewesen, dass Millionen von Menschen sadistischen und entmenschlichten Führern bedingungslos gefolgt wären.

Entscheidend für die Herausbildung eines revolutionären Geistes wird auch unabhängige Medienberichterstattung sein. Ich versuche, mit dem von mir herausgegebenen Webmagazin »Hinter den Schlagzeilen« einen kleinen Beitrag dazu zu leisten. Meine Frau Annik und ich hoben die Seite während des Irak-Kriegs 2003 aus der Taufe. Wir hatten uns in der Vorbereitung auf meine Reise nach Bagdad intensiv mit den Hintergründen der amerikanischen Invasion beschäftigt und waren entsetzt über die einseitige und uniformierte Berichterstattung in den Medien. Aufgrund der Recherchen wurde uns klar, dass hier, noch perfekter als in bisherigen Kriegen, gelogen, vertuscht, verleumdet und polemisiert wurde. Das Internet war sehr hilfreich dabei, uns über die gängige Pressemeinung hinaus zu informieren. Da wir in dieser Zeit viele Gesinnungsgenossen und Web-Freunde gefunden hatten, beschlossen wir, dieses Wissen auch anderen zugänglich zu machen. »Hinter den Schlagzeilen« (www.hinter-den-schlagzeilen.de) war geboren.

»Hinter den Schlagzeilen« gibt es jetzt seit zehn Jahren. Solche »Medien von unten« – wie das Ignazio Ramonet, der spanische Journalist und Mitarbeiter des Weltsozialforums, einmal nannte – sind meines Erachtens ein unendlich wichtiger Beitrag gegen die schleichende Meinungsdiktatur der gängigen Medien, gegen die kommerziellen Fernsehsender und Zeitungen, die ja fast alle großen Unternehmen oder Konzernen gehören und denen das eigene materielle Wohlergehen wichtiger ist als Gerechtigkeit und Menschenwürde. Ein Konzern wird nun mal undemokratisch geführt. Und wenn Konzerne zunehmend die Politik dominieren, kann bald von Demokratie keine Rede mehr sein. Wir hoffen – zusammen mit vielen anderen –, mit dieser Arbeit all jenen die Möglichkeit zur wirklich freien Meinungsbildung zu bieten, die nicht die Zeit haben, sich so ausführlich in die Ereignisse hinter den Schlagzeilen zu vertiefen. Wir glauben fest daran, dass durch das Vernetzen vieler feinfühliger und geistig unabhängiger Menschen ein Bewusstseinssprung stattfinden kann und stattfinden *muss*.

Ich bin kein Politiker und werde auch nie einer sein. In erster Linie fühle ich mich als Musiker und Poet. Und so wie mich die Poesie verändert und weicher gemacht hat, warmherziger und weitblickender, so hoffe ich, mit den Mitteln der Kunst dazu beitragen zu können, eine gleichgültige Welt in eine mitfühlende zu verwandeln. Die Frage nach der Fähigkeit des Menschen zum Mitgefühl ist die Frage nach seinem Menschsein. Mitgefühl ist das einzige wirklich wichtige Erbe, das wir unseren Kindern hinterlassen können. Und nie kommen wir diesem Mitgefühl näher als mit der überrationalen Sprache der Kunst. Nicht ohne Grund wird in diesen extrem materialistischen Zeiten die Kultur aus der Politik ausgeklammert. Sie wird, wie mittlerweile der ganze Mensch, der Ökonomie geopfert. Nicht ohne Grund wurde unter Hitler alles künstlerisch Hochwertige als entartet verbannt. Nicht ohne

Grund ließen die Taliban Musikinstrumente öffentlich erhängen. Man muss sich das einmal vorstellen, und es entbehrt nicht einer gewissen Komik. Hakim Ludin, der wunderbare afghanische Percussionist, mit dem ich immer wieder musiziere, erzählte mir das. Musikinstrumente am Galgen – da hätten die Herren Taliban im Westen mit den Konzertflügeln ganz schöne Probleme!

Schließlich möchte ich eine Lanze brechen für die vielen vermeintlich kleinen Projekte, in denen Menschen das, was sie als ein besseres, authentischeres Leben erkannt haben, schon jetzt zu realisieren versuchen. Mein Freund Prinz Chaos II. hat ja in Thüringen ein Schloss gekauft und zur WG umgebaut. Manche werfen ihm das »Schloss« vor – zu Unrecht, denn für denselben Preis hätte er in München nicht mal ein WC in einer Altbauwohnung bekommen. Durch Liedermacherfestivals, Treffen mit Asylbewerbern und andere Aktionen wurde daraus in wenigen Jahren ein Zentrum für alternative Kultur und für ein menschlicheres Miteinander. Derartige Projekte gibt es viele, nur selten finden sie sich in den Schlagzeilen der großen Magazine. Etwas Ähnliches wurde ja auch schon in den 70ern versucht, zum Beispiel in diversen Hippie-Kommunen. Gern wird von Gegnern hämisch darauf verwiesen, dass diese Projekte »gescheitert« seien. Für mich sind sie nicht gescheitert. Es waren Versuche, die zeitlich begrenzt funktioniert haben und denen neue Versuche folgen werden.

Eine der wenigen Möglichkeiten, politisch etwas zu gestalten, sind solche kleinen »Zellen«, die in ihrer Wirkung abstrahlen auf die Welt um sie herum. Jeder kann schon jetzt damit beginnen, zum Beispiel ein Wohnprojekt für Senioren zu gründen. (Das Thema wird mir verständlicherweise immer wichtiger.) Oder ein Modell der regionalen Selbstversorgung mit Energie und Lebensmitteln. Das Gute ist, dass man, um anzufangen, nicht auf die große »Weltrevolution« zu warten braucht. Mehrere solcher »Zellen« bilden zusammen schon ein Netzwerk, das die neue Wirklichkeit, die wir uns wünschen, in Aktion zeigt. Immer mehr Menschen werden das zur Kenntnis nehmen und beginnen, die alte Welt infrage zu stellen. So kann eine Dynamik in Gang kommen, die an einem bestimmten Punkt einen Bewusstseinssprung bewirkt.

Diese Möglichkeit, sich an konkreten, fortschrittlichen Projekten zu beteiligen, ist auch eine Antwort auf die Frage: »Was kann ich als Einzelner tun?« Ein weiterer großer Vorteil dieses Modells der »sich vernetzenden Zellen des Neuen« ist, dass sie keine Führer benötigen, höchstens Menschen, die als Inspirationsquelle dienen und praktische Verantwortung in Teilbereichen übernehmen. Die Geschichte hat gezeigt, dass Führer und Heilsbringer nichts taugen – auch nicht die der »linken« Denkrichtung. Das Schlimmste, was passieren könnte, wäre, wenn aus den von mir skizzierten Impulsen eine neue Schreckensherrschaft der Guten hervorginge. Kein Einzelner kann so klug sein, dass er die Lösung für alle Weltprobleme aus dem Ärmel zaubern kann. Nur vernetztes Bewusstsein ist in der Lage, das Neue, das wir momentan vielleicht noch nicht einmal erdenken können, konkret werden zu lassen. Denn alles, was wir ausschließlich rational konzipieren können, ist nicht wirklich neu. Das tatsächlich Revolutionäre lässt sich nur erahnen und erfühlen. Dichtung und Musik sind hierfür wahrscheinlich besser geeignete Medien als von Rechtgläubigen verfasste politische Manifeste.

Natürlich mache auch ich mir darüber Gedanken, was ich mit meinen Liedern, Auftritten und Schriften tatsächlich bewirken kann. Selbst meine am meisten bewunderten Vorbilder haben sich – wenn man einen strengen Maßstab anlegt – nicht durchsetzen können. Die Geschwister Scholl haben den Zweiten Weltkrieg nicht zum Stehen gebracht; der Impuls der wunderbaren Petra Kelly ist bei einer sich immer mehr dem bellizistisch-neoliberalen Mainstream anpassenden Grünen Partei verpufft; selbst Gandhis Sieg über die Engländer ist untergegangen in einem blutigen Bruderkrieg zwischen Ethnien und Religionen in Indien. All diese Menschen haben nicht in vollem Umfang gesiegt – aber sie waren tätig geworden. »Es geht ums Tun und nicht ums Siegen!«, habe ich geschrieben, und bewusst nicht: »Es geht ums Denken und nicht ums Siegen.« All diese Menschen, die mir so wichtig sind – »meine rebellischen Freunde«, wie ich sie in meinem letzten Buch genannt habe, haben etwas hinterlassen. Der Atem, den eine Petra Kelly ausgehaucht hat, ist in der Atmosphäre noch zu spüren, und er wird noch lange zu spüren sein. Wir müssen Ideen durch Taten in die Welt setzen, ohne darauf zu schielen, ob auch noch der letzte denkfaule Bürger mitzieht. Ich habe es in meinem »Willy« ja einmal recht derb ausgedrückt: »Ma muaß weiterkämpfen, a wenn die ganze Welt an Arsch offen hat, oder grad deswegn.«

Ein Vorbild ist in dieser Hinsicht auch immer mein Freund und Kollege Hannes Wader. Er sagte einmal zu mir: »Auch wenn ich mit meinen Liedern überhaupt nichts bewirken würde, ich kann nicht anders, Konstantin.« Das ist großartig, und so müssen wir es machen: Singen, weil wir ein Lied haben, und weiterkämpfen, weil wir gar nicht anders können. Vielleicht war und ist es meine ganz große Chance, dass ich meine Texte mit Musik verknüpfen konnte. Schon als sehr junger Mann wusste ich, dass die einzige Möglichkeit, meine Gedichte unter die Leute zu bringen, nur die Verbindung mit Musik sein konnte. Musik kann verzaubern, emotionalisieren, aufstacheln, aufwecken, zum Träumen anregen. Wenn ich spiele, bin ich fast immer wieder der kleine Junge, der nichts anderes kennt als Melodien, der kleine Junge, der mit seiner Stimme auf einer Leiter in den Himmel hinaufklettert – und wie in dem Märchen mit dem Menschen fressenden Riesen dann dort oben auch auf Monster trifft.

Ungeheuerliches tut sich da manchmal auf, voller teilweise auch schrecklicher Wunder. Denn spätestens seit Rilke wissen wir: »Jeder Engel ist schrecklich.« Auf diese Reise kann ich – so hoffe ich – mein Publikum mitnehmen: auf die Reise ins Unerklärliche, Wunderbare, Geheimnisvolle. Und ja – warum auch nicht? –, dann schmettern wir eben von »da oben« den grausamen Choral von der Ungerechtigkeit der Welt und die überirdische Melodie von der Zärtlichkeit des Daseins. Ich kümmere mich nicht mehr um moderne oder alte Musik, nicht mehr darum, ob ich ein Neuerer bin oder ein Bewahrer. Es stört mich nicht, wenn mich jemand als einen alten Sack empfindet, der von moderner Musik keine Ahnung hat. Ich mache die Musik, die in mir ist. Besser noch: Sie macht mich, und ich habe keine Chance zu widersprechen. »Du holde Kunst«, heißt es in einem heiligen Schubertlied, »ich danke dir.«

JEDER AUGENBLICK IST EWIG

Jeder Augenblick ist ewig,
wenn du ihn zu nehmen weißt.
Ist ein Vers, der unaufhörlich
Leben, Welt und Dasein preist.

Alles wendet sich und endet
und verliert sich in der Zeit.
Nur der Augenblick ist immer.
Gib dich hin und sei bereit!

Wenn du stirbst, stirbt nur dein Werden.
Gönn ihm keinen Blick zurück.
In der Zeit muss alles sterben –
aber nichts im Augenblick.

Ich hoffe, liebe Leserin, lieber Leser, dass ich Sie mit meinen manchmal doch sehr sprunghaften, oft auch mehr oder weniger unbewiesenen oder unbeweisbaren Gedanken, Ideen, Träumen und Thesen nicht all zu sehr verwirre. Auch ich hätte Sie gern mit einem perfekten, unanfechtbaren Gedankengebäude beglückt, das für alle Zeit jedem Beben trotzt. Aber das haben ja schon die Kirchen versucht und alle möglichen politischen Heilslehren. Gescheitert sind sie allesamt, und auch die ewig gültigen Gottesstaaten werden eines Tages dem Vergessen anheimfallen. Kein Mensch hat das Recht, für sein Gedankenkonstrukt andere Menschen zu opfern. Und auch wenn man sich noch so sehr als Prophet oder angebliches Sprachrohr Gottes anbietet – es müssen

Konstrukte bleiben, solange ihre Autoren nichts anderes zur Verfügung haben als ihr Gehirn und ihre Sprache.

Ja, ich bin der festen Überzeugung, dass man Gottes Wort vernehmen kann: in der Musik, vielleicht auch in der Mathematik, in Bildern und Symbolen, zum Beispiel in der bildhaften und manchmal völlig unlogischen und verrückten Sprache der Poesie. Wer jedoch versucht, die sogenannten letzten Dinge mit Hilfe unserer Ratio endgültig, wahrheitsgemäß und in Stein gemeißelt zu verkünden, ist ein Scharlatan. Er mag es fühlen, ausdrücken kann er es nicht. Dazu ist unsere Sprache nicht in der Lage, das Potential unseres Gehirns zu wenig ausgeschöpft, die Tiefen der Seele zu unbeschreibbar.

Das waren schon früher immer meine Bedenken, wenn ich mich der sogenannten Esoterik zuwandte. Dort wird mitunter Triviales als der Weisheit letzter Schluss angeboten. Mehr vertraue ich da Denkern wie Krishnamurti, der Anregungen gibt, Andeutungen macht und die Sprache immer wieder hinterfragt – ihre kulturelle und gesellschaftliche Bedingtheit etwa. Er lässt seine Leser mit ihren Fragen allein, das ist der Preis dafür, dass er ihnen nichts vormacht. Er bietet kein Heilmittel an, zeigt nicht mal einen Weg zur Heilung und weigert sich vehement, ein Guru oder gar neuer Jesus zu sein.

Zwei Monate vor der Beendigung dieses Manuskripts hatte ich einen Unfall. Ich bin gestürzt und war längere Zeit bewusstlos. Da ich das Jochbein gebrochen hatte, war das alles sehr schmerzhaft – besonders beim Singen –, und ich versuchte, in den meist durchwachten Nächten zu meditieren. Und auf einmal hatte ich das klare, unverrückbare Gefühl zu wissen, was Erleuchtung ist. Nein, ich war nicht erleuchtet, aber ich wusste, was Erleuchtung bedeutet.

Nicht intellektuell, sondern mit jeder Faser meines Körpers wusste ich es, mit jedem Nerv, jedem Muskel: Erleuchtet zu sein heißt, nichts zu wissen und sich damit zufrieden zu geben. Mehr noch: in dieser Erkenntnis des Nichtwissens, des Nichts, glücklich zu sein. Es war ein warmes, glückseliges Gefühl, das mich durchfloss, und es fühlte sich gut an. Wie sinnlos zu sagen, man sei Atheist oder Christ, Fundamentalist oder Agnostiker. Alles, alles ist man und noch so unendlich viel mehr. Wir brauchen natürlich unseren Verstand, um damit durch die Welt der Materie zu navigieren, aber er sollte unser Gehilfe sein – der Wagen, aber nicht der Wagenlenker, wie es die Buddhisten sagen.

Sicher war ich während meiner Ohnmacht in einer anderen Welt, einer Welt, die wir alle in Ekstase und Traummomenten erleben dürfen. Im unendlich großen Raum der Zusammenhänge, die man dann sicher nicht so versteht, dass es in unser kleines Hirn zu pressen wäre, aber die man dann *ist*! Wenn ich Gott schon nicht verstehen kann, dann kann ich doch versuchen, Gott zu *sein*. Nicht um Macht auszuüben, nicht um eine neue Kirche zu bauen, nicht weil ich dann glaube, ich sei der einzige, der Gott sein kann. Sondern weil ich dann spüre, dass wir es alle schon längst sind.

Nicht ein Teil der Schöpfung, sondern die Schöpfung selbst. Nicht ein Teil der Welt, sondern jeder einzelne, jedes Lebewesen, jeder Stein, jeder Gedanke, jeder Ton: die ganze Welt. »Mahabut lillah« sagen die Sufis: »Gott ist der Empfänger und Spender der Liebe und die Liebe selbst.«

An diesen Gott will ich gerne glauben.

Und an die, die nicht an Gott glauben.

Und an eine Welt, die es noch nicht gibt.

AUFRUF ZUR REVOLTE

VON KONSTANTIN WECKER UND PRINZ CHAOS II.

Von den Mächtigen in den Ruin geklagt, weil er seine Stimme machtvoll erhoben hat gegen den täglichen Völkermord der Nahrungsmittelkonzerne an den Hungernden der Welt, widmen wir diese Schrift der Solidarität mit unserem lieben, mutigen Freund Jean Ziegler.

Unser Text ist keine Analyse, aber auch kein unbeherrschter Wutausbruch. Er ist ein Aufschrei, geboren auch aus unserer Erfahrung jahrelangen Bloggens und der Auseinandersetzung mit Freunden und Feinden unserer Ideen. Und er ist der Konsens, der aus einem mehr als zehn Jahre überspannenden Gedankenaustausch beider Autoren erwachsen ist.

Wir haben den Eindruck, dass viele unsere Vorstellungen teilen, aber sich alleine für zu unbedeutend und unwichtig halten, um zu ihrer Meinung auch öffentlich zu stehen. Aber gerade der Schritt in die Öffentlichkeit ist eine demokratische Notwendigkeit. Die Öffentlichkeit ist das Forum der Demokratie, die Agora, und dort hat jeder das Recht, seine Meinung kundzutun. Wir wären glücklich, wenn es uns gelingen würde, mit dieser kleinen Schrift all denen, die an ihrer eigenen Wirksamkeit zweifeln, zu vermitteln, dass sie wichtig und bedeutend sind. Jede Einzelne, jeder Einzelne. Wir alle.

Noja, Genossen, machn mir hoit a Revolution, daß a Ruah is!

OSKAR MARIA GRAF
vor der Novemberrevolution 1918

Unter mir keuchte die Erdkugel in ihrem Schwung; ich hatte sie wie ein wildes Roß gepackt, mit riesigen Gliedern wühlt' ich in ihren Mähnen und preßt' ich ihre Rippen, das Hauptabwärts gewandt, die Haare flatternd über dem Abgrund; so ward ich geschleift. Da schrie ich in der Angst, und ich erwachte.

GEORG BÜCHNER

Ein Hoch auf unsere Verdrängungsmechanismen! Das Geburtshoroskop der Masse im Konsumzeitalter scheint zu lauten: Sternzeichen Räumpanzer, Aszendent Schneepflug. Hartnäckig vermögen wir, den Abgrund, der sich vor uns auftut, immer aufs Neue zuzuschieben, mit Illusionsabfällen und Betäubungsmitteln aller Art: mit dem nächsten Sportgroßereignis oder einer neuen Terrorwarnung, mit abseitigen Debatten, Privatskandalen und Pseudoenthüllungen.

Dabei gibt es, was die Gesamtsituation angeht, gar nicht mehr sonderlich viel zu enthüllen.

Wir wissen, was wir wissen müssen.

Wir wissen: Das Hundertfache der durch reale Werte gedeckten Geldmenge befeuert eine zerstörerische wirtschaftliche Dynamik – und die seit 2007 anhaltende Weltwirtschaftskrise wird endgültig eskalieren, wenn diese Geldblase platzt.

Wir wissen: Die Art, wie wir als Spezies leben und wirtschaften, kann kein gutes Ende haben, weil das Ökosystem des Planeten bereits schwer angeschlagen ist und jeden Tag noch stärker unter Druck gerät. Wir dürfen die ersten Vorboten einer sich abzeichnenden Weltnaturkatastrophe bereits an den Ufern unserer Flüsse begrüßen.

Niemand würde ernstlich bestreiten, dass ein »Weiter so!« den sicheren Weg in ein globales Desaster bedeutet.

Wir wissen, dass da ein Abgrund ist.

Aber gerade dessen kaum zu erahnende Tiefe schiebt die kollektiven Verdrängungsmechanismen stets aufs Neue an, denn wir spüren: Wer einen zu tiefen Blick in diesen Graben tut, wird hineingesogen und lange fallen, bis er auf dem Boden der Wahrheit aufschlägt.

Also wenden wir den Blick ab, sobald wir es nach dem ersten Schrecken nur je vermögen. Explosion einer Bohrinsel?

750 Millionen Liter Öl fließen in den Golf von Mexiko? Vier Reaktorblöcke eines Atomkraftwerks gehen hoch? 200 Kilometer vom Großraum Tokio-Yokohama entfernt?

Ein Aufschrei, eine Schockwelle – dann morpht alles zurück in den glitzernden Morast sensationeller Nichtigkeiten. Niemand wird uns zwei Jahre später von jenen Folgen berichten, die bleiben. Schließlich haben Algen das Öl der Deepwater Horizon aufgefressen, und die Strahlenwerte in Tokio liegen stabil unterhalb jener Grenzwerte, die die japanische Regierung kurzerhand nach oben gesetzt hat. Außerdem steht jetzt der Grand Prix an oder ein islamistischer Anschlag.
Ein islamistischer Anschlag. Natürlich.
Alle Schätzungen – von der John-Hopkins-Universität bis zur NGO iraqbodycount – gehen übereinstimmend von mindestens 100 000 Kriegstoten im Irak seit 2003 aus. Was ist mit diesem Terror? Wollen wir uns weiterhin mit schlecht inszenierter Staatspanik über jene Terrorgefahr befassen, die uns aus der arabischen Welt droht – während wir von den missgebildeten Babys schweigen, die im Irak zur Welt kommen, weil dort von unseren NATO-Verbündeten massenhaft uranummantelte Munition verballert wurde?
Die Verlogenheit des öffentlichen Diskurses in diesem Land ist wahrlich atemberaubend. Medien und Politik empören sich unisono über die Brutalität Erdogans gegen Occupy Gezi in Istanbul.
Das ist schön. Das ist richtig.
Der himmelschreiend brutale Polizeieinsatz gegen Blockupy in Frankfurt am Main am 1. Juni 2013 mit mehr als 400 Verletzten steht aber offensichtlich auf einem ganz anderen Blatt. Jedenfalls steht er nicht in der annähernden Ausführ-

lichkeit in den Blättern der Tagespresse wie die Polizeiübergriffe weit hinten, in der Türkei.

Nun wollen wir keineswegs aussagen, dass die Qualität beider Vorgänge – in Frankfurt am Main wurde nicht geschossen, und die Intensität der Proteste war in Istanbul eine ungleich höhere! – in eins zu setzen wäre. Doch liegt so aufdringlich nahe, zwei brutale Polizeieinsätze gegen Blockupy hier und Occupy dort in einen Zusammenhang zu setzen, dass uns kaum glaublich erscheinen mag, dass es partout nicht geschieht.

Ja, die Verlogenheit des öffentlichen Diskurses in diesem Land ist atemberaubend.

Laut UNHCR sind alleine im Jahr 2011 über 1500 Flüchtlinge im Mittelmeer ertrunken. Insgesamt starben im gleichen Jahr an den EU-Außengrenzen mehr als 2000 Menschen, so Pro Asyl. Wollen wir wirklich von 2000 Grenztoten in einem einzigen Jahr nichts wissen, aber weiterhin voll Rührung der 139 Berliner Mauertoten zwischen 1961 und 1989 gedenken?

Sicher. Auch hier verbieten sich Gleichsetzungen. Die einen wollten raus, die anderen dürfen nicht rein. Aber beide Male geht es doch um Tote an einer Grenze. Beide Vorgänge ins Verhältnis zu setzen, drängt sich förmlich auf, möchte man meinen.

Dann diese Verhältnisse: 2000 Tote in einem Jahr zu 139 Toten in 28 Jahren! Auch wer nichts davon hält, Tote gegeneinander aufzurechnen, wird wohl zugeben müssen, dass die auch zwei Jahrzehnte nach Ableben der DDR anhaltende Empörung über den einen Fall in einem gewissen Missverhältnis zum allgemeinen Achselzucken im anderen Falle steht, nein?

Überhaupt die DDR. Wir beide mochten den Laden nicht. Nie. Wir mögen generell keine Mauern und keine militärisch gesicherten Grenzen. Wir sind von Haus aus Staatsskeptiker, und ein so penetrant aufdringliches Staatswesen wie die DDR konnte schon von daher unsere Sympathie niemals wecken. Gerade die neuesten Erkenntnisse, wie die Staats- und Parteiführung Teile der eigenen Bevölkerung für Experimente westlicher Pharmakonzerne regelrecht verhökert hat, zeigt den finalen moralischen Bankrott dieser angeblich sozialistischen Unternehmung namens DDR grell auf.

Experimente dieser Art werden im heutigen Gesamtdeutschland mehr oder weniger freiwillig durchgeführt, wie man weiß. Man bezahlt sozial Schwache für diese Dienste, die ihren Körper aus finanzieller Not zur Verfügung stellen. Ist das, rein humanitär gesehen, ein Unterschied? Ein gesellschaftlicher Fortschritt gar? Oder ist das nur die zeitgemäße Anwendung jenes Bonmots von Anatole France, wonach allen Menschen gleichermaßen verboten ist, unter Brücken zu schlafen: dem Bettler wie dem Millionär?

Zusammenhänge. Ist es nicht auch an der Zeit, zwischen der ewigen Stasi-Debatte und den Überwachungsskandalen neueren Datums einige herzustellen? Nicht mit dem Ziel, die Stasi zu verharmlosen, wovor die lächelnde Kanzlerin zu warnen die dreiste Albernheit besaß.

Wer, bitteschön, wollte so dämlich sein, die Stasi verharmlosen zu wollen? Wir sicher nicht. Aber ist es nicht von erlesenster Dämlichkeit, vor allem jedoch von der ausgesuchtesten Verantwortungslosigkeit, mit diesem Stasi-Hinweis jenen Überwachungsstaat zu verharmlosen, der aktuell nicht 18 Millionen DDR-Bürger, sondern die Weltbevölkerung in toto zu überwachen strebt?

Ja, die Verlogenheit des Diskurses in diesem Land ist atemberaubend!

So erregte man sich bis weit ins rot-grüne Lager hinein über eine Gruppe verzweifelter Asylbewerber, die im Sommer 2013 mit einem mehrwöchigen Hungerstreik auf dem Münchner Rindermarkt ihre Lage zu bessern suchte. Das Hauptargument dabei lautete unverdrossen: der Staat, der Staat, der Staat – er dürfe sich auf keinen Fall erpressen lassen.

Ach, wirklich? Lässt sich derselbe Staat nicht jeden Tag erpressen? Gibt er dem Druck von Großkonzernen und ihren lobbyistischen Heerscharen nicht täglich nach, sehr willig, geradezu devot? Diese Art der Erpressung sind wir gewohnt, und man erklärt sie zu Sachzwang, Standortpolitik oder wirtschaftlicher Vernunft. Wenn jedoch einige Flüchtlinge ihre Körper zur letzten Waffe machen, um im verzweifelten Hungerstreik für eine Besserung ihrer Lebensbedingungen zu kämpfen, fühlt sich der ganze große deutsche Staat sogleich erpresst?

Aber natürlich eignet sich ein solches Protestdrama vorzüglich, die Schwächung der Solidarität in der Gesellschaft voranzutreiben. Und manch ein schwarz-rot-grün-großdeutscher Bürger wähnt sich aufgerufen, jener durch die hungernden Leiber einiger Flüchtlinge drohenden Staatskrise im Furor empörter Landesverteidigung zu wehren. Prost, Deutschland!

Es ist höchste Zeit, unseren Sinn für Proportionen wieder zu aktivieren und einige Dinge in Zusammenhang zu setzen, die im öffentlichen Gespräch überraschenderweise als ganz und gar getrennt voneinander besprochen werden.

Beispielsweise NSA und NSU. Macht nicht alles, was wir inzwischen über den Überwachungseifer der Geheimdienste wissen, ziemlich unwahrscheinlich, dass drei international per Steckbrief gesuchte Menschen über zehn Jahre hinweg mitten in Deutschland leben und morden konnten, unbehelligt, ohne je entdeckt zu werden?

Wie kam es, dass die Verhaftung des Terror-Trios immer wieder unter dubiosesten Umständen scheiterte? Was stand in den Akten von Verfassungsschutz und BKA, die so dringend geschreddert und damit dem Zugriff der parlamentarischen Untersuchungsausschüsse entzogen werden mussten?

Spricht nicht, was wir bisher wissen, und vor allem, was wir nicht wissen sollen, längst dafür, dass die Sicherheitsorgane nicht einfach nur in einer beispiellosen Serie von Pleiten, Pech und Pannen versagt haben? Sondern, dass es eine Hand gab, die aus staatlichen Sicherheitsorganen heraus schützend über die Mörder des NSU wachte und Ermittlungen, die in die richtige Richtung liefen, intern sabotierte?

Ganz ähnlich gelagerte Fragen stellen sich angesichts des staatlicherseits großzügig finanzierten V-Mann-Unwesens und nach all unseren Erfahrungen mit Polizeieinsätzen bei Nazi-Demonstrationen und Gegendemonstrationen ohnehin. Zudem passt die Mordserie des NSU perfekt zu jener berüchtigten »Strategie der Spannung«, die einzelne Bevölkerungsteile gezielt gegeneinander positioniert, um eine Entladung des gesellschaftlichen Drucks in kollektiven, solidarischen Aktionen durch einen geheimdienstlich installierten Bürgerkrieg zu verhindern.

Natürlich können wir das alles nicht beweisen. Niemand kann es beweisen. Dafür ist ja gesorgt worden. Aber wir erlauben uns, den Bilanzstrich unter die Summe der Ungereimtheiten zu ziehen. Und wir erlauben uns, die Beweislast umzudrehen. Wir sind dazu übergegangen, die offiziellen Versionen grundsätzlich erst einmal nicht zu glauben, bis deren Richtigkeit zweifelsfrei erwiesen ist.

Wir sind von daher auch nicht gewillt, jede Verlautbarung über »islamistischen Terror« unhinterfragt für bare Münze zu nehmen.

Zu fragwürdig erscheint uns allzu oft das Timing von Terrorwarnungen und vermeintlich in allerletzter Sekunde verhinderten Anschlägen: justament immer dann, wenn sich Korruptionsskandale, Debatten über Bankenbailouts oder Lobbyismus oder über die NSA gar zu ausdauernd in der Öffentlichkeit halten.

Nach unserer Auffassung hat die Welt in der Tat ein Geheimdienstproblem, das die Bedrohung durch den Terror um Längen übertrifft. Dem fürchterlichen Wendehals Otto Schily sei entgegnet: Nicht die Furcht der Bürger vor dem Staat trägt wahnhafte Züge, sondern das Misstrauen des Staates gegenüber den Bürgern!

Oder ist das kein Misstrauen, sondern eine klare Strategie der präventiven Aufstandsbekämpfung? Wir zitieren hierzu Sebastian Nerz, ehemals CDU, heute Piratenpartei:

Zwischen 2001 und 2008 wurden »Kriege gegen den Terror« geführt, 24 Sicherheitsgesetze verabschiedet und die jährlichen Ausgaben zur Inneren Sicherheit um mehr als 10 Milliarden Euro erhöht. Seitdem hat sich das Tempo dieser Maßnahmen eher beschleunigt. Und das alles, obwohl Deutschland kein Terrorproblem hat.
In Deutschland sind seit dem 11. September 2001 weniger als zehn Personen in Zusammenhang mit Terrorismus gestorben. Demgegenüber stehen fast 100 Tote bei Sportunfällen, 5000 Morde und knapp 50 000 Verkehrstote.
Die Wahrheit ist: Die Hysterie um Terrorismus ist ein psychologischer Trick.

Nun hat Edward Snowden die annähernde Kollektivüberwachung der Weltbevölkerung durch westliche Geheimdienste öffentlich gemacht. Muss die Frage, was man den Geheimdiensten über Wanzen und Spähprogramme hinaus noch alles zutrauen muss, nicht spätestens jetzt gestellt werden?

Der Abgrund liegt einmal mehr unabweisbar vor uns da. Und diesmal sind wir doch gezwungen, einen Blick in diese dunklen Tiefen zu werfen, in die – Snowden sei Dank! – endlich etwas Licht dringt.

Prompt tritt für einen Moment das Imperium einer neuen globalen Herrschaft aus dem Schatten medialer Nichtigkeiten. Wir erkennen dunkel die Umrisse eines weltweit operierenden Überwachungsstaates – und wer die Nase in diesen bösen Wind zu halten wagt, der kann auch den Verwesungsgeruch schmecken, der durch die Parlamente unserer Vorzeigedemokratien zieht.

Die ungebremste Eigendynamik der Geheimdienste läuft schließlich nicht aus allen Rudern, sondern lediglich aus denen der Demokratie und der öffentlichen Kontrolle.

Was eigentlich tut die Parlamentarische Kommission des Bundestages zur Kontrolle der Geheimdienste? Was kann sie tun? Was darf sie wissen? Wie genau kontrolliert sie die Geheimdienste, wenn Sargnägel wie PRISM und TEMPORA ins Holz der Demokratie gedroschen werden, und die Kontrolleure überhören die Hammerschläge?

Oder wusste man sehr genau Bescheid, und man hat die Errichtung dieses Überwachungsregimes durchgewunken?

Die lächelnde Kanzlerin wusste, wie üblich, von nichts. Und fast möchte man ihr glauben, so überzeugend naiv sieht sie aus, wann immer sie ihre Unwissenheit beteuert. Leider lässt diese Unwissenheit nur zwei Möglichkeiten zu: Entweder unsere Kanzlerin ist eine völlig unfähige Politikerin, oder eine dreiste Lügnerin!

Aber natürlich wird aus Washington gleich eine Parfümwolke hintendrein geschickt. Obama will jetzt ernst machen mit dem Kampf gegen die Klimakatastrophe, hören wir. Hurra. Die Rettung naht.

Ach, Barack! Was hast Du uns zu Tränen gerührt mit Deinen wunderschönen Worten, damals, 2008, als Du die Welt wach zu küssen schienst aus den apokalyptischen Albträumen der Ära Bush. Wie wohltuend war Deine frohe Botschaft von Hoffnung und Veränderung für das verzagte Herz der westlichen Welt. Und wie wahr Du gesprochen hast, wie klug und kämpferisch und mutig und warm! Ein neues Bündnis wolltest Du stiften, für eine bessere, gemeinsame Zukunft. Und es schien fast in jener Nacht im November 2008, als dürfte nunmehr unsereiner ausrufen:

»Wir sind US-Präsident!«

Wir sind es nicht, und es graut in uns die Frage, ob Du selbst es recht eigentlich bist. Einen Staat hast Du gefordert und versprochen, der seinen Bürgern vertraut. Jetzt verteidigst Du den Leviathan, gibst den Blitzableiter des Überwachungsstaates, bläst die Trompeten zur Jagd auf die Whistleblower und präsidierst lächelnd über einem Geheimdienstskandal, der Watergate wie eine versehentlich geöffnete Postwurfsendung erscheinen lässt.

Das neue Geheimdienstzentrum in Utah (Baukosten: zwei Milliarden Dollar), errichtet zur noch effektiveren Kontrolle der weltweiten Kommunikation – es hat Deinen präsidialen Segen. Du, ehemals Professor für Verfassungsrecht, verteidigst den tiefen Staat, diesen unerträglich wuchernden Staat im Staat, die geheimen Gerichtsbeschlüsse, die staatliche Bespitzelung auch von Journalisten, Richtern und Abgeordneten.

Rette das Weltklima, Barack, und halte weiter Deine wunderschönen Reden hinter Panzerglas. Die bundesdeutsche

Nomenklatur wird Dir weiter zujubeln, wenn Du »unter Freunden« nur Deine Jacke ablegst vor dem sommerlichen Brandenburger Tor.

Aber verwanzt man denn unter Freunden Botschaften und Behörden?

No Sir! Und wir möchten all den transatlantischen C-Promis, die dem längst verführten Führer der doppelt freien Welt auf dem Pariser Platz zu Berlin mit Klatschiklatsch und Dienstbotensprüchen huldigten, mit der stärksten Waffe antworten, die wir in deutscher Sprache besitzen, mit den Worten des heiligen Karl Kraus:

Längst müsste man doch sehen, dass diese Typen, aus allem Minus erschaffen, sich verbraucht haben; daß die Attrappen bersten, nicht tragfähig für die Fülle eingeredeten Inhalts; daß das Nichts als Persönlichkeit nicht weiter kann im Bewußtsein der satirischen Kontrolle, wenn Staatsaktion und Hanswurstspiel ineinanderspielen. Zweifellos haben alle diese Würdenträger, die zur Schau gestellten und ihre Helfer, das Gefühl, auf Glatteis zu jener Tagesordnung zu schreiten, die nichts als Volksbetrug ist; aber da sie sich an der Hand halten, kommen sie hinüber. Wehe, wenn einer fiele; doch alle zusammen vermögen zu tanzen.

Ja, die bundesdeutsche Nomenklatura tanzt die Pavane der Parvenüs, wenn Barack Obama vor dem großen deutschen Tor die Sinfonie der vollendeten Torheiten dirigiert. Aber wer diktiert unserem moratorischen Genie aus Illinois die Partitur?

Schließlich heißt das Imperium, das uns weltweit zu versklaven droht, nicht einfach »die USA« oder »die EU« oder »die BRD« oder »der Westen«. Wenngleich die staatliche Gestalt des Imperiums oft genug so heißen mag – oder auch:

»Russland« oder »China« –, müssen wir doch fragen, ob das Zeitalter der Nationalstaaten nicht in der Tat weit hinter uns liegt, während man uns die schlechtaufgeführte Operette des Nationenkampfes mit Unschuldsmiene als Weltpolitik zu präsentieren wagt.

In der wirklichen Welt regiert das Kapital der Konzerne. Die Anlageform öfter als die Schuhe wechselnd, kennt es keine dauerhafte Bindung an Länder, Völker, Staaten. Wo es sich in der realen Welt behindert sieht, nutzt es heute dieses, morgen jenes staatliche Gebilde für die ewig gleichen Zwecke eines weltweiten Klassenkampfs von oben.

Auch mit dem schlechten, alten, deutschnationalen Reflex, das ideelle Gesamtböse in Amerika zu verorten, ist deshalb wenig gewonnen. Der amerikanische Staat spielt eine besonders aggressive Rolle bei der Durchsetzung der Kapitalinteressen, aber die erfüllungshelferischen Bemühungen der EU-Kommission stehen dem nicht wirklich nach.

Wer aber ist »das Kapital«? Wir leben in einer bis zum Anschlag durchökonomisierten Welt, aber auch hinter jedem multinationalen Konzern und jeder Finanzkrake stehen am Ende konkrete Menschen, so superreich und supermächtig sie auch sind.

Diese Leute gibt es tatsächlich. Sie sind keine Außerirdischen und mutmaßlich auch keine Illuminaten, die im Erdinneren als Geheimbund wirken. Sie sind mit Körpern ausgestattet, die trotz aller Anstrengungen, sich durch medizinische Eingriffe (von der Schönheitsoperation bis zum genetischen Screening) von der herrschenden Klasse zur herrschenden Rasse zu erheben, den unseren nach wie vor nicht unähnlich sind.

Damit aber enden wohl die Ähnlichkeiten. Denn heutzutage kontrollieren 147 Konzerne (viele Banken darunter) etwa

50 Prozent der Weltwirtschaft. Diese sind zum Teil auch noch wechselseitig miteinander verflochten. Dies ist das Ergebnis einer Forschungsgruppe an der ETH Zürich.

Angesichts der Tatsache, dass im Grunde alle Unternehmen wie auch Banken hierarchisch bis autoritär geführt werden, haben wir es mit einer sehr überschaubaren Anzahl von Menschen zu tun, die kaum den deutschen Bundestag füllen würden. Die globalen Top-Unternehmer stellen damit eine demokratisch völlig unkontrollierte Weltregierung ohne jede Legitimation dar!

Nun rufen wir in diesem Text nicht etwa zum allgemeinen Kampf gegen das Privateigentum auf. Wir können uns allerdings andere und wesentlich bessere Methoden, die Verfügung über materielle Güter zu organisieren, vorstellen. Diese anderen gemeinschaftlichen Methoden werden in ungezählten Projekten weltweit getestet, und entgegen gängiger Klischees über verlotterte »Hippiekommunen« gibt es hier sehr erfolgreiche Modelle und ganze Netzwerke.

Über alles, was allgemein benötigt wird, sollte unserer Ansicht nach allgemein verfügt werden, beispielsweise über eine angemessene Wohnung, öffentliche Verkehrsmittel sowie über ein gutes Gesundheitssystem.

Darüber hinaus können wir uns eine solidarische Ökonomie sehr wohl vorstellen, und es kann nicht sein, dass unsere Demokratie auf dem Firmenparkplatz endet.

Trotzdem sehen wir Unternehmer und Eigentümer nicht per se als Gegner an. Wir kennen fabelhafte Unternehmerpersönlichkeiten mit einem ausgeprägten sozialen Verantwortungsgefühl.

Es gibt Öko-Unternehmen, deren Wirken wir nicht anders als segensreich nennen können.

Diese Haltung mag uns Kritik aus dem Lager der Marxisten einbringen. Einmal, weil Ausbeutung in erster Linie keine moralische Kategorie ist, sondern ein soziales Verhältnis zwischen 20 Menschen, in welchem der eine die Verfügungsgewalt über die Produktionsmittel hat, und die anderen haben sie nicht. Zweitens muss die Tendenz zur Zentralisation und Konzentration des Kapitals in einer auf Konkurrenz basierenden Marktwirtschaft immer aufs Neue zur Herausbildung von Monopolen führen.

Das sind nun sehr richtige Argumente, denen wir uns nicht verschließen. Wir stehen einer Menschenfreundlichkeit Marke Bill Gates mit feindseliger Skepsis gegenüber und ziehen Kooperation dem Konkurrenzprinzip als Gestaltungsmechanismus jederzeit vor.

Unsere Lebenserfahrung zeigt uns aber sehr deutlich, welche Menschen Bündnispartner einer besseren Welt sind und welche nicht. Entscheidend sind für uns die moralischen Qualitäten, die Haltung in konkreten Situationen, Fragen des Charakters, die gewissermaßen philosophische Bilanz eines Lebens.

Dabei verkennen wir nicht, dass die jeweilige Sozialisation es schwieriger oder leichter machen kann, die weiße Weste des guten Menschen unbeschmutzt über die Lebenszeit zu bringen. Uns geht es aber nicht um weiße Westen. Und wir beide, weder unbefleckt noch in unschuldiges Weiß getaucht, haben weiß Gott keinen Grund, menschliche Schwächen an den Pranger zu stellen.

Der Sockel der Unfehlbarkeit ist uns schon vor der Zeit zerborsten, Symbolpolitik ist dem Ernst der Lage nicht angemessen, und echte Haltung beweist, wer sich Hände und Weste schmutzig zu machen bereit ist, weil Hilfe Not tut und

Rebellion – oder weil er ehrlich verzweifelt und zerbricht an den Grob- und Gemeinheiten seiner Zeit.

Unser allergrößter Respekt und unsere Solidarität gelten dann auch denen, die in niedergedrückter Lage aufstehen und die Revolte dort beginnen, wo Widerstand am aussichtslosesten erscheint – wie die hungerstreikenden Flüchtlinge. Nur sehen wir nicht ein, warum der Mechatroniker eines Rüstungskonzerns unser natürlicher Bündnispartner sein soll, der Öko-Unternehmer aber automatisch unser Feind.

Ohnehin sind wir dafür, Worte wie »Feind« für sehr ausgesuchte Fälle zu reservieren, auch wenn wir einig sind, dass die Kategorie »Feind« aktuell dringend benötigt wird für einen sehr kleinen, leider sehr mächtigen Personenkreis.

Generell wollen wir lieber auf das Gemeinsame setzen, auf das, was halbwegs vernünftige Menschen zum gemeinen Wohle verbindet – und nicht nur Menschen, denn diese Welt besteht nicht aus unserer Spezies alleine. Sie hat sich lediglich zur Herrscherin über alles Leben aufgeschwungen. Somit sind wir alle, jeder und jede Einzelne von uns, für den Gesamtzustand des Planeten voll und ganz verantwortlich.

Wir leben in einer Epoche, von der spätere Generationen sagen werden, es sei die Zeit gewesen, als die letzten Baumzeugen vernichtet wurden. Manch alter Baum muss sich heute glücklich schätzen, wenn der Eigentumstitel des Landes, auf dem er seit Jahrhunderten wächst, bei im besten Sinne konservativen Personen oder bei Körperschaften liegt, die dieses heilige Naturerbe erkennen und bewahren. Die Grundlage dieses Baumglücks erscheint uns zwei alten Isar-Indianern allerdings von größter Fragwürdigkeit. Privateigentum an einem 500 Jahre alten Baum? So ein wundersames, machtvolles Wesen gehört sich ganz und gar selbst. Dass weiterhin Tag für Tag zahllose der letzten noch überlebenden Baumriesen ermordet werden, oft, weil irgendein frisch gekürter Eigenheimbesitzer »mehr Licht« für sich fordert: ein Schandmal unserer Spezies!

Wenn wir nun schon über die Fragwürdigkeit des Eigentums sprechen: Uns ist durchaus bewusst, dass auch das Privateigentum an geistigen Erzeugnissen, an Wissen, Sprache und Tönen und Klängen eine sehr hinterfragenswerte Angelegenheit ist. Die Kostenlosigkeit dieser Kampfschrift*, in dieser Form geradezu eine Sensation innerhalb der Verlagslandschaft, soll aber nicht darüber hinwegtäuschen, dass wir gegenwärtig Verfechter des geistigen Eigentums und grundsätzlich Befürworter eines funktionierenden Urheberrechts sind.

Gerne können wir darüber reden, wie wir das Urheberrecht im digitalen Zeitalter verbessern können. Die GEMA ist zweifellos bis zum Anschlag reformbedürftig. Aber diese Reformen haben im Interesse derer stattzufinden, die Kultur schaffen, ermöglichen und lieben in diesem Land.

Dazu gehören wohlgemerkt auch die großen und kleinen Theater, die Veranstalter, die Labels, die Tontechniker, die DJs und die Studiomusiker. Die Kulturlandschaft als ganze soll erblühen – und für alle!

Aber »systemirrelevant«, wie die Kultur scheinbar ist, trocknet sie finanziell aus, und dass es nur unsere Arbeit als Komponisten und Autoren umsonst geben soll, weil wir eben Kunst produzieren, während wir selbst vom Bäcker bis zur Tankstelle bezahlen wie alle anderen auch – no way! »Betteln Online«

---

* Das Kapitel »Aufruf zur Revolte« ist September 2013 als kostenloses E-Book erschienen.

(Crowdfunding) und »Werbung schalten« sind keine akzeptablen Alternativen. Kunst braucht vernünftige Arbeitsbedingungen, und welcher junge Bildhauer kann sich heute noch in München oder Hamburg ein Atelier leisten? Wer bezahlt angehenden Musikern ihre Instrumente, die Studiotage, den Unterricht? Wir sind also weder grundsätzlich gegen Eigentum noch gegen Unternehmer. Wir sind gegen die Macht des Finanzkapitals und der Konzerne. Für den Moment heißt das Problem, mit dem sich die überragende Mehrheit der Weltbevölkerung konfrontiert sieht, nämlich nicht so sehr Privateigentum.

Es heißt Perverseigentum.

Wir sind schlicht und ergreifend dagegen, dass ein einzelner Mensch in die Lage kommt, über Milliarden zu verfügen. Eine solche Zusammenballung von Macht ist eine welthistorische Verirrung. Sie kann weder denen gut tun, die solchen Reichtum besitzen, noch unserer Spezies, noch dem Planeten. Ein derartiges wirtschaftliches Ungleichgewicht ist auch mit einer Demokratie unvereinbar.

Was Demokratie in ihrer Interpretation als »Herrschaft der Mehrheit« anbetrifft, haben wir wiederum einige offene Fragen, speziell in Bezug auf das Mittel der Kampfabstimmung, die unsere Welt zuverlässig in Mehrheiten und Minderheiten spaltet. Wir sind dafür, auch an dieser Stelle unseren geistigen Horizont zu öffnen, andere Möglichkeiten kollektiver Entscheidungsfindung zu entwickeln und zu erproben.

Alternative, demokratischere Modelle müssten einen gewissen Pragmatismus zur Grundlage haben. Nötig wäre, gesellschaftliche Entscheidungsprozesse aus der Logik von Sieg und Niederlage zu befreien und in der Breite der Bevölkerung ein lösungsorientiertes Gespräch über Probleme und Potentiale zu organisieren. In einer solchen Verständigung wäre dann schön, wenn nicht nur technische Aspekte, Zahlen und Daten eine Rolle spielen würden, sondern auch emotionale und ästhetische »Faktoren« zu ihrem Recht kämen.

Auch deswegen brauchen wir wieder Künstlerinnen und Künstler, die Kunst als ein gesamtgesellschaftliches Arbeitsfeld verstehen und in die Auseinandersetzungen ihrer Zeit mit den Waffen des Geistes und feurigen Herzen eingreifen.

Wenn die wirtschaftliche Macht aber so himmelschreiendungerecht verteilt ist, wie es im Moment der Fall ist, kann weder von einem lösungsorientierten Diskurs noch überhaupt von einer funktionierenden Demokratie die Rede sein. Dann gleicht das Ergebnis eher einer wirtschaftlichen Apartheid, und der kulturelle Mainstream wird das Sun City einer Segregation, wo gegen beste Bezahlung nur jene Musiker auftreten dürfen, die der Macht ein Ständchen singen.

Macht und Ohnmacht. Auch »der Staat« oder »die Öffentlichkeit« bestehen am Ende aus lauter einzelnen Menschen, in Parlamenten, Behörden, Ämtern, Redaktionen und Verlagshäusern. Und diese Einzelnen sind angesichts einer alle Proportionen sprengenden Machtkonzentration im Regelfall wehrlos.

Wehren sie sich doch, mag es ihnen gehen wie der Whistleblowerin Chelsea Manning, die ein Massaker der US-Truppen ans Tageslicht brachte und dafür im Gefängnis büßt. Oder wie Gustl Mollath, dessen Versuch, einen Bankenskandal aufzudecken, ihm sieben Jahre in der Zwangspsychiatrie einbrachte. Oder man schickt gegen allzu mächtige Finanzkriminelle allzu erfolgreiche Finanzbeamte kurzerhand in Frühpension, wie in Hessen.

Diese Leute sind Helden einer demokratischen Öffentlichkeit und Märtyrer eines ungebrochenen Bürgersinns. An ihnen werden Exempel statuiert, die uns warnen sollen, gleichfalls in den Kampf gegen das Imperium einzutreten. Sie sollten uns eher Ansporn sein, genau das en masse zu tun.

Denn sollte der Überwachungsstaat nicht komplett enttarnt und abgebaut werden, stehen die Chancen miserabel, auch nur die offenkundig sinnvollsten Reformen durchzusetzen.

Das wäre ärgerlich, entspräche aber genau dem Muster der letzten Jahrzehnte. Die Antworten auf die zentralen Menschheitsfragen liegen schließlich gar nicht so sehr im Reich welthistorischer Utopien. Viel eher geht es doch um eine Reihe überaus machbarer, unstrittig sinnvoller Maßnahmen.

Gerade die Umweltpolitik zeigt das. Die letzten hundert Jahre haben unvorstellbare technologische Sprünge mit sich gebracht. Wir sind vom Telegrafen zum Smartphone und von der Erfindung des Mikroskops zur Nanotechnologie vorangeschritten. Es gibt keinen wissenschaftlich-technologischen Grund, dass wir im gleichen Zeitraum über den Verbrennungsmotor nicht hinausgekommen sind und immer noch mit unseren stinkenden Autos die Luft verpesten. Es gibt lediglich ein wirtschaftliches Interesse namens Öl, das die Entwicklung besserer Lösungen konsequent bekämpft. Das ist alles. Hätte man das Elektroauto drei Jahrzehnte lang so dringend gewollt wie andere technologische Errungenschaften (etwa unbemannte Kriegsdrohnen), dann hätten wir heute in jedem Auto einen Elektromotor oder ein anderes umweltverträgliches Antriebssystem.

Wenn man uns erzählt, die Entwicklung des Elektromotors zur Serienreife sei in den letzten dreißig Jahren aus diesem oder jenem Grund »nicht möglich« gewesen, lügt man uns folglich an. Es wäre sinnvoll, solche dreisten Lügen ab sofort auch umstandslos genauso zu nennen: dreiste Lügen. Die beschönigende Sprache können wir getrost den Katastrophengewinnlern überlassen.

Auch dass die weltweite Plastikwelle rollt und rollt, dass die Weltmeere und ganze Landstriche vermüllt werden, hat nicht den geringsten objektiven Grund außerhalb der Tatsache, dass Plastik (der Ostdeutsche sagt richtigerweise: Plaste) wiederum auf Öl basiert. Ansonsten sollte es ein Leichtes sein, auf umweltverträglichere Verpackungsmaterialien umzusteigen.

Oder Friedenspolitik. Die sicherste Methode, eine Entmilitarisierung der Welt durchzusetzen, besteht darin, die Produktion und den Verkauf von Kriegswaffen zu untersagen. Wie kommt es, dass die BRD bei allem Geschwurbel über unsere historische Verantwortung mehr als je zuvor Waffen produziert und in die Kriegs- und Krisengebiete aller Welt liefert?

Die bessere Welt scheitert nicht an objektiven Schwierigkeiten, sondern an der Macht derer, die an der Schlechtigkeit glänzend verdienen. Auch die massive Verschuldung der Staaten ist kein Naturereignis, sondern das Ergebnis politischer Entscheidungen. Statt »Verschuldung« ist eher von einer Ausplünderung der Staatshaushalte durch Banken und Konzerne zu sprechen.

Werden wir von Soziopathen beherrscht? Sind nicht der sogenannte einfache Mann, die einfache Frau großteils empathischer und liebenswerter, sensibler und sanfter als all die Führer und Herrscher, Technokraten und Bürokraten, die sich aufspielen, den Gang der Menschheit zu leiten? Die sich und uns einreden, sie wüssten wo Gott wohnt und wer er sei und was er sagt und mit welcher noch so absurden Ideologie man die Geschichte zum Besseren lenken könnte?

Ja, es ist traurig, und ja, es ist wahr: Es gibt tatsächlich Menschen, die keine Skrupel haben, das Ökosystem des Planeten zu schädigen, durch Nahrungsmittelspekulation Hungersnöte auszulösen oder Kriege anzuzetteln und anzuheizen, um bedruckte Papierschnipsel einzuheimsen oder Zahlen auf einem Konto zu erhöhen.

Erneut: Diese Leute haben Körper, wenngleich ihr Geist einen menschlichen Abgrund darstellt, und jener Teil der Menschheit, der halbwegs bei Trost ist, zur Sicherung des eigenen Überlebens dringend Wege finden muss, ihnen das Ruder der Welt aus der Hand zu schlagen.

Friede den Hütten – Krieg den Palästen! Diese geldsüchtigen Irren gehören gebrandmarkt, geächtet, aus dem Geschäftsverkehr gezogen und gesellschaftlich unschädlich gemacht. Nach den an die 99 Prozent der Menschheit gerichteten Titeln »Empört Euch« und »Engagiert Euch« und »Vernetzt Euch« rufen wir ihnen deshalb auf gut Bayerisch zu: »Schleicht's euch!«[*]

Aber Vorsicht! Die besondere Intelligenz des Psychopathen besteht gerade darin, allen anderen vormachen zu können, er sei ein wohlmeinender Mensch, ein netter Kerl und guter Kumpel, einer von uns.

Leider ist der hoffnungsfrohe Glaube, dass diese Leute von selbst zur Besinnung kommen und ihr verantwortungsloses, zerstörerisches Tun unterlassen werden, höchstwahrscheinlich irrig.

Die in Luxusyachten auf der Schaumkrone des globalen Krisentsunami segeln, werden niemals von selbst aufhören, aus dem Leid der Menschen und Tiere und der Zerstörung des Planeten Profit zu ziehen.

Schluss mit diesem miesen Hoffen auf die Mitmenschwerdung der Superreichen! Die Schreie und das Leid von Milliarden, der oft gelobte »Bewusstseinswandel« in ökologischen Fragen oder gutgemeinte Appelle an die Menschlichkeit oder

---

[*] »Haut ab!«

die Vernunft werden diese Leute in ihren quasimilitärisch abgesicherten Wohnorten nicht erreichen.

Selbst die Krise des globalen Kapitalismus lässt sie nicht umdenken. Das dürfen wir seit 2007 täglich mit ansehen. Die Geldsüchtigen und Machtjunkies greifen im Gegenteil nur umso gieriger nach allem, was sie in die Finger bekommen. Erst reißt ihre Beschaffungskriminalität ganze Landstriche ins Desaster. Dann wandeln sie mittels millionenschwerer »Boni«, die sie als Anerkennung ihres zerstörerischen Wirkens erhalten, virtuelles Spekulationsgeld in echten Besitz um, kaufen Häuser, Grund und Boden. So erobern die Finanzirren nach und nach die ganze Welt. Gibt es kein Umsteuern des einen oberen Prozents, kann die Hoffnung darum nur im Aufbegehren der verbleibenden 99 Prozent liegen; in der Revolte der Menge. Und dann kommt alles auf deren Kultur und zwischenmenschliche Intaktheit an, um zu verhindern, was Goethe über die Französische Revolution schrieb:

Frankreichs traurig Geschick, die Großen mögen's bedenken;
Aber bedenken fürwahr sollen es Kleine noch mehr.
Große gingen zu Grunde: doch wer beschützte die Menge
Gegen die Menge? Da war Menge der Menge Tyrann.

Besonders aufschlussreich, was die Chancen auf ein freiwilliges Umsteuern der Superreichen anbetrifft, ist die Phase vor der Französischen Revolution.

Mit den Aufklärern war damals längst eine geistige Gegenmacht entstanden, die das alte, religiös geprägte Weltbild in die Defensive zwang. Voltaire thronte als Ein-Personen-Großmacht auf seinem Landgut zu Ferney über dem intellektuellen Leben Europas. Nicht nur im Volk, auch im Adel und im Klerus Frankreichs gab es erhebliche Unruhe.

Einer einflussreichen Fraktion war die Notwendigkeit tiefgreifender Veränderung bewusst geworden. Nicht so sehr, um die eigenen Privilegien vorauseilend zu verabschieden, sondern um sie für die Zukunft zu sichern, wie sich versteht. Die chronisch leeren Staatskassen, die Unfähigkeit der Verwaltung, erste Wellen der Empörung im Volk und die deprimierende wirtschaftliche Trägheit Frankreichs trieben die klügsten Köpfe, wie etwa den damals noch als Kleriker wider Willen agierenden Charles Maurice Talleyrand-Perigord zur Verzweiflung – und zu kühnen Reformanläufen.

Nicht nur Talleyrand-Perigord scheiterte mit dem Versuch, eine rechtzeitige Modernisierung von oben einzuleiten. Mit seiner großangelegten Verwaltungsreform zerschellte er an der Beratungsresistenz eines Ancien Régime, das auch dann noch nicht die Zeichen der Zeit erkannte, als in den Vorstädten die Wut bereits gefährlich kochte.

Dass die blutige Schrift an der Wand von den wesentlichen Entscheidungsträgern nicht gesehen wurde, zeugt nicht nur von deren soziopathischer Gier, sondern auch von der Undurchdringlichkeit jenes Paralleluniversums, in dem sich die damalige Aristokratie mehrheitlich bewegte. Davon, was sich in der Volksmenge zusammenbraute, bekam sie entweder nichts mit oder man hielt, weich gebettet in den Selbstverständlichkeiten jahrhundertelanger Macht, die Bewegung der Menge schlichtweg für unerheblich.

Mit diesem Abblocken der Reformbemühungen von oben verlegte Ludwig XVI. sich und den Seinen den letzten Ausweg aus einer festgefahrenen und zunehmend unhaltbaren Situation. Er sprach sein eigenes Todesurteil.

Es gibt nun einen ganz konkreten Moment, in welchem wir beide zu der Erkenntnis gelangten, dass eine rechtzeitige Reform durch einsichtige Kreise an der Spitze auch diesmal wieder am Realitätsverlust der Weichgebetteten zerschellen wird.

Vor gut fünf Jahren, zu Beginn der Weltfinanzkrise, gab es in der City of London eine große Demonstration gegen die Abwälzung der Finanzkrise auf die Normalbevölkerung. Ganz davon abgesehen, dass die Demonstranten selbstverständlich von der Polizei brutal angegriffen wurden, ereignete sich dabei folgende Szene:

Mehrere Angestellte von Investmentbanken machten sich an den offenen Fenstern stehend ein Gaudium daraus, mit Banknotenbündeln in den Händen grinsend und johlend nach unten zu winken.

Mehr noch als die schiere Unverschämtheit des Vorgangs, fanden wir den in dieser Geste erkennbaren Mangel an Furcht be- und verachtenswert. Man sieht hier eine Generation von Spielsüchtigen, denen jegliches Bewusstsein dafür abhandengekommen ist, dass eine solche Bewegung weit unten in den Straßen auch einmal in die Bankpaläste eindringen könnte, dass nur ein paar Glasscheiben und Treppenstufen die enthobene Sphäre geliehener Pseudomacht von der ohnmächtigen Wut der Menge trennen. Diese Leute haben offenkundig vergessen, dass ähnliche Situationen mit abgeschnittenen Köpfen geendet haben.

Konstantin hat für sein jüngstes Programm Erich Kästners Gedicht »Ansprache an Millionäre« vertont. Darin heißt es:

Warum wollt ihr euch denn nicht bessern?
Bald werden sie über die Freitreppen drängen
und euch erstechen mit Küchenmessern
und an die Fenster hängen.

Ihr seid die Herrn von Maschinen und Ländern.
Ihr habt das Geld und die Macht genommen.

Warum wollt ihr die Welt nicht ändern,
bevor sie kommen?
Ihr seid nicht klug. Ihr wollt noch warten.
Uns tut es leid. ihr werdet's bereuen.
Schickt aus dem Himmel paar Ansichtskarten!
Es wird uns freuen.

Die Millionäre Kästners sind heute wohl eher mit Milliardären oder Milliardenunternehmen vergleichbar. Die Mentalität bleibt sich gleich. Sowohl die Superreichen aller Epochen als auch die niederen Chargen, die deren Vermögen verwalten, glauben einfach nicht daran, dass von dort unten her irgendjemand oder irgendetwas je in ihre Schachertempel und Gated Communities dringen könnte.

Die Geldaristokraten verwechseln die Spekulationsblase, in der sie leben, eben in der Tat mit dem Himmelreich und halten dessen wolkige Pforten für unüberwindlich.

Was für ein Realitätsverlust grassiert in diesen Kreisen?

Der Prinz hat einen jungen Investmentbanker in seinem Bekanntenkreis. Mit gerade 24 Lenzen schiebt dieser fröhliche Mensch an einem Computer sitzend täglich Beträge von bis zu fünf Millionen Euro hin und her. Was ein solcher Alltag in der Psyche ohnehin zu Omnipotenzillusionen neigender Männer dieses Alters anrichtet, zeigt sich in der recht weiträumigen Behauptung dieses Jungbrokers, wonach sich »einmal in jedem Zeitalter die Besten einer Generation an den Weltbörsen treffen«.

(Und wir dachten immer, die Besten einer Generation studieren allesamt Geige! So weit können Weltanschauungen auseinanderliegen ...)

Freilich ist unser junger Investmentbanker noch mit anderen Börsianerweisheiten ausgestattet. Etwa der, wonach ein jeder Mann auf seinem Karriereweg »einmal den Brutus machen« müsse, um ganz nach oben zu kommen. Eine solche Erhöhung blanker Illoyalität aus niedersten Motiven ins Weltanschauliche sagt eventuell noch mehr über den geistigen als über den moralischen Zustand dieser Handlanger aus.

Denn Handlanger bleiben sie, auswechselbare Klicksklaven der wahren Macht der Monopole, in welche Elitestellung sie sich auch hineinfantasieren.

Schließlich kommt das Wort »Elite« von dem lateinischen *eligere*: auswählen. Die Elite sind folglich die »Auserwählten«, und da stellt sich die Frage, wer solche Früchtchen auswählt, per Mausklick Entscheidungen zu treffen, die verheerende Konsequenzen zeitigen und unzählige Existenzen vernichten können.

Im Falle der französischen Aristokratie war der Glaube vorherrschend, diese Auswahl sei durch Gott vorgenommen worden. Vergleichbare Auffassungen sind heute in Finanzkreisen eventuell weiter verbreitet als man annehmen möchte. Die obigen Zitate liefern gewisse Hinweise, dass man drauf und dran ist, sich in eine regelgerechte Börsianer-Esoterik hineinzusteigern.

Auch das liegt ganz auf der gewöhnlichen Linie vorrevolutionärer Zeiten. Je poröser der Boden unter den gesalbten Füßen, desto höher fliegen die Grillen von der Unüberwindlichkeit der eigenen Machtstellung. Den Abgrund nicht zu sehen, gelingt eben besonders gut, wenn man sich weit über den Dingen wähnt.

Auch das hat der heutige Geldadel mit der französischen Aristokratie gemeinsam – wenngleich man dem französischen Ancien Régime zugutehalten muss, dass es mit all dem zusammengeräuberten Überfluss immerhin in Fragen der Architektur, der Inneneinrichtung, der Küche und der Musik einen Geschmack kultivierte, der unserer heutigen »Elite« auch noch zur Gänze fehlt.

Der Abgrund ist aber da, auch für die Geldsüchtigen, deren eskalierende Sucht immer riskantere Aktionen notwendig macht. Die Klügeren unter ihnen haben es längst bemerkt, wie etwa Georg Kofler, der frühere Chef des Senders Premiere, der wenige Monate vor Beginn der Finanzkrise völlig überraschend den Großteil seines Aktienpakets veräußerte und mit dieser Entscheidung bis heute einigermaßen zufrieden sein dürfte.

Weniger zufrieden darf sich der bayerische Staat schätzen, den die Spekulationsstrategie der Bayerischen Landesbank in einen Abgrund der Verschuldung geritten hat.

Wer übernimmt die Verantwortung? Welcher jener Wirtschaftsverbrecher, die für das Finanzdesaster der letzten Jahre verantwortlich sind, sitzt hinter Schloss und Riegel? Wer von ihnen musste für die durch wilde Spekulation und direkten Betrug verursachten Schäden persönlich haften?

Eigenverantwortung? Dieses Credo neoliberaler Gesellschaftspolitik gilt eben nur für die Opfer, nicht für die Vollstrecker der neoliberalen Wirtschaftstheorie.

Gewinne werden privatisiert. Verluste vergesellschaftet.

Und während dreistellige Milliardenbeträge zur Errettung »notleidender Banken« jederzeit aus dem Staatsärmel geschüttelt werden können, werden die Forderung nach der Wiedereinführung der Vermögenssteuer und sogar die Idee einer Spekulationssteuer ins Reich kommunistischer Wahnvorstellungen verwiesen.

Es sind solche Absurditäten, die bei einer gewissen Häufung doch nach und nach auffallen und bei gleichzeitiger Verarmung der Normalbevölkerung dazu beitragen könnten, auch aus dem ewigen Meckern und Lamentieren der Deutschen endlich einmal etwas werden zu lassen, das den Namen Revolte rechtfertigt.

Verarmung der Normalbevölkerung? In Deutschland? Ja, in Deutschland. Entscheidend sind dabei nicht so sehr ein abstrakter statistischer Wert oder auch die sehr konkreten Reallohn- und Kaufkraftverluste der letzten zwanzig Jahre. Die wirkliche Verarmung besteht im Verlust wirtschaftlicher Sicherheit, der heute geradezu allgemein geworden ist. Vor allem dank der Eingriffe der rot-grünen Regierung Gerhard Schröders ist die Durchlässigkeit der Gesellschaft enorm verbessert worden – soweit es um ihre Durchlässigkeit nach unten geht.

Selbst jahrzehntelange Einzahlung in die Sozialversicherung schützt bei plötzlicher Arbeitslosigkeit nicht mehr vor dem Sturz in den Abgrund. Und dass auch in diesem Fall der Abgrund zwar immer wieder verdrängt, aber dennoch von den meisten gewusst wird, ist von einer ungeheuer disziplinierenden Wirkung auf diejenigen, die noch mit einem Arbeitsplatz gesegnet sind und sich demzufolge glücklich zu schätzen haben – und nicht etwa ausgebeutet.

Was die anderen, die »Nichtwisser« angeht, gilt, was der Historiker und Sozialaktivist Holdger Platta so beschrieben hat:

Hartz IV hat millionenfach Mitmenschen abgeschoben auf einen fernen elenden Kontinent. Es stellt insofern nur noch eine optische Täuschung dar, dass diese Menschen in unserer unmittelbaren Nachbarschaft wohnen. In Wirklichkeit leben sie längst schon anderswo: in der Mülltonne unserer Demokratie, dort, wo längst schon unsere Verfassung gelandet ist.

Soziale Angst ist zum zentralen Instrument der Herrschaft geworden. Den Versuch, durch Argumente zu überzeugen, haben die Herrschenden längst aufgegeben.

Aber die unaufhörlichen Angstkampagnen sind von kaum absehbarer Gefährlichkeit. Hannah Arendt schreibt über einen bestimmten Typ von Mensch, dessen sich die Nazis für ihre teuflischen Pläne zuverlässig bedienen konnten. Dieser Typ ist der gewöhnliche Familienvater, der »treusorgende Hausvater«, dem die Sicherheit seines Privatlebens über alles geht:

Es hatte sich herausgestellt, dass er durchaus bereit war, um der Pension, der Lebensversicherung, der gesicherten Existenz von Frau und Kindern willen Gesinnung, Ehre und menschliche Würde preiszugeben.

Alois Prinz schreibt in seiner Biographie über die große Philosophin:

Was diesen »Spießer«-Typus für Hannah Arendt vor allem kennzeichnet, ist seine totale Gleichgültigkeit gegenüber der Frage, wie eine allen gemeinsame Welt aussehen und wie sie überdauern soll.

Wird dadurch vielleicht verständlicher, warum wir Deutschen auch heute so die Augen verschließen gegenüber dem ungeheuren Leid, das nicht zuletzt unsere Finanzpolitik der Härte, diese »alternativlose« Politik der lächelnden Kanzlerin, den südlichen Ländern Europas zufügt?

Die beschämende Duldsamkeit der deutschen Bevölkerung gegenüber den Zumutungen der vermeintlichen Elite ist zumindest auch dadurch zu erklären, dass man die Alternative immer wieder sehr plastisch vor Augen geführt bekommt: Sei bloß brav, deutscher Michel, sonst geht es Dir wie den Griechen oder den Portugiesen oder wie Deinem früheren Nachbarn, der arbeitslos wurde und daraufhin sein Haus verloren hat.

Genau aus diesem Grund ist tätige Solidarität mit Griechen und Portugiesen und arbeitslosen Nachbarn nicht nur moralisch geboten, sondern von größter strategischer Bedeutung. Wie die Errichtung einer Billiglohnzone in der ehemaligen DDR die ideale Voraussetzung war, um dann auch das Lohnniveau der Westdeutschen kontinuierlich in den Keller zu drücken, sollte die Abstrafung Griechenlands durch die Finanzmärkte als das erkannt werden, was sie ist: die Eröffnungsschlacht in einem Generalangriff auf die Lebensverhältnisse in Europa. Erfolgreicher Widerstand der Griechen ist deshalb umgekehrt auch ein Erfolg für uns.

Für uns? Bereits in der Debatte um die rassehygienischen Thesen Thilo Sarrazins war erkennbar, wie ein wohlmeinender Antirassismus traditioneller Prägung, der darauf abhebt, dass »wir« und »die« sich nicht »gegeneinander« ausspielen lassen sollten, und dass »die« eigentlich gar nicht so anders sind als »wir«, an seine Grenzen stößt. Wer nicht erkannt und vor allen Dingen verinnerlicht hat, dass die Zeiten eines »Wir« und »die Anderen« entlang solcher Trennungslinien vorbei sind, steht einem Rassismus hilflos gegenüber, der nicht völkisch argumentiert, sondern »kulturell«.

Nun wird niemand uns beiden in Abrede stellen wollen, der deutschen Kultur und ihrer Sprache auf das Innigste verpflichtet zu sein. Wir sind ihr geradezu ausgeliefert, und im Gegensatz zu all denen, die Goethe und Schiller nur anlässlich von Fußballweltmeisterschaften als Maskottchen einer Nation der Dichter und Denker anführen, aber niemals lesen, sind wir dieser Kultur auch tätig treu.

Was für einen Kulturverrat begeht dagegen unsere Bildungspolitik? Welches Massaker an den Geisteswissenschaften unsere Universitäten erlebt haben, spottet jeder Beschreibung. Und zu den beklagenswertesten Aspekten der Verarmung in Deutschland gehört die musische und sprachliche Verarmung.

So leistet sich dieses immer noch stinkend reiche Deutschland ein Schulwesen, in dem selbst an den Gymnasien von einem Musikunterricht kaum noch die Rede sein kann. Der Deutschunterricht verkommt zunehmend zu einer Art literarischem Bewerbungstraining. Das ist nun, weiß Gott, kein Angriff auf Musik- und Deutschlehrer, die unsere Empörung über die Trockenlegung ihrer Fächer übrigens teilen. Und auch und gerade die Schülerinnen und Schüler der Haupt- und Realschulen haben ein Recht auf musische und literarische Bildung.

Dass diese Kompetenzen im Gegensatz zu naturwissenschaftlichen und betriebswirtschaftlichen Kenntnissen »wirtschaftlich nichts bringen«, ist nebenbei bemerkt ein lächerlich engstirniger, veralteter und ganz einfach falscher Ansatz. Aber vielleicht wird die Auseinandersetzung mit deutschsprachiger Literatur und der ihrem Wesen nach weltbürgerlichen Musik auch darum behindert, weil Literatur und Musik Tore zum Bewusstsein eines Lebens ohne nationale und kulturelle Beschränktheiten sind? Wer Literatur und Musik fördert, fördert das kritische Weltbürgertum. Doch nicht jeder scheint die Gefahren einer einseitigen Schulbildung zu sehen – eine schädliche, gemeingefährliche und nicht zu tolerierende Einstellung.

Wo das Kapital der Konzerne weltweit agiert, ist eine Bürgergesellschaft, die immer noch im »Wir« und »die anderen« von Völkern und Nationen denkt, von vorneherein chancenlos. Und wer sich selbst im streikenden Griechen, dem schwulen Russen und in den Kindern asiatischer Textilfabriken nicht erkennt, hat sich selbst und seine eigenen Interessen nicht erkannt.

Solidarität! Der Schritt zu einer globalen Demokratie kann nur eingeleitet werden, wenn wir uns von nationalen Identitäten lösen und Homophobie, Frauenunterdrückung und alle anderen Diskriminierungsformen ein für alle Mal auf den Müllhaufen der Geschichte werfen, die Menschen die Art und Weise ihres Menschseins diktieren oder absprechen wollen. Nur so wird genug Einigkeit entstehen, um dem drohenden sozialen Apartheidstaat ein massenhaftes Aufbegehren entgegenzusetzen.

Ist ein solcher Abschied von den ideologischen Dämonen der Vergangenheit möglich? Ist die Menschheit reif für ein Ende der Rassismen unterschiedlichster Ausprägung, obwohl die Meinungsarrangeure des Status quo mit ihren endlosen Sarrazinaden engagiert dagegenhalten?

Es wird quer durch alle Denkrichtungen und Lager anerkannt, dass wir uns als Weltgesellschaft inmitten einer gewaltigen Transformationsbewegung befinden. Die schöpferischen Potentiale dieser Umwälzung werden, je nachdem, wo man bewusstseinsmäßig eingeparkt hat, sehr unterschiedlich charakterisiert: als dritte industrielle Revolution, als Aufbruch in die Wissensgesellschaft, als Globalisierung der Produktion, als Übergang von der analogen zur digitalen Welt, als Geburtswehen einer globalen Bürgergesellschaft, als Abschied vom kopernikanischen Paradigma oder Beginn des Wassermannzeitalters.

Die Empfindung, dass unter unseren Füßen die Plattentektonik der Weltgeschichte machtvoll in Bewegung geraten ist, ist all diesen Versuchen, die Veränderung positiv zu begreifen, ebenso gemein, wie den zahlreichen Deutungsversuchen aus einer apokalyptischen Erwartungshaltung heraus.

Nun sind wir uns beide, wie wir ausführlich offenbart haben, der Fehlentwicklungen, der gewaltigen Gefahren und Katastrophenszenarien sehr bewusst, die im derzeitigen Weltzustand als Zukunftsoptionen bereitliegen. Den Apokalyptikern wollen wir dennoch mit Egon Friedell entgegnen, dass sich die in der Menschheitsgeschichte periodisch auftretenden Phasen vermeintlicher Weltuntergänge mitunter als Beginn eines Weltaufgangs erwiesen haben.

Tatsächlich ist in den letzten Jahrzehnten auch sehr viel Gutes und Neues gewachsen neben all den Schrecklichkeiten.

Viele Menschen haben den Schritt bereits vollzogen, das neue Leben nicht nur zu fordern, sondern selbst zu beginnen. Es gibt, auch in Deutschland, eine beachtliche Menge unterschiedlichster Projekte, in denen Menschen sich den Schwierigkeiten und Schönheiten des gemeinsamen Lebens stellen. Die Wirkung dieser Projekte mag im Ganzen marginal erscheinen. Als Laboratorien der besseren Welt sind sie von unschätzbarer Wichtigkeit.

Auch außerhalb solcher Gemeinschaften und Projekte beginnen Menschen, mit ihrem Potential, mit ihrer Geistigkeit, an einer neuen Gesellschaftsordnung zu arbeiten. Dabei setzen sie große Utopien im Kleinen durchaus um. Das Ziel, gewaltfrei zu leben, ist im Weltmaßstab noch eine Utopie. In vielen Familien ist es eine Realität, und die Kinder, die in diesen gewaltfreien Zonen aufwachsen durften, sind die natürliche Hoffnung der Welt.

Experimentierfelder eines solidarischen, radikaldemokratischen Prinzips bleiben aber zwingend prekär, solange die Welt nach Maßgaben einer diktatorischen, imperialen Kapitalherrschaft organisiert bleibt. Dann verzichten wir eben voller Umweltbewusstsein auf die Plastiktüten beim Einkaufen – und die Ölmonopole sorgen dafür, dass wir von der Käseverpackung bis zur Plastikschale für die Erdbeeren und der Plastikfolie rund ums Toastbrot Berge von Plastik in unsere Stoffbeutel stopfen.

Ja, die Politik der kleinen, sinnvollen Schritte wird ausgeglichen durch Riesenschritte auf den Abgrund zu. Es muss einen Sprung in die richtige Richtung geben, um den großen Absturz zu verhindern.

Wenn Systeme sterben, kann sich die Agonie andernfalls über Generationen der Finsternis hinziehen. Die Tarotkarte »Tod« bedeutet eben nicht, wie der Kartenname ja auch mit hinlänglicher Eindeutigkeit ausdrückt: »Neuanfang«. Der Tod kann natürlich das Tor zu einem Neuanfang sein, aber fernab religiöser Fragestellungen wird wohl niemand behaupten wollen, dass ein gelungener Neuanfang garantiert sei, nur weil da jemand stirbt oder gar der Tod selbst einen solchen darstelle.

Der kapitalistische Kolossus, wie wir ihn in der Gegenwart erleben, befindet sich zweifellos in einer tiefen Krise. Aber wenn ein Kolossus fällt, kann er viele unter sich begraben, und der Kapitalismus wehrt sich tapfer und mit allen Mitteln gegen sein drohendes Ende.

Nachdem der Kapitalismus allerdings stets ein nichtkapitalistisches Außen braucht, das er sich als Brennstoff für weiteres Wachstum einverleiben kann, hat er als neues Außen längst unser höchstpersönliches Innen entdeckt, unser Gefühlsleben, unsere Träume und Ängste, die er besetzt, kolonisiert und seiner Verwertungslogik unterwirft.

Genau in diesen Tendenzen treffen sich die Interessen von Facebook und Google einerseits und die der NSA andererseits. Die einen wollen über uns alles wissen, um unsere Daten für das Microtargeting digitaler Werbekunden ideal ausschlachten zu können. Die anderen freuen sich über den Zugriff auf unsere Daten, um uns zuverlässig kontrollieren zu können.

Praktischerweise kann man mit der gleichen Technologie, die unsere Chats und Skypegespräche und E-Mails und SMS und Handytelefonate erfasst und auswertet, auch unliebsame Bürger elegant oder auch brutal erledigen. Für die aus US-Wahlkämpfen bekannte Methode der »Character Assassination« – die Vernichtung von Personen durch die kampagnenförmige Ermordung ihres öffentlichen Charakters – bieten sich bei diesem digitalen Totalzugriff ungeahnte Möglichkeiten.

Der Herr Wecker wird dann im Trommelfeuer allgemeiner moralischer Entrüstung erst einmal beweisen müssen, dass er diese E-Mail, in der er sich, sagen wir: für Solidarität mit al-Qaida oder einen anderen Unsinn einsetzt, in Wahrheit niemals geschrieben hat, ... obwohl sie doch von seinem eigenen E-Mail-Account abgesendet wurde.

Wir sind also dabei, nicht nur die Kontrolle über unsere Daten, sondern potentiell auch die über unsere Worte und Taten zu verlieren. Das sollten wir uns klarmachen.

Gerade die andauernde Krise des Systems wird der Mechanismus sein, diese Tendenzen ins Totalitäre zu steigern. Denn natürlich reicht das bisschen Internetprofit von heute bei weitem nicht aus, die Krise des Kapitalismus, die ja vor allem von strukturellen Blockaden in der Sphäre der Produktion herrührt, langfristig zu lösen. Deswegen hält man das Tempo des Wachstums künstlich oben – denn für den Kapitalismus bedeutet Verlangsamung nicht etwa wie für den Bayern ein

Mehr an Gemütlichkeit, sondern den Tod – indem man ohne jede Not zerstört oder durcheinanderbringt, was im Grunde genommen, auch so wie es ist, wunderbar funktioniert. Da wird dann ein Baudenkmal von welthistorischer Bedeutung wie der Palast der Republik abgerissen, um beim Neubau eines Barockschlosses eine Milliarde mehr vom Staat Richtung HochTief zu schaufeln.

So werden, um den Ofen des Profits weiter auf Temperatur zu halten, ohne Rücksicht auf die Folgen für die Zukunft alles und alle verfeuert: endliche Ressourcen, die Natur ganzer Landstriche, die Gesundheit halber Bevölkerungen, Bildungssysteme, Baudenkmale, Altstädte, Stadtparks, Berge und Wälder, geschundene und gequälte Tiere, die allgemeine Gesundheitsversorgung, Stromnetze, Wasserrechte, Infrastrukturen jeglicher Art. Alles, was zu Geld gemacht werden kann, wird auch zu Geld gemacht.

Jacques Attali, der langjährige Berater von Francois Mitterand, beschreibt in seinem Vorwort zu »Die Welt von Morgen« die dystopischen Perspektiven dieses Vorgangs:

Wenn wir diese Entwicklung nicht aufhalten, wird das Geld sich am Ende von allem entledigt haben, was ihm irgendwie im Weg steht, einschließlich der Staaten, die Schritt für Schritt von ihm zerstört werden, nicht zuletzt die Vereinigten Staaten von Amerika. Wenn dann das Geld schließlich als einziges Gesetz die Welt regiert, wird der Markt ein uneinnehmbares, die ganze Welt umfassendes Hyperimperium bilden, welches neue Marktressourcen und neue Formen der Entfremdung, extreme Armut und gigantische Vermögen schafft, eine Welt, in der die Natur ordentlich geschröpft und alles privatisiert sein wird, Streitkräfte, Polizei und Justiz inbegriffen. Der Mensch wird sich Prothesen schaffen, bevor er selbst zum Artefakt wird, das man serienmäßig an Konsumenten verkauft, die selbst zu Artefakten werden. Schließlich wird auch der Mensch verschwinden, wenn er für seine eigenen Schöpfungen überflüssig geworden ist.

Wird es zu einer globalen Revolte, die diesem Irrsinn ein Ende setzt, kommen? Es gibt gewisse Anzeichen dafür. Seit der ersten ägyptischen Revolution gegen Mubarak haben wir in Spanien und Portugal, Chile, Israel, der Türkei, Brasilien und anderen Ländern eine Serie von Protestwellen erlebt. Diese haben jeweils ihre spezifischen Problematiken und Potentiale. In Brasilien drohte die Protestbewegung zwischenzeitlich durch nationalistische Elemente in eine bedenkliche Richtung abzugleiten. Die Revolution in Ägypten ist in eine äußerst gefährliche Lage geraten.

Aber die Ägypter sind aufgestanden! Sie haben es gewagt! Sie haben bewiesen, dass Revolutionen im 21. Jahrhundert möglich sind. Faszinierend ist, wie die verschiedenen Bewegungen seither das paradigmatische Modell des Tahrir-Platzes übertragen und ausgebaut haben.

Diese besetzten Plätze gegen kriegsmäßig vorgehende Polizeieinheiten zu halten, ist bisher nur phasenweise gelungen. Aber diese Tage oder Wochen der Protestlager sind aus der kranken Logik des Imperiums herausgesprengte Gegenwelten, in denen sich ein neues, aktiv handelndes Subjekt historischer Veränderung findet und formiert. Es ist vorstellbar, dass diese Platzbesetzungen die Vorübungen für eine Pariser Kommune des 21. Jahrhunderts sind.

Wie diese aussehen und organisiert sein könnte, vermag niemand vorauszusagen, denn sie wird dann die spontane Frucht der revoltierenden Menge sein. Aber wir können die

Gestalt dieses vielköpfigen Wesens bereits erahnen in den Gesichtern vom Syntagma-Platz, dem Tahrir-Platz, der Puerto del Sol, ... dem Marienplatz?

Die Lage in Deutschland erscheint nicht gerade vielversprechend. Die Gewerkschaften haben es vermocht, fünf Jahre Finanzkrise samt »Bankenrettung« zu erdulden, ohne eine einzige nennenswerte Massenaktion durchzuführen. Occupy war in Deutschland eine kurzlebige und etwas obskure Erscheinung. Proteste gegen die Bankenmacht in Frankfurt am Main werden regelmäßig verboten und/oder polizeilich angegriffen. Das Projekt Linkspartei ist durch mediales Dauerfeuer und innere Streitigkeiten von betörender Verantwortungslosigkeit stark beschädigt worden. Der politische Verkaufsschlager hierzulande hieß nicht »Empört Euch!«, sondern »Deutschland schafft sich ab«.

Nun sind wir beide gewissermaßen Funktionäre der Hoffnung. Mut zu machen, aufzumuntern, Kraft zu spenden und auch die heilende Verarbeitung von Frust und Trauer zu unterstützen – all das gehört zu unserem Beruf. Als Künstler sind wir aber auch unserer Intuition ausgeliefert und der Aufrichtigkeit verpflichtet. Die Wahrheit ist, dass unsere Intuition immer lauter Alarm schlägt.

Wir beide haben uns das in einer denkwürdigen, comingoutartigen Situation in der Künstlergarderobe bei einem Konzert in der Schweiz gestanden. Wir haben, beide noch erfüllt von dem Konzerterlebnis, über die immer wieder gern unterstellte Aussichtslosigkeit des Künstlers gesprochen, überhaupt irgendetwas zu bewirken. Aber wir haben erleben dürfen, dass man so nutzlos ja doch nicht ist als Künstler, dass man vielleicht nicht die Weltgeschichte bewegen kann, nicht die Massen, aber einzelne Individuen mit ähnlichen Niederlagen und Enttäuschungen, Sehnsüchten und Hoffnungen. Wir haben Menschen gespürt, die sich selber durch Wort und Musik wieder neu entdecken.

Das zu erleben ist unendlich beglückend, aber in diese Künstlergarderobe in Basel, im März 2013, senkte sich eine Stimmung wie am Vorabend einer Katastrophe, wie Wien, 1913 oder Berlin, 1928. Wir sprachen über Kurt Tucholsky, der inmitten des großen Tanzens und Fressens und Kaufens und Kicherns der vermeintlich Goldenen Zwanziger das drohende Unheil witterte und warnte und mahnte.

Natürlich: Uns wird von spirituellen Menschen und auch von knallharten Esoterikern immer wieder beschwichtigend erklärt, die Menschen müssten eben vorher den Frieden in sich finden, bevor sie die Welt befrieden könnten. Aber das spirituelle Innere und das gesellschaftliche, politische Außen trennt keine chinesische Mauer. Beides entfaltet gestalterische Kräfte in jedem Einzelnen von uns. Eine Klimakatastrophe lässt sich nicht wegmeditieren, und wer definitiv nichts zu fressen hat, ist nicht in erster Linie an Verinnerlichung interessiert, sondern an Wasser und Nahrung.

Noch an diesem Abend in dieser Schweizer Garderobe haben wir entschieden, dass es an der Zeit sei, diesen Aufruf zur Revolte zusammen zu schreiben.

Denn wenn man alle Faktoren zusammenrechnet, die ökologische Situation, die wirtschaftliche Lage, den gigantischen, präventivausgebauten Repressionsapparat und auch, ja, leider, die zunehmende Verrohung und Entsolidarisierung der Menschen untereinander, dann muss einem himmelangst werden.

Dazu kommt das weltumspannende Netz von Geheimdiensten außer Rand und Band, und wir stellen uns die Frage, ob das hartnäckige Ausbleiben der Weltrevolution bei fortschreitender, krisenhafter Globalisierung des Kapitals nicht einen Weltputsch möglich macht, gewissermaßen einen elften September für Fortgeschrittene.

Hirngespinste? Das wäre zu hoffen. Wir beide jedenfalls haben Angst vor einer Zukunft, die uns droht, wenn die globale Revolte ausbleibt.

Im europäischen Süden und in Nordafrika hat diese Revolte bereits begonnen. Damit sie gelingt, muss jetzt auch in Deutschland etwas passieren. Wer tatenlos zuschaut, wie die Griechen sich gegen die Angriffe nicht zuletzt in Deutschland stationierter Konzerne abkämpfen, verrät am Ende sich selbst so sehr wie unsere griechischen Schwestern und Brüder.

Immerhin hatten die Enthüllungen Edward Snowdens einen kuriosen Effekt auf die Kommunikation der Menge. Zuvor war eine unausgesprochene Vorsicht, die berüchtigte Schere im Kopf, speziell auf Facebook überdeutlich spürbar, weil man ja insgeheim ohnehin vermutet hat, dass dieses Netzwerk massiv überwacht wird.

Aber etwas vermuten und etwas wissen, ist ein großer Unterschied. Man muss das am nackten Körper brennende vietnamesische Mädchen aus dem Dorf laufen sehen, um zu verstehen, was Napalm bedeutet. Und wir mussten das grundanständige Gesicht Edward Snowdens sehen, um endlich wieder zu lernen, was das heißt:

Anstand! Zivilcourage! Bürgerpflicht!

Seit Snowden scheint der Würgegriff der Angst aufzubrechen. Immer mehr Menschen kommunizieren nach dem Motto: »Bist Du restlos archiviert, schreibt es sich ganz ungeniert.«

Auch in den deutschen Medien kann man von einer Situation vor und nach Edward Snowdens Enthüllungen sprechen. Viele Journalisten haben erkannt, dass diese ausufernden Praktiken staatlicher Kontrolle die Grundlagen ihres Berufes bedrohen. Prompt erleben wir in Bezug auf den Überwachungsskandal einen wachen und selbstbewussten Journalismus, wie wir ihn oft vermisst haben. Die breite Solidarität der Branche mit dem fabelhaft mutigen Glenn Greenwald und dem englischen Guardian ist beispielhaft.

Diese Besinnung auf das Berufsethos des Journalisten kommt zur rechten Zeit, denn offen und laut zu sagen, was ist, ist der erste Schritt auf dem Weg zur Revolte. Nur gibt es bekanntlich nichts Gutes, außer man tut es, und Missstände werden nicht dadurch abgeschafft, dass sie öffentlich aufgezählt werden. Ein spontanes Aufbegehren kann man auch nicht herbeischreiben. Dafür braucht es den göttlichen Funken der Inspiration, der auf die Menge übergreift ... und Organisation.

Vorbildlich ist derzeit die türkische Taksim-Solidarität, ein Bündnis aus über hundert, mitunter sehr unterschiedlichen Bürgerbewegungen.

Was die massenhafte Verbindung inspirierter Entschlossenheit und präziser Organisation auch in Deutschland bewirken kann, durften wir beide als Teilnehmer der Dresdner Anti-Naziblockaden erleben. Der bis dahin größte Naziaufmarsch Europas ist Geschichte. Dies ist gelungen, nachdem sich ein breites Bündnis von der Autonomen Antifa über Gewerkschaften, Kirchen und Parteien bis hin zu bekannten und weniger bekannten Künstlern auf einen Aktionskonsens und ein klares taktisches Konzept einigen konnte. Beides wurde dank einer brillanten Organisation der Blockaden und großer, vertrauensvoller Einigkeit in der Aktion drei Jahre lang erfolgreich umgesetzt.

»Dresden Nazifrei« ist eine Blaupause für erfolgreichen Widerstand in Deutschland. Aber jetzt kommt es darauf an, diese Erfahrungen auf soziale Themen und den Kampf gegen den Überwachungsstaat anzuwenden. Das ist ungleich schwieriger, und die 20 000 Demonstranten von Dresden werden für dieses Unterfangen nicht ausreichen.

Umfragen zufolge sind wir Deutsche ja hochzufrieden mit der Arbeit unserer Regierung. Aber wer fragt da wen? Was muss noch passieren, bis auch wir aus unserem Dornröschenschlaf erwachen und uns beispielsweise der Tatsache stellen, dass die glänzenden Erfolge beim »Abbau der Arbeitslosigkeit« auf Billiglohn und Zeitarbeit basieren? Wer aber bei einer Zeitarbeitsfirma angestellt ist, hat keinen Arbeitgeber mehr, sondern einen Zuhälter, wie Volker Pispers richtig sagt.

Es hat auch gar keinen Zweck zu hoffen, dass die Krise alle anderen zuerst erwischt und uns verschont. Die Krise ist längst da, nur noch nicht bei allen. Die Einschläge kommen näher.

Wenn »Dresden Nazifrei« die organisatorische Blaupause ist, sind 1968 und 1989 deshalb die Vision. Was auch immer jeweils aus diesen demokratischen Eruptionen folgte – und wir meinen, in beiden Fällen überwiegen die positiven Folgen bei weitem! – beweisen sie, dass auch der deutsche Bürger und die deutsche Bürgerin grundsätzlich zur Revolte fähig sind.

Es mag lange dauern, bis in diesem alten, schweren Land die Steine ins Rollen kommen und Mauern brechen. Doch dass es möglich ist, wissen wir, wie wir auch um den Abgrund wissen, der sich gähnend vor uns auftut und in den wir alle miteinander stürzen werden, wenn wir nicht schleunigst massenhaft aufbegehren.

Kann man sich nun auch in Deutschland »räumungsfreie Zonen« vorstellen, wo die örtlichen Behörden die Zwangsräumungen von Wohnungen nicht mehr unterstützen? Bayerische und thüringische Feuerwehrleute, die es ihren Kameraden auf Ibiza und in Galizien oder aragonesischen

Schlüsseldiensten gleichtun und sich weigern, bei der Exekution von Räumungsbeschlüssen zu helfen?

Auch in Spanien haben die Allerwenigsten mit solch betörenden Schönheiten einer gesamtgesellschaftlichen Revolte gerechnet. Die Bloggerin Maria Luisa Toribo schreibt:

Ein großer Teil der Bürger war eingeschlafen und hatte sich enthusiastisch der Rolle hingegeben, die man sich für uns ausgedacht hatte: die der Konsumenten. Nun haben sich neue Bewegungen gebildet, die neue Formen der Bürgerbeteiligung erfinden und einfordern.

Sehen wir uns die Schwulen und Lesben an! In einem Tagebucheintrag von 1992 jubelt der Prinz, weil sage und schreibe 10 000 Menschen zum CSD in Berlin kamen. Eine Sensation! Wenige Jahre später waren es auch in Hamburg oder München Hunderttausende. Und ungezählte Einzelne standen im Alltag, im privaten Umfeld, am Arbeitsplatz, in den Schulen für ihre Freiheit und gegen den Rassismus in der Liebe auf. Früher kaum vorstellbare emanzipatorische Fortschritte wurden so erkämpft – aus einer Lage heraus, wie sie nach der Aids-Katastrophe verzweifelter kaum hätte sein können.

Alles ist möglich, wenn Leute zu sich selbst stehen; wenn sie als Einzelne und als Menge aufstehen für ihre Träume und Rechte; wenn sie mit Stolz und Tränen in den Augen stehen bleiben – und wieder aufstehen, wenn sie niedergeschlagen werden.

Du bist aber allein?

Du bist aber machtlos?

Soweit wir sehen können, hat Edward Snowden eine sehr einsame Entscheidung getroffen und dann gehandelt. Alleine zu sein und machtlos zu sein, ist durchaus nicht dasselbe.

Auch der schweigend anklagende »Stehende Mann« vom Taksim-Platz hat uns bewiesen, welche moralische Kraft ein einzelner Mensch entfalten kann, der im richtigen Moment die Logik einer Situation versteht und mit dem Mut, das Unvorhersehbare entschlossen auszuführen, durchbricht.

Nun haben wir mit dieser Schrift den Bereich der Kunst bisher nicht verlassen, und wir werden es nicht tun, indem wir uns zu präzisen, taktischen Handlungsanweisungen versteigen. Entscheide Du selbst, was Dein Schritt ist, in die globale Revolte einzutreten. Was Du Dir zutraust, was Deine persönliche Farbe und Form der Revolte ist. Revoltiere nach Deiner Melodie, in Deiner Tonart.

Wir brauchen und wollen auch – und hier widersprechen wir entschieden dem anderweitig geschätzten Slavoj Žižek – keine charismatischen Führer an der Spitze einer Bewegung. Wir sind von der Notwendigkeit einer wirkungsvollen Organisation der Revolte überzeugt, aber wir vertrauen und setzen mit Antonio Negri auf die Intelligenz der Menge, auf die Selbstorganisation des Schwarms, auf die Macht derer, die sich selbst erkannt und aus freien Stücken miteinander verbündet haben.

Es geht eben nicht mehr darum, dass die Einzelnen in einem großen Ganzen vereinheitlicht werden und ihre eigenen Ideen, Geistesblitze und ihre Kreativität einem fertigen Weltbild unterordnen. Wir können Viele werden und dabei Einzelne bleiben, die mit all ihrer Eigenständigkeit, Verrücktheit, ja, mit ihrem individuellen Wahnsinn dazu beitragen, die Idee einer wirklichen Demokratie immer wieder neu entstehen zu lassen, selbst zu gestalten.

Wir träumen und streiten für eine aktive Bürgergesellschaft, für eine Bewegung freier, selbstbestimmter Menschen für eine freie, selbstbestimmte Menschheit! Die Zeit der Propheten, Führer und Tribunen liegt hinter uns. Wir wünschen auch keine blutige Revolution und wollen sogar dieses ungeliebte eine Prozent an der Spitze der globalen Apartheid nicht an den Laternenpfählen aufknüpfen. Wir ersehnen eine Revolution der Liebe, eine zärtliche Revolte.

Nein, wir haben mit dieser Schrift den Bereich der Kunst nicht verlassen. Dass viele unserer Kolleginnen und Kollegen und das breite Publikum von dieser Rolle der Kunst schon kaum noch etwas ahnen, geht uns nichts an. Wir haben getan und gedenken weiterhin zu tun, was seit jeher das Recht und die Pflicht des Künstlers war: Wir haben der kulturfeindlichen Verkommenheit unserer irrfahrenden Zeit ein längst überfälliges »J'accuse!« entgegengeschleudert, unser zorniges: »Ich klage an!«

Wir ergreifen Partei, wo Parteien versagen. Auf den »Luxus der Hoffnungslosigkeit«, wie Fulbert Steffensky es genannt hat, verzichten wir dankend. Aber nicht auf den Zorn, und wir bekennen uns mit Steffensky zur Voreingenommenheit, denn:

Es gibt eine unerlässliche Voreingenommenheit, die die Augen öffnet. Wenn ich nicht voreingenommen bin von dem Wunsch nach Gerechtigkeit, dann nehme ich das Leiden der Gequälten nicht einmal wahr. Voreingenommenheit ist die Bildung des Herzens, die uns das Recht der Armen vermissen lässt. Ein Urteil zu haben ist nicht nur eine Sache des klugen Verstandes und der exakten Schlüsse, es ist eine Sache des gebildeten Herzens. Das gebildete Herz ist nicht neutral, es fährt auf, wenn es die Wahrheit verraten sieht. Der Zorn ist eines der Charismen des Herzens.

Wahrlich: Wir leben in gefährlichen Zeiten voller Niedertracht und einer ausgesprochen verdächtigen Art öffentlicher Harmlosigkeiten. Die globale Diktatur, vor der wir in diesem Essay warnen, ist noch nicht ganz ausgereift. Sie übt noch. Aber wer ihren kalten Atem spürt, der duckt sich schon präventiv.

Duckt Euch nicht! Steht auf! Stellt Euch in diesem Sinne einseitig und voreingenommen und zornig auf den Standpunkt des gemeinsamen Lebens und der Liebe, gegen die Energie der Zerstörung und des Todes. Und lasst uns das um Himmels willen schnell tun, denn die Frist, die uns bleibt, das drohende Unheil abzuwenden, ist knapp bemessen.

Dass die Risiken, den Schritt zur Revolte jetzt zu wagen, erheblich sind, ist uns vollauf bewusst. Haben wir die Revolte einmal begonnen, wird jahrelanger Atem nötig sein, um diese Welt vom zermarterten Kopf auf die tanzenden Füße zu stellen.

Es wird Rückschläge geben. Wir werden bittere Niederlagen durchleiden müssen, Phasen der Mutlosigkeit.

Wir können alles das gemeinsam durchstehen.

Inwieweit es bei diesem Tun der Revolte auch um ein letztendliches Siegen geht, ist in dem zwischen uns beiden seit nunmehr einem Jahrzehnt andauernden Diskussionsprozess übrigens eine wiederkehrende Frage. In Dresden gegen die braune Brut gesiegt zu haben, war eine begeisternde und erhebende Erfahrung.

Aber man kann auch verlieren, ohne dass dadurch dem Tun nur das Geringste von seiner Richtigkeit genommen wäre.

Nüchtern betrachtet sind allerdings die Risiken der Revolte weitaus geringer als die mit mathematischer Sicherheit eintretenden, katastrophalen Ergebnisse eines weiteren, tatenlosen Zuschauens und Mitlaufens. Und wenn wir endlich auch in

Deutschland den Mut zur Revolte fassen, wenn wir uns frei machen vom Albdruck der Angst und der Feigheit, dann werden auch wir eine andere Intensität des Lebens erfahren dürfen – Momente unvorstellbarer Schönheit, Explosionen der Lebensfreude, Kettenreaktionen der Kreativität, kurz: den Zauber wirklicher Freiheit, getragen von unserer unbeugsamen Hoffnung auf eine andere, würdigere Welt.

Ich bin dafür,
den Ausfall zu wagen:
Zugbrücke runter,
den Rössern die Sporen.
Lanzen voran und ans Ufer sprengen.
Schon, damit später die fechtenden Enkel
unsere verrückten Träume
besingen.

FRANZ JOSEF DEGENHARDT

DANKSAGUNG

Es gilt so vielen lieben Menschen Dank zu sagen, dass ich gar nicht weiß, wo ich anfangen soll:

Meiner Agentin Erika Stegmann, die nach all den Jahren eine treue Freundin geworden ist, und die es immer wieder schafft, mich mit der nötigen Überzeugungskraft zum Schreiben zu bewegen; Thomas Schmitz, der als Programmleiter im Verlag schon seit langem die Idee hatte, »Mönch und Krieger« zu thematisieren; Roland Rottenfusser, dem Redakteur von »Hinter-den-Schlagzeilen«, der in unermüdlicher Arbeit am Ball geblieben ist und mich immer wieder ermuntert hat, weiterzudenken und mir als Mitarbeiter für dieses Buch eine unendlich große Hilfe war; natürlich Prinz Chaos dem Zweiten, meinem Freund und geschätzten Liedermacherkollegen und Koautoren des »Aufrufs zur Revolte« und seinem bestechenden Verstand; meinem wunderbaren, immer erreichbaren Archivar Alexander Kinsky, ohne den viele meiner Texte nie mehr aufzufinden wären; Peter Schäfer, dem akribischen Lektor, und seinem kompetenten Dabeisein; vielen KommentatorInnen meiner Facebookseite und meiner Website, die mich immer wieder ermuntert haben, weiterzumachen, auch wenn ich manchmal etwas mutlos war; und nicht zuletzt meiner Frau Annik, die mir immer wieder mit ihrem wachen Geist und ihrer liebevollen Unterstützung eine wertvolle Quelle der Inspiration ist.

Danke Euch allen und auch meinen großen Vorbildern Eugen Drewermann und Arno Gruen, deren Werke mich bereichert haben.

NACHWORT VON ROLAND ROTTENFUSSER

»Sei ein Heiliger, ein Sünder. Gib dir alles, werde ganz!« Was Konstantin Wecker in seinem jüngsten erfolgreichen Programm »Wut und Zärtlichkeit« singt, ist programmatisch. Warum sich mit dem Korrekten, dem Angenehmen und Guten begnügen, wenn einen die Seele dazu drängt, in einem viel umfassenderen Sinn Mensch zu sein. Dieses Spannungsfeld, das den Liedermacher, Komponisten und Autor zu einer der aufregendsten Erscheinungen der deutschen Kulturszene macht, kann man als Zerrissenheit interpretieren. Oder als Weisheit, die wie in allen fortgeschrittenen spirituellen Schulen stets paradox ist.

Konstantin Wecker ist ein Mystiker aus Naturbegabung, der jedes Konzert als Kommunion zwischen Sänger und Hörern feiert und Inspiration scheinbar mühelos aus dem grenzenlosen »Feld« des großen Geheimnisses abruft. Und er ist ein leidenschaftlicher Freidenker, der wieder und wieder den zerstörerischen Zugriff der Kirchen auf unsere Seelen anprangert. Wecker ist ein Pazifist von zärtlicher Vehemenz, der vielleicht innigste Sänger der Liebe im deutschsprachigen Raum. Und er ist ein zorniger Ankläger, der nicht müde wird, der empörenden Banken- und Spekulanten-Diktatur in dieser politischen Eiszeit die Leviten zu lesen. All diese (scheinbaren) Gegensätze fließen in Konstantin Weckers neues Buch ein. »Mönch und Krieger« ist eine Streitschrift in der Tradition Stéphane Hessels, durchdrungen vom poetischen Geist eines geborenen Künstlers.

Konstantin Wecker hat im Laufe seines Lebens so viele Schattenseiten eingestanden, dass seine Sonnenseiten paradoxerweise in den Schatten traten. Zu wenig beachtet wurde sein beharrliches Ringen um eine gerechtere, zärtlichere Welt, die Lichtdurchbrüche des Wunderbaren, scheinbar Paranormalen in seiner Biografie, seine lebenslange Suche nach dem Göttlichen in uns. All das trat in den Hintergrund, als Wecker vorübergehend wegen Drogenexzessen zu einer Figur des Boulevards wurde. Es verblasste auch, weil sich der Künstler selbst in vielen Varianten des Scheiterns bezichtigt hat – sich freimütig und furchtlos öffentlicher Aburteilung aussetzend.

Daher befasst sich sein neues Buch »Mönch und Krieger«, vorwiegend auch mit Themen, in denen die »höheren« menschlichen Fähigkeiten anklingen: Aus welchen Quellen kommt Inspiration? Wo wird der Künstler vom Unendlichen berührt? Gab es im Leben Konstantin Weckers spirituelle Gipfelerfahrungen? Was sind seine höchsten Ideale und innersten Beweggründe? Welche Vorstellungen hat er von der Zukunft der Menschheit? Was ist Zeit? Gibt es Gott, und wenn ja: Wie kann man sich ihn oder sie vorstellen? Natürlich zeichnet der Autor auch im vorliegenden Werk kein idealisiertes Bild von sich. Speziell dort, wo der »Krieger« Wecker seine latente Aggressivität eingesteht, werden wieder einige »dunkle Seiten« seiner Persönlichkeit beleuchtet. Diese stehen jedoch in einem dynamischen und kreativen Spannungsverhältnis zu den »hellen«. Sein Schaffen als Lyriker ist nicht umsonst voll von Dichotomien, komplementären Begriffspaaren:

> Zwischen Rausch und Askese, halb Heiligenschein,
> halb Auswurf der Hölle, ich schwebe
> und pendle mich meistens nicht mehr ein –
> und doch: ich lebe. Ich lebe!

Aus diesem so kühnen wie auch anstrengenden Lebenskonzept erwächst jedoch kein Chaos, sondern eine Form dynamischer, die Vielfalt umfassender Ordnung. Selbst nüchterne Betrachter müssen einräumen, dass Konstantin Wecker auf eines der umfangreichsten und tiefgründigsten Gesamtwerke nicht nur der deutschen Liedermacherszene zurückblickt – ergänzt durch ein nicht überschaubares Schaffen als Dichter, Essayist, Sachbuchautor, Musical-, Bühnen- und Filmkomponist sowie als Schauspieler. Dergleichen ist nur möglich mit viel Disziplin und der Fähigkeit, in den wirklich wesentlichen Dingen Beharrlichkeit, ja, Treue an den Tag zu legen. Seit nunmehr 40 Jahren ist Konstantin Wecker auf der Bühne ein Ereignis, für seine Anhänger Kult, für die zynischen Akteure und Mitläufer der neoliberalen Globalisierung ein Ärgernis. Aus diesem Buch mehr über die biografischen und philosophischen Hintergründe seiner Werke zu erfahren, kann nicht nur für eifrige Besucher von Wecker-Konzerten zur spannenden Erfahrung werden.

Auf eines muss allerdings noch warnend hingewiesen werden: Man würde Konstantin Wecker missverstehen, verlangte man von ihm monolithische Einheitlichkeit des Sprechens und Handelns. »Menschen müssen sich verwandeln, um sich selber treu zu sein«, gab er auf seiner jüngsten CD »Wut und Zärtlichkeit« zu Protokoll. Und so ist er: beharrlich in der permanenten Verwandlungsbereitschaft. Es gibt immer mindestens zwei »Konstantin Weckers«. Dem einen kann man fest umrissene Eigenschaften zuweisen. Er ist politisch eher links, glühender Antifaschist, freiheitsliebend, lustbetont, liebt klassische Musik ... Der »andere Wecker« dagegen bricht jegliche Festlegung immer wieder auf, zugunsten einer nicht dingfest machbaren Offenheit für innere und äußere Einflussströmungen. Konstantin Wecker beansprucht das Menschenrecht, ein mehrpoliger, ja widersprüchlicher Mensch bleiben zu dürfen. Er fordert Befreiung vom Zwang, stets die Erwartungen anderer erfüllen zu müssen – auch jene übrigens, die er selbst mit seinen Werken geweckt hat. Das irritiert viele, lässt aber eines mit Sicherheit nie aufkommen: Langeweile.

Ich habe Konstantin Wecker zunächst über viele Jahre als passionierter »Fan« seiner Lieder begleitet, bevor ich ihm aus Anlass eines Interviews 2002 persönlich begegnen durfte. Von Anfang an konnten wir einen hohen Grad der Übereinstimmung in spirituellen wie in politischen Fragen feststellen – gerade auch, was die Verbindung dieser beiden, meist ja streng voneinander getrennten Themenbereiche betrifft. Dieser Eindruck bestätigte und festigte sich in nunmehr fast zehn Jahren gemeinsamer Arbeit am Webmagazin »Hinter den Schlagzeilen«, das Konstantin Wecker herausgibt und dessen Redakteur ich bin. Daher musste ich auch nicht lange überlegen, als er mich fragte, ob ich für sein nächstes Buchprojekt eine umfassende Lektorenfunktion übernehmen wolle. Das bedeutete, mehrtägige Interviews mit dem Künstler zu führen und thematisch auszuwerten, geeignete ältere Text aus anderen Quellen auszuwählen, sie zu redigieren und das Material in eine Ordnung zu bringen. So sehr der Umgang mit Weckers Vita, seiner Lebensphilosophie für mich vertrautes

Terrain war, einige Aussagen in »Mönch und Krieger« haben auch mich noch überrascht.

Die Spiritualität der Zukunft ist für Konstantin Wecker die Mystik. Er nennt sie im vorliegenden Buch die »Anarchieform der Religion«: frei, undogmatisch, stets die direkte Berührung mit dem Göttlichen suchend. Ein spiritueller Mensch wurde aus Konstantin vor allem, weil er von Jugend an ein großes »Dahinter« gespürt hat, einen Raum des Unendlichen, aus dem das Wunderbare in unsere vordergründige Realität einströmt. Weckers freiheitliche Spiritualität lässt sich bestens auf die Formel des Augustinus bringen: »Liebe Gott und tu, was du willst.« Seine gegenüber kirchlichen Erstarrungsformen skeptische Religiosität ist politisch, wie sein politisches Engagement spirituell ist. Der Vogel der Mensch und Gesellschaft umfassenden Revolution kann nicht abheben, solange seine beiden »Flügel« untereinander verfeindet sind, sich in marxistischem Rechtgläubigkeitsgestus einerseits und therapeutischem Selbstoptimierungswahn andererseits verfangen haben. Die politische Aktion bedarf der sorgfältigen Selbstprüfung, der Anbindung an Werte wie Güte und Mitgefühl. Andererseits sollten die nach Erleuchtung Strebenden endlich damit beginnen, sich tätig in die Realität einzubringen.

Der Untertitel dieses Buchs, »Auf der Suche nach einer Welt, die es noch nicht gibt«, ist aus Konstantin Weckers Lied »Kein Ende in Sicht« entnommen und zielt auf die unüberhörbare utopische Ausrichtung seines Denkens und Fühlens ab. »Den Süchtigen versucht das Unbekannte«, heißt es in einem seiner Gedichte. Vor allem aber ist es die Kunst, die das Unbekannte, Unendliche und Wunderbare, das Noch-nicht-Seiende ins Bekannte, Endliche, Banale und Gegenwärtige transportiert. Die Formulierung »Auf der Suche« deutet nicht auf festgefrorenen Wahrheitsbesitz, sondern auf einen fließenden Prozess hin und lädt dazu ein, das ganze Leben Weckers noch einmal unter diesem Aspekt aufzurollen. In einer Fülle von Erinnerungen und Anekdoten interpretiert der Autor selbst seine Biografie als eine permanente Suche nach dem »Noch-Nicht« (Ernst Bloch).

Wir lesen in diesem inspirierenden Buch, wie die »Nuova Realtà«, die neue Wirklichkeit, in Konstantin Weckers Geist einbrach – meist in Form von Melodien und Poesie. Wir erfahren von Träumen, Ahnungen und Hoffnungen, von sterbenden Göttern und heiligen Egos, aber auch von einem göttlichen Prinzip als schöpferischer Hintergrundströmung allen Seins. Wir erhaschen eine Ahnung von Rausch und Ekstase als den unvollkommenen Abbildern eines »Unendlichen«, das sich innerhalb einer endlichen Welt manifestiert. Nicht zuletzt ist »Mönch und Krieger« ein Plädoyer für die Kraft der Utopie in einer Zeit, in der uninspirierte »Realpolitik« jeden Aufbruch und Ausbruch aus dem Gewohnten zu ersticken versucht. Wo das Mögliche unsere Welt an den Rand des Abgrunds geführt hat, kann nur das vermeintlich Unmögliche die Hoffnung auf einen Neuanfang entzünden.

Roland Rottenfusser

LITERATURVERZEICHNIS

Attali, Jacques: Die Welt von morgen. Eine kurze Geschichte der Zukunft. Berlin: Parthas 2008.
Büchner, Georg: Dantons Tod, in: Dichtungen. Leipzig: Reclam 1975.
Degenhardt, Franz Josef: Am Strom und bei der Lorelei, in: Die Lieder. Berlin: Eulenspiegel 2006.
Friedell, Egon: Kulturgeschichte der Neuzeit. Die Krisis der europäischen Seele von der schwarzen Pest bis zum Ersten Weltkrieg. München: Beck 2012.
Graf, Oskar Maria: Gelächter von außen. München: Süddeutscher Verlag 1980.
Gruen, Arno: Dem Leben entfremdet. Warum wir wieder lernen müssen zu empfinden. Stuttgart: Klett-Cotta 2013.
Derselbe: Der Verlust des Mitgefühls. Über die Politik der Gleichgültigkeit. München: dtv 1997.
Goethe, Johann Wolfgang: Frankreichs traurig Geschick [aus den venezianischen Epigrammen], in: Sämtliche Werke I. Paris 1836.
Kästner, Erich: Ansprache an Millionäre, in: Gesammelte Schriften, Bd. 1: Gedichte. Zürich: Atrium 1959.
Kraus, Karl: Vor der Walpurgisnacht. Aufsätze 1925–1936, in: Ausgewählte Werke in drei Bänden, Bd. 3. Berlin: Verlag Volk und Welt 1971.
Nerz, Sebastian: Deutschland hat kein Terrorproblem, in: http://www.tirsales.de/blog/tirsales/2013/07/05/deutschland-hat-kein-terrorproblem [zuletzt aufgerufen am 12.8.2013].
Platta, Holdger: Hartz IV. Elend und Ausbürgerung im eigenen Land, in: http://hinter-den-schlagzeilen.de/2013/07/11/hartz-iv-elend-undausburgerung-im-eigenen-land/ [zuletzt aufgerufen am 16.8.2013].
Platta, Holdger: Kaltes Land: Gegen die Verrohung der Bundesrepublik für eine humane Gesellschaft. Hamburg: Laika-Verlag 2012.
Prinz, Alois: Beruf Philosophin oder Die Liebe zur Welt. Die Lebensgeschichte der Hannah Arendt. Basel: Beltz & Gelberg 2012.
Radisch, Iris: Camus. Das Ideal der Einfachheit. Eine Biographie. Reinbek bei Hamburg: Rowohlt 2013.
Rauchhaupt, Ulf von: Die Abschaffung der Zeit, in: Frankfurter Allgemeine Zeitung vom 4.3.2009 [auch erschienen in http://www.faz.net/aktuell/wissen/wissenschaft/quantengravitation-die-abschaffung-der-zeit-1768654.html].
Rilke, Rainer Maria: Das Stundenbuch. Enthaltend die drei Bücher: Vom mönchischen Leben, Von der Pilgerschaft, Von der Armut und vom Tode. Frankfurt am Main u.a.: Leipzig 2008.
Sölle, Dorothee/Steffensky, Fulbert: Wider den Luxus der Hoffnungslosigkeit, Freiburg: Kreuz 2013.
Vitali, Stefania/Glattfelder, James B./Battiston, Stefano: The network of global corporate control (Studie vom 19.9.2011 zur Struktur des Kontrollnetzwerks von transnationalen Konzernen), in: http://arxiv.org/PS_cache/arxiv/pdf/1107/1107.5728v2.pdf [zuletzt aufgerufen am 12.8.2013].
Weinreb, Friedrich: Kabbala als Lebensgefühl. Zürich: Friedrich-Weinreb-Stiftung 2009.

LIEDER UND GEDICHTE VON KONSTANTIN WECKER – NACHWEISE

S. 7: *Irgendwann,* S. 8: *Alles das und mehr* (Strophe 5 und 6 von 18), S. 14: *Allein,* S. 24/25: *Das ganze schrecklich schöne Leben,* S. 48/49: *Manche Nächte* und S. 107: *Alles das und mehr* (Strophe 1-6 von 18), © Edition Wecker. Mit freundlicher Genehmigung von Chrysalis Music Holdings GmbH.

S. 20: *Sizilianische Psalmen* I-III (Strophe 1 von 4 aus Teil III), S. 58: *Gefrornes Licht* (Strophe 2 von 4), S. 68: *Wo ist sie hin?* (aus Strophe 8 und 9 von 10), S. 70: *Worte* (Strophe 5 von 5), S. 71/72: *Uns ist kein Einzelnes bestimmt. Neun Elegien* (Erste Elegie), S. 78/79: *a.a.O.* (Siebente Elegie), S. 87/88: *Ketzerbriefe eines Süchtigen* (Sechster Brief), S. 96/97: *Wo ist sie hin?,* S. 102: *a.a.O.* (Strophe 3 von 10), S. 105: *Immer ist Ort und Stunde,* S. 118/119: *Es geht zu Ende,* S. 180/181: *Entzündet vom Weltenbrand* und S. 226: *Jeder Augenblick ist ewig,* © 2012 Deutscher Taschenbuchverlag GmbH & Co. KG, München.

S. 37: *Ich möchte etwas bleibend Böses machen* (Strophe 4-6 von 11) und S. 167/168: *Der alte Kaiser,* © Konstantin Wecker.

S. 128: *So bleibt vieles ungeschrieben,* S. 141/142: *Endlich wieder unten* (Strophe 1-10 von 12), S. 149/150: *Wer nicht genießt, ist ungenießbar,* S. 191/192: *Schlendern* (Strophe 1-8), S. 208: *Wenn unsere Brüder kommen,* © Edition Fanfare Musikverlag. Mit freundlicher Genehmigung von Chrysalis Music Holdings GmbH.

»Meine Gedichte sind Versuche, sich dem einzigen, wirklich eigenen Gedicht anzunähern, das zu schreiben mir bestimmt ist.« *Konstantin Wecker*

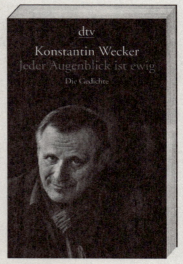

Konstantin Weckers Lieder haben Epoche gemacht – seine Gedichte ebenso. Von den frühesten Gedichten, die er als Sechzehnjähriger schrieb, bis hin zu neuen, bislang unveröffentlichten Texten versammelt dieser Band die Gedichte Konstantin Weckers.

Immer wieder beeindruckt sein Vertrauen in die Kraft der Poesie und der Liebe, sein Bekenntnis zu einem intensiv gelebten Leben und der Glaube an die Veränderbarkeit der Welt.

Originalausgabe
Mit einem Vorwort von Herbert Rosendorfer
272 Seiten € 9,90 [D]
Auch als **ebook** erhältlich

www.dtv.de